普通高等教育“十二五”规划教材
高等院校经济管理类专业基础课教材系列

财务管理学

赵章文　袁志忠　主　编
刘连喜　郭焕书　曲芳芳　副主编
周兴荣　主　审

科学出版社
北　京

内 容 简 介

本书按照《企业财务通则》、《企业会计准则》以及相关的最新法规编写而成，主要阐明财务管理的基本理论、基本观念、基本内容和基本方法。在结构体系上，每章之后安排有小结和思考、练习题，以便于教师备课、学生预习和复习。

本书共分九章，主要内容包括：财务管理概论、财务管理基本观念、财务分析、筹资管理、投资管理、营运资本管理、收益分配管理和财务管理信息化等。

本书适合作为高等院校会计学、财务管理及相关专业的教材，也可供相关行业管理人员学习参考。

图书在版编目(CIP)数据

财务管理学/赵章文，袁志忠主编. —北京：科学出版社，2011
(高等院校经济管理类专业基础课教材系列)
ISBN 978-7-03-030954-9

Ⅰ.①财… Ⅱ.①赵…②袁… Ⅲ.①财务管理学 ②会计学
Ⅳ.①H019

中国版本图书馆 CIP 数据核字(2011)第 177542 号

责任编辑：李 娜 任锋娟 / 责任校对：耿 耘
责任印制：吕春珉 / 封面设计：东方人华平面设计部

科学出版社 出版
北京东黄城根北街 16 号
邮政编码：100717
http://www.sciencep.com
北京中科印刷有限公司 印刷
科学出版社发行 各地新华书店经销
*
2011 年 5 月第 一 版 开本：B5 (720×1000)
2021 年 1 月第十一次印刷 印张：15 1/2
字数：313 000

定价：38.00 元

(如有印装质量问题，我社负责调换<中科>)
销售部电话 010-62134988 编辑部电话 010-62135763-2015 (HF02)

前　言

本书是针对普通高等院校经济类和工商管理类本科专业财务管理学的教学需求,结合教育部经济管理类本科财务管理学课程教学大纲编写而成的。本书执笔者都是长期工作在财务管理教学一线的专业教师,有着丰富的教学科研经验。在编写过程中,依据《企业会计准则》和《企业财务通则》,紧密结合我国经济体制改革和财务管理改革的实践,吸收国内外现代财务管理的科学成果,与我国近几年注册会计师统一考试和会计职称统一考试内容相衔接,重点阐明现代企业财务管理的基本理论、基本知识和基本方法,充分体现了科学性、启发性、完整性和适用性。

按照教育部《高等学校教学质量和教学改革工程》对精品课的要求,本书在编写过程中,紧紧围绕本科专业培养生产管理第一线所需要的能直接上岗的应用型专门人才的目标,突出基础,加强举例,每章均设有学习目标、小结、思考与练习等栏目,将财务管理基本概念、基本理论、基本方法和基本技能有机结合起来。在内容安排上,除财务管理基本知识和理论外,增加财务管理信息化的内容,并将会计职称考试、注册会计师统一考试所要求的一些相关知识、技能与能力也融入教材中,体现了教材的实际使用价值和可操作性。

本书由赵章文、袁志忠任主编,刘连喜、郭焕书、曲芳芳任副主编;主编提出全书的架构体系,并负责全书的修改和定稿;具体编写分工如下:第一章由赵章文编写;第二章由周雯珺编写;第三章由袁志忠编写;第四章由曲芳芳编写;第五章由李淑琴编写;第六章由李晓永编写;第七章由郭焕书编写;第八章由刘连喜编写;第九章由张侠编写。全书最后蒙周兴荣教授审阅,并提出了许多宝贵意见。

由于时间仓促和编者水平有限,书中难免存在疏漏和不足之处,恳请读者提出宝贵意见。

目　　录

第一章　财务管理概论

学习目标

1. 了解企业财务及企业财务管理环境
2. 理解财务活动及财务关系
3. 理解财务管理目标的各种表达及优缺点
4. 掌握财务管理目标的协调
5. 理解财务管理假设及原则
6. 了解财务管理的环节

第一节　财务管理概述

一、企业财务

企业财务是指企业在生产经营过程中客观存在的资金运动及其所体现的经济利益关系。前者称为财务活动，后者称为财务关系。

企业的资金运动构成企业生产经营活动的一个独立方面，具有自己的运动规律，这就是企业的财务活动。财务活动是指资金的筹集、投放、使用、收回及分配等一系列活动。企业的资金运动和财务活动离不开人与人之间的经济利益关系。这种经济利益关系就是财务关系。

（一）财务活动

财务活动的内容包括筹资活动、投资活动、资金营运活动及资金分配活动。

1. 筹资活动

筹资是指企业为了满足投资和用资的需要，筹措和集中所需资金的过程。在筹资过程中，企业一方面要确定筹资的总规模，以保证投资需要的资金；另一方面要通过筹资渠道、筹资方式或工具的选择，合理确定筹资结构，以降低筹资成本和风险，提高企业价值。

企业通过筹资可以形成两种不同性质的资金来源：一是权益资金，企业可以通过向投资者吸收直接投资、发行股票、利用留存收益等方式取得，这部分资金相对于债务资金而言，不需要偿还，归企业依法长期拥有、能够自主调配运用的资本。权益资金在数额上等于企业的所有者权益。二是企业债务资金，企业可以通过借款、发行债券等方式取得。相对于权益资金而言，债务资金使用具有期限性，到期要还本付息。债务资金在数额上等于企业负债。无论何种方式筹集的资金，首先表现为企业资金流入；企业偿还借款、支付利息、股利以及付出各种筹资费用，则表现为企业资金的流出。这种因为资金筹集而产生的资金收支，便是由企业筹资而引起的财务活动。

2. 投资活动

投资是指企业根据项目资金需要投出资金的行为。企业投出资金形成企业资产的活动就是投资活动。企业取得资金后，必须将资金投入使用，以实现企业的理财目标。在投资过程中，企业一方面要确定投资规模，以确保获取最佳投资效益；另一方面要通过投资方向和投资方式的选择，来确定合理的资金结构，以提高投资报酬率、降低投资风险。

企业投资可以分为两类：广义的投资和狭义的投资。广义的投资是指企业将筹集的资金投入使用的过程，包括企业内部使用资金过程（一般简称对内投资，如购置固定资产、无形资产和流动资产等）和对外投放资金的过程（如投资购买其他公司股票、债券和基金）。无论企业购买内部所需资产，还是购买各种证券，都需要支出资金，形成现金流出；当企业变卖其对内投资形成的资产或收回其对外投资时，则会产生资金的收入。这种因企业投资而产生的资金收付，便是由投资而引起的财务活动。

3. 资金营运活动

因企业日常经营而引起的财务活动，称为资金营运活动。企业的营运资金，主要是为满足营业活动的需要而垫支的资金。企业在日常经营过程中，会发生一系列的资金收付。首先，企业要采购材料或商品，以从事生产和销售活动，同时，还要支付工资和其他费用；其次，当企业出售产品或商品后，便可取得收入，收回资金；再次，如果企业现有资金不能满足企业经营需要，还要利用商业信用等方式来融通资金。上述各方面都会产生企业资金的收付。这种因企业经营而引起的财务活动，称为资金营运活动。在资金营运活动中，企业需要考虑加速资金周转，以提高资金利用效果。

4. 资金分配活动

企业取得的各种收入应当依据现行法规及规章予以分配。广义的分配是指企业对各种收入进行分割和分派的过程，包括税收交纳、利息支付、薪酬分配和利润分配等；狭义的分配仅指对净利润的分配。随着分配过程的进行，资金或退出或留存企业，都必然会影响企业资金的运动。这不仅表现在资金运动的规模上，而且表现在资金运动的结构上，如筹资结构。这种因企业收益分配而引起的财务活动，称为分配活动。

上述财务活动的四个方面，不是相互割裂、互不相关的，而是相互联系、相互依存的。正是上述互相联系又有一定区别的四个方面，构成了完整的企业财务活动。

（二）财务关系

财务关系是指企业组织财务活动过程中与利益相关者所发生的经济利益关系，包括企业与政府、所有者、债权人、受资者、债务人等之间的财务关系。

1. 企业与政府之间的财务关系

中央政府和地方政府作为社会管理者，无偿参与企业利润分配。企业必须按照税法规定向中央和地方政府缴纳各种税款，包括所得税、流转税、资源税、财产税和行为税等，这种关系体现出一种强制和无偿的分配关系。

2. 企业与投资者之间的财务关系

这主要是指企业的投资者向企业投入资金，企业向投资者支付投资报酬所形成的经济关系。企业所有者要按照投资合同、协议、章程的约定履行出资义务以便及时形成企业资本。企业利用资本进行营运，实现利润后，应该按照出资比例或合同、章程的规定，向其所有者支付投资报酬，这种财务关系体现了一种受资与投资的关系。

3. 企业与债权人之间的财务关系

这主要是指企业向债权人借入资金，并按借款合同的规定按时支付利息和归还本金所形成的经济关系。企业同其债权人的财务关系在性质上属于债务与债权关系。

4. 企业与受资者之间的财务关系

这主要是指企业以购买股票或直接投资的形式向其他企业投资所形成的经济关系。企业与受资者的财务关系体现所有权性质的投资与受资的关系。

5. 企业与债务人之间的财务关系

这主要是指企业将其资金以购买债券、提供借款或商业信用等形式出借给其他单位所形成的经济关系。企业同其债务人的关系体现的是债权与债务关系。

企业由于组织财务活动引起上述主要财务关系以外，还有企业与供应商、客户及职工等之间的财务关系。

二、财务管理的内容

财务管理是基于企业再生产过程中客观存在的财务活动和财务关系而产生的，是企业组织财务活动、处理财务关系的一项经济管理工作。

财务管理是一项价值管理。企业再生产过程表现为使用价值的生产和交换过程与价值形成和实现过程的统一，在这个过程中，劳动者将生产中所消耗的生产资料的价值转移到产品中去，并且创造出新的价值，通过实物商品的出售，使转移价值和新创造的价值得以实现。财务管理是一项旨在实现价值增值、增加股东财富而实施的价值管理工作。

财务管理的基本内容包括筹资管理、投资管理、营运资本管理、收益分配管理。

第二节　财务管理环境

财务管理环境又称为理财环境，是指对企业组织财务活动和处理财务关系产生影响的企业内外部各种条件的统称。理财环境包括内部环境和外部环境两个方面。内部理财环境是指企业的内部条件如企业组织形式、公司治理结构、生产技术水平、企业人员素质等；外部环境是指企业的外部条件、因素和状况，如经济环境、法律环境、金融环境、政治环境和社会文化环境等。企业财务管理在很大程度上受理财环境的制约，研究理财环境，有助于正确制定理财策略。

本书着重讨论对企业财务管理影响比较大的经济环境、金融环境和法律环境等因素。

一、经济环境

财务管理的经济环境主要包括经济周期、经济发展水平、宏观经济政策和通货膨胀。

（一）经济周期

经济周期也称商业周期、商业循环，它是指经济运行中周期性的经济扩张与经济紧缩更迭、循环往复的一种现象。在市场经济条件下，任何国家的经济发展与运行都会带有一定波动性，经济周期大体上经历复苏、繁荣、衰退和萧条几个阶段的循环，在不同的经济周期，企业应该采用不同的财务管理战略。西方财务学者探讨了经济周期中的财务管理战略，归纳如表1.1所示。

表1.1　经济周期中的财务管理战略

复　苏	繁　荣	衰　退	萧　条
1. 增加厂房设备	1. 扩充厂房设备	1. 停止扩张	1. 建立投资标准
2. 实行长期租赁	2. 继续建立存货	2. 出售多余设备	2. 保持市场份额
3. 建立存货	3. 提高产品价格	3. 停产不利产品	3. 压缩管理费用
4. 开发新产品	4. 开展营销规划	4. 停止长期采购	4. 放弃次要利益
5. 增加劳动力	5. 增加劳动力	5. 削减存货	5. 削减存货
		6. 停止扩招雇员	6. 裁减雇员

（二）经济发展水平

企业财务管理应当以经济发展水平为基础，以宏观经济发展目标为导向，从业务工作角度保证企业经营目标和经营战略的实现。财务管理水平的提高，将推动企业降低成本、改进效率、提高效益，从而促进经济发展水平的提高，而经济发展水平的提高，又将改变企业的财务战略、财务理念、财务管理模式和财务管理方法手段，从而促进企业财务管理水平的提高。

（三）宏观经济政策

宏观经济政策是政府指导和影响经济活动所规定并付诸实施的准则和措施。宏观经济调控的主要手段包括财税政策、金融政策、外汇政策、外贸政策、价格政策、投资政策、社会保障政策等，经济政策深刻影响着我国企业的发展和财务活动的运行，如金融政策中货币的发行量、信贷规模都能影响企业投资的来源和投资的预期收益；财税政策会影响企业的资金结构和投资项目的选择；企业会计准则体系等改革措施，也会影响企业的发展和财务活动的运行。

（四）通货膨胀

通货膨胀是指投入流通的货币过多，大大超过流通实际需要的数量，因而引起物价上涨、货币贬值的现象。通货膨胀不仅对消费者不利，也给企业理财带来很大的负面影响，主要表现在：①引起资金占用量的增大，增加企业的资金需求；②引起利润的虚增，造成企业资金流失；③引起利润上升，加大企业的权益资金成本；④引起有价证券价格下降，增加企业的筹资难度；⑤引起资金供应紧张，增加企业的筹资难度。针对通货膨胀对企业造成的不利影响，企业应当采取措施加以防范。在通货膨胀初期，货币面临着贬值的风险，这时企业进行投资可以避免风险，实现资本保值；与客户签订长期购货合同，以减少物价上涨造成的损失；取得长期负债，保持资本成本的稳定。通货膨胀造成的现金流转不平衡，不能靠短期借款解决，因其不是季节性临时现金短缺。总之，企业面对通货膨胀，为了实现期望的报酬率，必须加强收入和成本管理。

二、金融环境

金融政策的变化必然影响企业的筹资、投资和资金营运活动。影响财务管理的金融环境因素主要有金融机构、金融工具和金融市场。

（一）金融机构

社会资金从资金供应者手中转移到资金需求者手中，大多要通过金融机构。金融机构可分为银行金融机构和非银行金融机构。银行的主要职能是充当信用中介和企业之间的支付中介、提供信用工具、充当投资手段和国民经济宏观调控的手段。银行指经营存款、放款、汇兑、储蓄等金融业务的机构。我国银行体系主要有三类：①中央银行，即中国人民银行，它代表政府管理全国的金融机构和金融活动，管理金库。主要职责是制定和实施货币政策，保持货币币值稳定；维护支付和清算系统的正常运行；持有、管理、经营国家外汇储备和黄金储备；代理国库和其他与政府有关的金融业务。②商业银行，是以营利为主要目标的金融企业。如中国工商银行、中国农业银行、中国银行、中国建设银行等。③政策性银行，是由政府设立，以贯彻国家产业政策、区域发展政策，不以营利为目的的金融机构。主要有国家开发银行、中国农业发展银行和中国进出口银行。非银行金融机构主要有保险公司、信托投资公司、证券机构、财务公司、金融资产管理公司和金融租赁公司等机构。

（二）金融工具

金融工具是指融通资金双方在金融市场上进行资金交易、转让所使用的工具，借助金融工具，资金从供应方转移到需求方。金融工具一般具有期限性、流动性、风险性和收益性四个基本特征。

1）期限性。期限性是指金融工具一般规定偿还期，也就是规定债务人必须全部归还本金之前所经历的时间。

2）流动性。流动性是指金融工具在必要时迅速转变为现金而不致遭受损失的能力。

3）风险性。风险性是指购买金融工具的本金和预定收益遭受损失的可能性。一般包括信用风险和市场风险两个方面。

4）收益性。收益性是指持有金融工具所能够带来的一定收益。

金融工具按期限不同可分为货币市场工具和资本市场工具，前者主要有商业票据、国库券、可转让大额定期存单、回购协议等；后者主要是股票和债券等。此外，还可分为基本金融工具和衍生工具两大类。常见的基本金融工具有货币、票据、债券、股票等；衍生金融工具又称派生金融工具，是在基本金融工具的基础上通过特定技术设计形成的新的融资工具，如各种远期合约、期货合约、期权合约等，种类非常复杂、繁多，具有高风险、高杠杆效应的特点。

（三）金融市场

金融市场是指资金供应者和资金需求者双方通过一定的金融工具进行交易而融通资金的场所。金融市场的构成要素主要有资金供应者和资金需求者、金融工具、交易价格、组织形式等，金融市场为企业融资和投资提供场所，可以帮助企业实现长短期资金转换、引导资本流向和流量，提高资本效率。金融市场可按不同标准进行分类，以期限为标准，金融市场可分为货币市场和资本市场。

1. 货币市场

货币市场又称短期金融市场，是指以期限在1年以内的金融工具为媒介，进行短期资金融通的市场，包括同业拆借市场、票据市场、大额定期存单市场和短期债券市场，主要功能是调节短期资金融通。其主要特点：①期限短，一般为3~6个月，最长不超过1年；②交易目的是解决短期资金周转，其资金来源主要是资金所有者暂时闲置的资金，融通资金的用途一般是弥补短期资金的不足；③金融工具有较强的“货币性”，具有流动性强、价格平稳、风险较小等特性。

2. 资本市场

资本市场又称长期金融市场，是指以期限在1年以上的金融工具为媒介，进行长期资金交易活动的市场，包括股票市场、债券市场和融资租赁市场。资本市场的主要功能是实现长期资本融通。其主要特点：①融资期限长，至少1年以上，最长可达10年甚至10年以上；②融资目的是解决长期投资性资本的需要，用于补充长期资本，扩大生产能力；③资本借贷量大；④收益高风险也大。

三、法律环境

法律为企业经营活动规定了活动空间，也为企业相应空间内自由经营提供了法律上的保护，影响财务管理的主要法律环境因素有企业组织形式的法律规定和税收法律规定等。

（一）企业组织法律法规

国家相关法律法规对财务管理的内容有重要的影响，例如，影响企业筹资、投资的各种法规主要有：公司法、证券法、金融法、证券交易法、合同法、企业财务通则等。这些法规从不同方面规范或制约企业的筹资和投资活动。企业组织形式方面的法律规范主要包括《中华人民共和国公司法》、《中华人民共和国外资企业法》、《中华人民共和国中外合资经营企业法》、《中华人民共和国中外合作经营企业法》、《中华人民共和国个人独资企业法》、《中华人民共和国合伙企业法》等。这些法律规范是企业的组织法，又是企业行为法。如《公司法》对公司企业的设立条件、设立程序、组织机构、组织变更和终止的条件和程序等都作了规定，包括股东人数、法定资本的最低限额、资本的筹集方式等。《公司法》还对公司生产经营的主要方面作出了规定，包括股票的发行和交易、债券的发行和转让、利润分配等。公司成立之后，其主要活动，包括财务管理活动，都要按照《公司法》的规定来进行。因此《公司法》是公司企业财务管理最重要的强制性规范，公司的理财活动不能违反该法律，公司的自主权不能超出该法律的限制。其他企业也要按照相应的企业法来进行其理财活动。

（二）税收法律规范

税收是国家为了实现其职能，按照法律预先规定的标准，凭借政治权力，强制、无偿地征收货币或实物的一种经济活动，是国家参与国民收入分配和再分配的一种方法，也是国家参与经济管理，实行宏观调控的重要手段之一。税收具有强制性、无偿性和固定性三个显著特征。

任何企业都有法定的纳税义务。纳税会使企业发生现金流出，对企业理财有重要的影响。企业无不希望在不违反税法的前提下减少税务负担，但税负的减少，只能靠精心安排和筹划投资、筹资和利润分配等财务决策，而不允许在纳税行为已经发生时偷税漏税。因此，财务人员应当熟悉国家税收法律的规定，不仅要了解各税种的计征范围、计征依据和税率，而且要了解差别税率的制定精神，以及减税、免税的原则规定，自觉按照税收政策导向进行经营活动和财务活动。

除上述法律规范外，与企业财务管理有关的其他经济法律规范还有许多，包括各种证券法律规范、结算法律规范和合同法律规范等。财务人员要熟悉这些法律规范，在守法的前提下完成财务管理的职能，实现企业的财务目标。

第三节　财务管理目标

企业经营的最终目标是创造价值，企业财务管理的目标是为企业创造价值服务。财务管理目标是在特定的理财环境中，通过组织财务活动，处理财务关系所要达到的目的。从根本上来说，财务管理目标取决于企业生存的目的或企业目标，取决于特定的社会经济模式。

一、财务管理目标的代表性理论

（一）利润最大化

这里的利润是指会计利润，利润最大化就是假定企业财务管理以实现利润最大为目标。以利润最大化为财务管理目标，主要原因有三：一是符合人类生产经营活动的目的，人类生产经营活动的目的是为了创造更多的剩余产品，在市场经济条件下，剩余产品的多少可以用利润这个指标来衡量，剩余产品越多，利润越大；二是在自由竞争的资本市场中，资本的使用权最终属于获利最多的企业，企业获利越多，盈利能力越强，越容易获得资本的使用权；三是只有每个企业都最大限度地创造利润，整个社会的财富才可能实现最大化，从而带来社会的进步和发展。

企业要追求利润最大化，就必须讲求经济核算，加强管理，改进技术，提高劳动效率，降低产品成本。这些措施都有利于企业资源的合理配置，有利于企业整体经济效益的提高。

利润最大化目标在实践中存在以下难以解决的问题：①没有考虑利润的取得时间，不能体现资金的时间价值。利润是一个时期指标，比如今年实现利润50万元和明年利润50万元，其实际价值是不一样的，如果不考虑时间价值，就难以作出正确判断。②没有反映创造利润与投入的资本之间的关系，因而不利于不同资本规模的企业或同一企业不同期间之间的比较。如两个资本规模不同的企业，一个投入资本1000万元，赚取利润100万元，另一个企业投入资本100万元，赚取利润20万元，这两个企业赚取的利润额是不具有可比性的，只有将赚取的利润与投入的资本进行比较，才能作出正确的判断。③没有考虑风险因素，高额利润往往要承担较大的风险。如同样投入500万元资本、赚取利润50万元，一个企业赚取利润已经全部转化为现金流量，另一个企业赚取的利润全部是应收账款，并可能发生坏账损失，若不考虑风险因素，就难以作出正确的判断。④片面追求利润最大化，可能导致企业短期财务决策，影响企业长远发展。由于利润指标通常按年计算，因此，企业决策也往往会服务于年度指标的完成或实现，忽视产品开发、人才开发、生产安全、技术装备水平和履行社会责任。

（二）资本利润率最大化或每股利润最大化

资本利润率是利润额与资本额的比率，每股利润是利润额与普通股股数的比值。这里的利润是指净利润。这个目标的优点是把企业实现的利润额同投入的资本或股本数进行对比，能够说明企业的盈利水平，可以在不同资本规模的企业或同一企业不同期间之间进行对比，揭示了其盈利水平的差异，从而克服了利润最大化目标的一些不足，但该指标仍然没有考虑资金时间价值和风险因素，也不能避免企业短期化的财务倾向。

（三）股东财富最大化

股东财富最大化是指企业财务管理以实现股东财富最大化为目标。在上市公司，股东财富由其所拥有的股票数量和股票市场价格两个方面决定。在股票数量一定时，股票价格达到最高，股东财富也就达到最大。与利润最大化相比，股东财富最大化的主要优点有以下几点。

1）考虑了风险因素，因为通常股价会对风险作出较敏感的反应，通常当股价下跌时，可能是资本市场系统风险加剧；股价上涨时，资本市场的系统风险可能降低。

2）在一定程度上可以避免企业追求短期行为，因为不仅目前的利润会影响股票价格，预期未来的利润同样会对股价产生重要影响。上市公司的股价，从长期来看主要是由公司的业绩支撑起来的。

3）对上市公司而言，股东财富最大化目标比较容易量化，便于考核和奖惩。

以股东财富最大化作为财务管理目标存在以下缺点。

1）通常只适用于上市公司，非上市公司难以应用，因为非上市公司无法像上市公司一样随时准确获得公司股价。

2）股价受众多因素影响，特别是企业外部的因素，在资本市场效率较低、投机行为严重时，股价不能完全准确反映企业财务管理状况。如有的上市公司处于破产的边缘，但由于可能存在某些机会，其股票价格可能还会走高。

（四）企业价值最大化

企业价值最大化是指企业财务管理行为以实现企业价值最大化为目标。投资者设立企业的主要目的在于创造尽可能多的财富，这种财富首先表现为企业价值。企业价值可以理解为企业所有者权益的市场价值，是企业所创造预计未来现金流量的现值，反映了企业潜在的或预期的获利能力和成长能力。未来现金流量的预测包含了不确定性和风险因素，而现金流量的现值是以资金的时间价值为基础对现金流量进行折现计算得出的。

以企业价值最大化作为财务管理的目标，其优点主要表现在：①该目标考虑了资金的时间价值和风险价值，有利于统筹安排长短期规划、合理选择投资方案、有效筹措资金、合理制定股利政策等；②将企业长期、稳定的发展和持续的获利能力放在首位，能够克服企业在追求利润上的短期行为，因为不仅目前利润会影响企业的价值，预期未来的利润对企业价值增加会产生重大影响；③该目标有利于社会资源的合理配置，社会资金通常流向企业价值最大化或股东财富最大化的企业或行业，有利于实现社会效益最大化。

但是，以企业价值最大化作为财务管理目标存在以下问题。

1）企业价值过于理论化，不易操作。尽管对于股票上市企业，股票价格的变动在一定程度上揭示了企业价值的变化，但是股价是受多种因素影响的结果，特别是在资本市场效率低下的情况下，股票价格很难反映企业所有者权益的价值。

2）对于非上市公司，只有对企业进行专门的评估才能确定其价值，而在评估企业资产时，由于受评估标准和评估方式的影响，很难做到客观和准确。

主张股东财富最大化或企业价值最大化，并非不考虑其他相关者的利益。因为各国法规都规定，股东权益是剩余权益，只有满足了其他方面的利益之后才会有股东权益。企业必须缴纳各种税款、给职工发工资、为顾客提供他们满意的产品和服务，然后才能取得税后收益。其他利益相关者的要求先于股东满足，因此必须有限度。如果对其他利益相关者的要求不加限制，股东就不会有“剩余”权益了。股东和其他管理利益人之间有共同利益，也有利益冲突。股东可能为自己的利益伤害其他利益相关者，其他利益相关者也可能伤害股东利益。因此，要通过立法调节他们之间的关系，保障双方的利益。企业守法经营就是在基本满足其他利益相关者的要求的基础上追求自身利益最大化，也会有利于社会。

二、财务管理目标的协调

将企业价值最大化作为企业财务管理目标的首要任务就是要协调相关者的关系，解决他们之间的利益冲突。现代企业制度的特征之一，是公司所有权与经营权分离，对于公司法人而言，股东是出资人，但他们中间的绝大多数人并不直接参与经营，只是依法享有企业经营成果的收益权、剩余财产索取权和重大经营活动知情权。公司的经营活动由职业经理班子即经营者来组织进行。企业是股东的企业，财务管理的目标也就是股东的目标。股东委托经营者代表他们管理企业，为实现他们的目标而努力，但经营者与股东的目标并不完全一致。企业的资金除了股东投资以外，还包括借入资金，债权人将资金借给企业，并不是为了企业价值最大化，与股东的目标也不一致。

股东、经营者和债权人是公司最重要的三方利益相关者。公司必须协调这三方面的利益冲突，才能实现公司理财目标。

（一）股东与经营者的矛盾与协调

企业价值最大化或股东财富最大化直接反映了股东的利益，与经营者没有直接的利益关系。对股东来说，他所放弃的利益也就是经营者所得的利益。这种被放弃的利益也称为股东支付给经营者的享受成本。但问题的关键不是享受成本的多少，而是在增加享受成本的同时，是否更多地提高了企业价值。因此，经营者和所有者的主要矛盾就是经营者希望在提高企业价值和股东财富的同时，能更多地增加享受成本；而所有者和股东则希望以较小的享受成本支出带来更高的企业价值或股东财富。为了解决这一矛盾，应采取让经营者的报酬与绩效相联系的办法，并辅之以一定的监督措施。

1. 解聘

解聘是一种通过所有者约束经营者的办法，所有者对经营者予以监督，如果经营者未能使企业价值达到最大化，就解聘经营者，经营者害怕被解聘而被迫实现财务管理目标。

2. 接收

接收是一种利用市场约束经营者的办法，如果经营者经营决策失误、经营不力、未采取一切有效措施使企业价值提高，导致企业绩效不佳，该企业就可能被其他公司强行接收或吞并，相应经营者也会遭遇解聘。为此，经营者为了避免这种接收，必须采取一切措施提高股东财富和企业价值。

3. 激励

激励是将经营者的报酬与绩效挂钩，以使经营者自觉采取能提高所有者财富的措施。激励通常有两种方式。

1）股票期权。它是允许经营者以约定的价格购买一定数量的公司股票，当股票的市场价格高于约定价格时，该部分就是经营者所得报酬。经营者为了获得更大的股票涨价利益，就必然要采取能够提高股价的行动，从而增加所有者财富。

2）绩效股。它是企业运用每股收益、资产收益率等指标来评价经营者绩效，视其业绩大小给予经营者数量不等的股票作为报酬。如果公司经营业绩未达到规定目标，经营者也将丧失原先持有的部分绩效股。这种方式使经营者不仅为了多得绩效股而不断采取措施提高经营绩效，而且为了使每股市价最大化，也会采取各种措施使股票市价稳定上升，从而增加所有者财富和企业价值。

（二）所有者与债权人的矛盾与协调

当公司向债权人借入资金后，二者形成一种委托代理关系。债权人把资金借给企业，其目标是到期时收回本金，并获得约定的利息收入。公司借款的目的是用于扩大经营，投入有风险的生产经营项目，二者的目标并不一致。债权人事先知道借出资金是有风险的，并把这种风险的相应报酬纳入利率。但是，借款合同一旦成为事实，资金划到企业，债权人就失去了控制权，股东为了自身利益，可以通过经营者伤害债权人的利益，其常用方式有两种。

1）股东不经债权人的同意，投资于比债权人预期风险更高的新项目。一旦成功，额外的利润就会被股东独享；如果项目不幸失败，公司无力还债，债权人与股东将共同承担由此造成的损失。这对于债权人来说风险与收益是不对称的。

2）股东为了提高公司利润，不征得债权人的同意而指使管理当局发行新债，致使旧债券的价值下降，使旧债权人蒙受损失。旧债券价值下降的原因是发行新债后公司负债比率加大，公司破产的可能性增加，如果公司破产，旧债权人和新债权人要共同分配破产后的财产，使旧债券的风险增加，其价值下降。

债权人为了防止其利益被伤害，除了寻求立法保护，如破产优先接管、优先于股东分配剩余财产等外，通常采取以下措施。

1）在借款合同中加入限制性条款，如规定资金的用途、规定不得发行新债或限制发行新债的数额等。

2）发现公司有损害其债权的意图时，拒绝进一步合作，不再提供新的借款或提前收回借款。

第四节　财务管理的假设和原则

一、财务管理假设

假设，亦称“假说”，是用来说明某种现象但未经实践证实的论题。任何一门学科的发展都是在一定的假设条件下进行构建的。财务管理的基本假设是指对财务管理领域中存在的尚未确知或无法论证的事物按照客观事物的发展规律所作的合乎逻辑的推理和判断。财务管理的基本假设主要包括：理财主体、持续经营、理性理财、资金增值和有效市场。

（一）理财主体假设

理财主体是指财务管理为之服务的特定单位，通常是独立进行财务管理，具有独立或相对独立的物质利益的经济实体。企业财务管理不是漫无边际的，而应限制在每一个经济上和经营上具有独立性的组织之内。理财主体将一个主体理财活动与其他主体的理财活动区分开来。

1）理财主体具有独立性。理财主体能够在不受外界干扰的情况下，自主从事财务活动。这主要体现在两个方面：①理财主体有自己所能控制的资金；②理财主体能够自主地进行融资、投资、分配等一系列财务活动，理财主体的决策始终立足于自身的实际情况，满足自身的需要。

2）理财主体具有目的性。理财主体从事财务活动都有自己的目标，按照自己设定的目标开展财务管理工作，根据目标来规划自己的行动。理财主体作为一个完整的经济组织，不仅有其行动的总目标，如实现股东财富最大化，而且在不同的阶段有不同的具体目标。如在融资阶段，理财主体的具体目标是筹集足够的资金，确定最佳的资本结构，降低资金成本；在投资阶段，其目标是作好投资决策，实现净收益最大化；在分配阶段，其目标是通过分配决策，一方面使投资者满意，另一方面保证公司具有发展后劲。

理财主体目标为正确建立财务管理目标、科学划分权责关系奠定了理论基础。

（二）持续经营假设

持续经营假设是指理财主体持续存在且能够执行预计的经济活动，即每一个理财主体在可以预见的未来都会无限期地经营下去。持续经营假设明确了工作的时间范围，对大多数正常经营的企业都是适用的，因为在正常经营的情况下，企业都会以其收入抵减支出，获取盈余，并按其经营计划战略持续经营下去。在持续经营这一前提下，一旦有迹象表明企业经营欠佳、财务状况恶化、不能偿还到期债务，持续经营假设就失去了支持其存在的基础。这时，财务管理中必须放弃此项假设，而改为在清算假设中进行工作。

持续经营假设是财务管理的基本前提。日常财务管理活动中，在确定筹资方式时，要注意合理安排短期资金和长期资金的关系；在进行投资时，要合理确定短期投资和长期投资的关系；在进行收益分配时，要正确处理各个利益集团短期利益和长期利益的关系。这些财务活动都是建立在此项假设的基础之上的。

（三）理性理财假设

理性理财是假设从事财务管理工作的人员都是理性的理财人员，他们的理财行为是理性的，他们会在众多的方案中选择最有利的方案。

理性理财的第一个表现就是理财是一种有目的的行为，即企业的理财活动都有一定的目标。理性理财的第二个表现是，理财人员会在众多方案中选择一个最佳方案，即为财务管理人员要通过比较、判断、分析等手段，从若干个备选方案中选择一个有利于财务管理目标实现的最佳方案。理性理财的第三个表现是，当理财人员发现正在执行的方案错误时，会及时采取措施进行纠正，以使损失降至最低。

（四）财务信息可靠假设

企业财务管理离不开各种信息，这些在财务管理中运用的信息被称为财务信息。企业的财务信息有多种来源，除了这些内部信息外，企业还有一些来源于企业内部的信息，如会计报告信息、统计信息和业务数据信息；来自于企业外部的信息，如宏观经济运行信息、行业信息、市场信息等。如果不假设财务信息可靠，财务管理人员势必要对每一种信息进行稽核，这样财务管理工作可能无法进行下去。

此外，财务管理假设还有资本市场有效性、筹资与投资分离假设等。

二、财务管理原则

所谓财务管理原则，是指财务管理人员在组织开展各种财务管理工作时应遵循的基本规则。在漫长的财务管理实践中，人们逐渐总结出一些在财务管理中具有普遍指导意义的规则，这些规则逐渐成为财务管理原则。人们对财务管理研究的角度不同，对财务管理原则的认识也存在一定的差异。为了更有效地指导财务管理实践，提高工作效率，应遵循以下几项具有普遍意义的原则：风险与收益均衡原则、资源优化配置原则、投资分散化原则和动态平衡原则。

（一）风险与收益均衡原则

风险与收益均衡原则是指风险和收益之间存在一个对等关系，投资人必须对收益和风险作出权衡，为追求较高收益而承担较大风险，或者为减少风险而接受较低的收益。

所谓“对等关系”，是指高收益的投资机会必然伴随高风险，风险小的投资机会必然只有较低的收益。

市场经济中，风险是客观存在的，在财务交易中，当其他一切条件相同时人们倾向于高报酬和低风险。如果两个投资机会除了报酬不同以外，其他条件（包括风险）都相同，人们会选择报酬较高的投资机会，这是自利行为决定的。如果两个投资机会除了风险不同以外，其他条件（包括报酬）都相同，人们会选择风险小的投资机会，这是风险反感心理决定的。财务管理人员在理财活动中要把握好风险与收益的均衡关系，既不能因害怕风险而排斥许多可行的决策，也不能不顾风险而盲目决策。要在衡量各个可供选择决策方案风险与收益的基础上，正确进行决策。

（二）资源优化配置原则

企业作为一个理财主体，拥有和控制各种资源，包括各种货币资源、人力资源和实物资源等。企业必须合理有效地使用这些资源，才能保证其获得的现金流入超过资源耗费，生产出社会需求的商品和服务，从而取得经济效益和获得现金收入。企业的各种资源配置方法不同，其所产生的现金流入也就不同，因此，财务管理人员在开展理财活动时，既要保证有限资源得到充分利用，以防止资源闲置，又要分析计算各种不同的资源配置方案产生的效益，从效益最佳角度出发，优先保证资源使用效益最佳的决策方案得到资源配置。

在企业的预算管理、投资决策等财务管理活动中，财务管理人员要根据资源优化配置的原则，确定各部门、各投资项目的资金分配，以保障企业的效益不断提高。

（三）投资分散化原则

投资分散化原则，是指不要把全部财富都投资于一个公司，而要分散投资。

投资分散化的理论依据是投资组合理论，投资组合理论的核心思想是“不要把鸡蛋放在一个篮子里”。投资组合理论认为，若干种证券组成的投资组合，其收益是这些证券收益的加权平均数，但是其风险不是这些证券风险的加权平均风险，投资组合能降低风险。

分散化投资原则，不仅仅适用于证券投资，公司各项决策都应注意分散化原则，凡是有风险的事项，都要贯彻分散化原则，以降低风险。

（四）动态平衡原则

在企业的运营中，只有资金周转顺畅，才能保证企业的正常运转，否则企业就可能陷入财务危机。由于经营中有许多不确定因素的存在，企业的资金流入和流出在某一个阶段可能不能平衡，企业财务管理者要定期预计未来一段时期可能的现金流入和流出，进而发现现金流入和流出有可能不均衡的未来状况，及时采取措施（筹资或投资），保持未来现金收支的大致平衡。因此，动态平衡原则就是要求财务管理人员能及时预测未来的现金流出和流入，及时发现企业可能出现的现金流入和流出失衡，从而采取针对措施，保持企业资金流动的长期动态平衡。

第五节 财务管理环节

财务管理环节是企业财务管理的工作步骤与一般工作程序。一般而言，企业财务管理包括以下环节。

一、财务预测

财务预测是根据企业财务活动的历史资料，考虑现实的要求和条件，对企业未来的财务活动作出较为具体的预计和测算的过程。财务预测是进行财务决策的基础，预测的准确程度将直接影响财务决策的正确性，从而对公司理财目标的实现产生重要影响。因此，公司应尽可能用科学的方法对公司财务活动的过程和结果进行准确的预测。

财务预测的内容涉及公司财务活动的全过程，主要包括总资产和各种具体资产需要量预测、不同筹资方案的筹资成本和筹资风险预测、不同投资方案的投资收益和投资风险预测等内容。财务预测的主要方法有定性预测法和定量预测法两类。定性预测主要是利用直观材料，依靠个人的主观判断和综合分析能力，对事物未来的状况和趋势作出预测的一种方法；定量预测法，首先需要根据公司的历史财务资料建立数学模型，然后根据公司的外部环境和内部条件的变化对公司的历史财务资料建立数学模型进行适当的修正，最后再根据修正后的数据模型来推测公司未来的财务活动过程和结果。

财务预测的主要方法和手段通常包括销售百分比法、回归分析法和计算机辅助技术。

二、财务决策

财务决策是指财务人员按照财务目标的总体要求，利用专门方法对各种备选方案进行比较分析，并从中选出最佳方案的过程。在市场经济条件下，财务管理的核心是财务决策，财务预测是为财务决策服务的，决策成功与否直接关系到企业的兴衰成败。

一个财务决策系统由决策者、决策对象、信息、决策理论与方法以及决策结果五个要素构成。

财务决策工作的主要步骤包括：确定决策目标、提出备选方案和方案优选等。

财务决策有多种分类方法，每一分类方法分别用来研究和解决不同的问题。决策按能否程序化，可以分为程序化决策和非程序化决策。按照决策影响所涉及的时间长短，可以将其分为长期决策和短期决策。按照决策所涉及的内容，可分为投资决策、筹资决策、用资决策和股利决策。

三、财务预算

财务预算是指运用科学的技术手段和数量方法，对未来财务活动的内容及指标所进行规划。财务预算是以财务决策确立的方案和财务预测提供的信息为基础编制的，是财务预测和财务决策的具体化，是控制财务活动的依据。

财务预算工作的主要步骤包括：分析财务环境，确定预算目标；协调财务能力，组织综合平衡；选择预算方法，编制财务预算。

企业财务预算应纳入到企业全面预算体系中去，构成企业全面预算体系的重要组成部分。

四、财务控制

财务控制就是对财务预算和计划的执行进行追踪监督、对执行过程中出现的问题进行调整和修正，以保证预算的实现。

财务控制一般要经过以下步骤：①制定控制标准，分解落实责任；②实施追踪控制，及时调整误差；③分析执行情况，搞好考核奖惩。

财务控制是企业内部控制和风险管理的一个重要方面，风险控制和管理就是要预测风险发生的可能性、尽可能地提出预警方案、确定和甄别风险、采取有效措施规避和化解风险或减少风险所带来的危害等。

财务控制的方法和手段包括授权批准控制、职务分离控制、全面预算控制、财产保全控制、标准成本控制、责任会计控制、业绩评价控制等。

五、财务分析

财务分析是根据核算资料，运用特定方法，对企业财务活动过程及结果进行分析和评价的一项工作。财务分析既是对已完成的财务活动的总结，也是财务预测的前提，在财务管理的循环中起着承上启下的作用。

财务分析包括财务指标分析和综合分析。用以分析和评价企业财务状况与经营成果的分析指标主要包括偿债能力指标、营运能力指标、盈利能力指标和发展能力指标。

财务分析一般包括以下步骤：①收集资料，掌握信息；②指标对比，揭露矛盾；③分析原因，明确责任；④提出措施，改进工作。

财务分析的方法主要包括趋势分析法、比率分析法和因素分析法。

小　　结

本章重点阐述了财务管理的基本理论，主要包括财务管理的筹资、投资、营运资金和利润分配的管理。

财务管理环境是对企业组织财务活动和处理财务关系产生影响的企业内外部各种条件的统称，主要的外部环境有经济环境、金融环境和法律环境。

财务管理目标是财务管理工作的出发点，主要有利润最大化、每股收益最大化、股东财富最大化和企业价值最大化。财务管理基本假设包括理财主体、持续经营、理性理财和财务信息可靠假设等。财务管理原则是指财务管理人员在组织开展各种财务管理工作中应遵循的基本原则，包括风险与收益均衡、资源优化配置、投资分散化和动态平衡。

财务管理工作的环节主要有财务预测、财务决策、财务预算、财务控制和财务分析。

思　考　题

1. 什么是企业财务？企业财务活动主要包括哪些内容？
2. 企业财务关系有哪些？
3. 什么是财务管理目标？简述企业价值最大化目标的优缺点。
4. 财务管理环境包括哪些组成部分？
5. 财务管理基本假设包括哪些内容？
6. 财务管理的工作环节有哪些？

练　习　题

一、单项选择题

1. 根据财务管理理论，企业在生产经营活动过程中客观存在的资金运动及其所体现的经济利益关系被称为（　　）。

A. 企业财务管理　　B. 企业财务活动
C. 企业财务关系　　D. 企业财务

2. 在财务管理中，企业将所筹集到的资金投入使用的过程被称为（　　）。

A. 广义投资　　B. 狭义投资　　C. 对外投资　　D. 间接投资

3. 下列各项经济活动中，属于企业狭义投资的是（　　）。

A. 购买设备　　B. 购买零部件　　C. 购买专利权　　D. 购买国库券

4. 下列各项中，属于企业投资活动的有（　　）。

A. 采购原材料　　B. 销售商品　　C. 购买国库券　　D. 支付利息

5. 下列各项中，从甲公司的角度看，能够形成“本企业与债务人之间财务关系”的业务的是（　　）。

A. 甲公司购买乙公司发行的债券　　B. 甲公司归还所欠丙公司的货款
C. 甲公司从丁公司赊购产品　　D. 甲公司向戊公司支付利息

6. 假定甲公司向乙公司赊销产品，持有丙公司债券和丁公司的股票，且向戊公司支付公司债利息。假定不考虑其他条件，从甲公司的角度看，下列各项中属于甲公司与债权人之间财务关系的是（　　）。

A. 甲公司与乙公司之间的关系　　B. 甲公司与丙公司之间的关系
C. 甲公司与丁公司之间的关系　　D. 甲公司与戊公司之间的关系

7. 下列经济活动中，能够体现企业与投资者之间财务关系的是（　　）。

A. 企业向职工支付工资
B. 企业向其他企业支付货款
C. 企业向国家税务机关缴纳税款

D. 国有企业向国有资产投资公司支付股利

8. 财务管理的核心是（　　）。

A. 财务预测　B. 财务决策　C. 财务预算　D. 财务控制

9. 在下列各种观点中，既能够考虑资金的时间价值和投资风险，又有利于克服管理上的片面性和短期行为的财务管理目标的是（　　）。

A. 利润最大化　B. 企业价值最大化

C. 每股收益最大化　D. 资本利润率最大化

10. 在下列各项中，能够反映上市公司价值最大化目标实现程度的最佳指标是（　　）。

A. 总资产报酬率　B. 净资产收益率

C. 每股市价　D. 每股利润

11. 下列各项中，能够用于协调企业所有者与企业债权人矛盾的方法是（　　）。

A. 解聘　B. 接收　C. 激励　D. 停止借款

二、多项选择题

1. 为确保企业财务目标的实现，下列各项中，可用于协调所有者与经营者矛盾的措施有（　　）。

A. 所有者解聘经营者　B. 所有者向企业派遣财务总监

C. 公司被其他公司接收或吞并　D. 所有者给经营者以“股票选择权”

2. 在下列各项中，属于企业财务管理的金融环境内容的有（　　）。

A. 金融市场　B. 公司法　C. 金融工具　D. 公司治理

3. 下列关于企业价值最大化目标的说法正确的是（　　）。

A. 该目标克服了企业在追求利润上的短期行为

B. 该目标没有考虑投资风险与报酬的关系

C. 该目标没有考虑资金的时间价值

D. 该目标认为企业价值是指企业的账面价值

4. 为了协调所有者与债权人之间的矛盾，通常采用的方法包括（　　）。

A. 在借款合同中加入某些限制性条款

B. 激励债权人

C. 对企业的经营活动进行财务监督

D. 收回借款或者停止借款

5. 为了协调企业所有者与经营者之间的矛盾，通常采用的措施包括（　　）。

A. 解聘　B. 接收　C. 股票选择权　D. 绩效股

6. 下列各项中，属于企业财务管理经济环境的内容的是（　　）。

A. 经济周期　B. 宏观经济政策　C. 通货膨胀水平　D. 公司法

7. 下列各项中，属于资本市场的特点的有（　　）。

A. 融资期限长、解决长期投资性资本的需要

B. 流动性强、价格平稳、风险较小

C. 资本借贷量大、收益高、风险大

D. 交易目的是为了解决短期资金周转

8. 下列属于财务管理环节内容的是（　　）。

A. 财务预算　　　B. 财务控制　　　C. 财务决策　　　D. 财务考核

三、判断题

1. 解聘是一种通过市场约束经营者，以协调所有者与经营者矛盾的方法。（　　）

2. 企业价值最大化就是企业资产账面价值最大化。（　　）

3. 财务决策是财务管理的核心。（　　）

4. 金融工具是指融通资金双方在金融市场上进行资金交易、转让的工具，借助金融工具，资金从供给方转移到需求方。（　　）

第二章　财务管理基本观念

学习目标

1. 掌握货币时间价值的概念和内涵
2. 理解现值和终值的含义
3. 重点掌握复利以及四种年金现值和终值的计算
4. 理解风险以及收益的概念
5. 掌握风险的两种分类方式
6. 了解风险的衡量指标

某公司正考虑是否投资一个100万元的项目，该项目在以后的9年中每年产生20万元的收益。乍一看，谁都会说当然应该。但是这100万元是马上要付出的，是确定无疑的；而每年20万元的收益是在将来才能得到的预期回报。因此，在决定是否投资一个项目时，需要了解两个非常重要的观念：当前1元钱与未来1元钱之间的关系（我们称为"货币时间价值"），以及获得未来1元钱的不确定性（我们称为"风险报酬"）。

第一节　货币时间价值

货币时间价值是现代财务管理的基础观念之一，在诸如资本预算、投资决策、应收账款分析、筹资管理、兼并以及养老金基金投资管理等领域，都会涉及这一方面的知识，因此有人将之称为财务管理的"第一原则"。

一、货币时间价值

货币的时间价值，是指货币因为时间的推移而产生的价值增量，即一定量的资金在不同时点上的价值量的差额。

在商品经济中有这样一种现象：现在的1元钱和1年后的1元钱其经济价值不相等，或者说其经济效用不同。现在的1元钱比1年后的1元钱经济价值要大一些，即使不存在通货膨胀也是如此。为什么会这样呢？我们不妨这样思考：将现在的1元钱存入银行，1年后可得到1.10元（假设存款利率为10%）。这1元钱经过1年时间的投资增加了0.1元钱，这就是货币的时间价值。

从性质上看，货币的时间价值是资金在周转使用中产生的，是资金所有者让渡资金使用权而参与社会财富分配的一种形式。西方经济学家认为，借贷关系的存在是货币时间价值产生的前提，它是所有者推迟消费、让渡使用权应该取得的价值补偿。让渡时间越长，应得补偿越多。

从量的规定性来看，货币时间价值的表示，有相对数指标和绝对数指标，而通常使用的相对数指标——利率，也称为时间价值率。从理论上讲，货币时间价值是在没有风险和没有通货膨胀情况下的社会平均资金利润率。这主要是由于在市场竞争的情况下，各部门投资的利润率趋于平均化。资金所有者在让渡资金使用权时，也会要求按照社会平均的利润率获得回报。但社会平均资金利润率很难计算出来，在实际应用中，一般将短期国债的利率作为时间价值率的代表，因为短期国债的利率是接近于无风险的资金利率。

由于货币随时间的延续而增值，现在的1元钱与未来的1元多钱在经济上是等效的。也就是说，现在的1元钱比未来的1元钱值钱，不同时间点上单位货币的价值不相等。所以，不同时间的货币收入不宜直接进行比较，需要把它们换算到相同的时间基点上，然后才能进行大小的比较和比率的计算。

二、复利的终值与现值

复利是计算利息的一种方式。按照这种方法，每经过一个计息期，要将所生利息加入本金再计利息，逐期滚算，也就是说，不仅本金要计算利息，而且已生出的利息也要计算利息，人们俗称“驴打滚”或“利滚利”。

（一）复利终值

终值又称将来值，是现在一定量的资金折算到未来某一时点所对应的金额，俗称本利和，通常记作FV。如果我们用PV表示某项投资现在的金额，用i表示货币时间报酬率，n表示计息期，则其计算公式可表示为

$$FV = PV \times (1+i)^n$$

其中，$(1+i)^n$被称为复利终值系数或1元的复利终值，用符号（F/P，i，n）表示。例如（F/P，6%，3）表示利率为6%的3期复利终值的系数，也就是1元钱在利率为6%的条件下，经过3期后的金额。为了便于计算，可编制“复利终值系数表”（见本书附表）备用。该表的第一行是利率i，第一列是计息期数n，相应的$(1+i)^n$值在其纵横相交处。通过该表可查出（F/P，6%，3）=1.191，代表在时间价值为6%的情况下，现在的1元和3期后的1.191元在经济上是等效的。

【例2-1】 某人将10 000元投资某项目，年利率为10%，复利计息，则5年后的终值为FV=10 000×（F/P，10%，5）=10 000×1.6105=16 105（元）。

（二）复利现值

现值是终值的对称概念，又称本金，是指未来某一时点上的一定量资金折算到现在这一时点所对应的金额，或者说是为取得将来一定本利和现在所需要的本金，通常记作 PV。其计算公式可表示为

$$PV = FV \times 1/(1+i)^n = FV \times (1+i)^{-n}$$

上式中的 $(1+i)^{-n}$是把终值折算为现值的系数，称为复利现值系数，或称为 1 元钱的复利现值，用符号（P/F，i，n）表示。例如，（P/V，10%，5）表示利率为 10% 时 5 期复利现值系数。为了便于计算，可编制“复利现值系数表”（见本书附表）。该表的使用方法与“复利终值系数表”相同。

【例 2-2】　某人拟在 5 年后获得本利和 10 000 元，假设利率为 10%，那么他现在应该投入多少元？

解：PV = 10 000 ×（P/V，10%，5）= 10 000 × 0.6209 = 6209（元）

（三）名义利率与实际利率

目前为止，我们假定复利计息和贴现都是以年为单位的，然而在现实中计息期 n 不一定总是 1 年。计息期是指相邻两次计息的时间间隔，有可能是季度、月或日。而当计息期不是 1 年时，利率存在名义利率与实际利率之分。名义利率是不考虑年内复利计息的年利率，而实际利率一般要高于名义利率。

比如，假设某投资者投资 1000 元，年利率 10%，如果每年复利一次，则 1 年后投资者能获得的回报为 1000 ×（F/P，10%，1）= 1100（元）；如果每半年复利一次，则每半年利率变为 5%（10% ÷ 2），复利次数变为 2 次，1 年后投资者能获得的回报就变为 1000 ×（F/P，5%，2）= 1102.5（元）。此时，每半年按复利计息一次的终值就比按年复利计息的终值多 2.5 元。

因为 1000 × 1.1025 = 1102.5（元），这样按 10% 的年利率每半年复利计息，实际上与按 10.25% 的年利率每年复利计息是一致的，二者对投资者的影响没有差别。此时，将 10% 称为名义利率，10.25% 称为实际利率。推而广之，一年中一项投资每年按复利计息 m 次的年末终值为

$$FV = PV \times \left(1 + \frac{r}{m}\right)^{mn} = PV \times \left(F/P,\ \frac{r}{m},\ mn\right)$$

实际利率与名义利率之间的关系可以用公式表示为

$$1 + i = \left(1 + \frac{r}{m}\right)^m$$

式中，r——名义利率；

m——每年复利次数；

i——实际利率；

n——计息期。

三、年金终值和现值

年金是指一定时期内，每间隔相同时间所收付的相等款项，即定时等额系列收付款项。例如，分期付款赊购、分期偿还贷款、发放养老金、分期支付工程款等，都属于年金收付形式。年金按收付时间的不同和延续时间的长短，可分为普通年金、预付年金、递延年金和永续年金。

(一) 普通年金

普通年金又称后付年金，是指各期期末收付的年金。普通年金的收付形式如图 2.1 所示，横线代表时间的延续，用数字标出各期的顺序号；竖线的位置表示支付的时刻，竖线下端数字表示支付的金额。

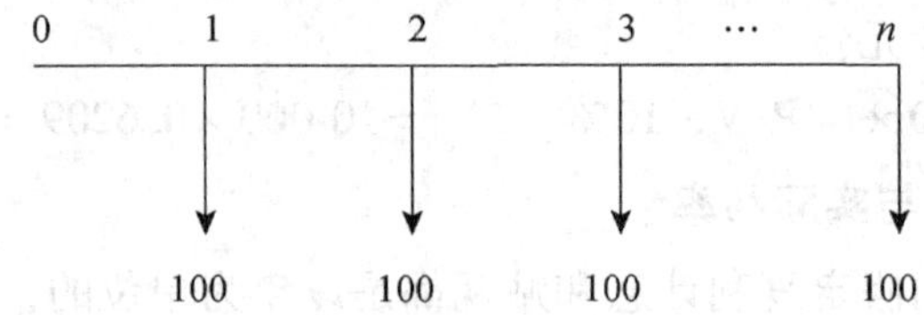

图 2.1 普通年金的收付形式

1. 普通年金终值与偿债基金

(1) 普通年金终值

普通年金终值是指最后一次支付时点的本利和，它是每次支付的复利终值之和。假设每次支付的年金为 A，利率为 i，计息期为 n，则按复利计算的普通年金终值用公式表示为

$$FV = A + A(1+i) + A(1+i)^2 + A(1+i)^3 + \cdots + A(1+i)^{n-1}$$

根据等比数列求和公式得 $FV = A \cdot \dfrac{(1+i)^n - 1}{i}$

式中的 $\dfrac{(1+i)^n - 1}{i}$ 称为普通年金终值系数，是普通年金为 1 元、利率为 i、经过 n 期的年金终值，通常记作 (F/A, i, n)。可据此编制“年金终值系数表”(见本书附表) 查阅。

【例 2-3】 张三每年年末存入银行 5000 元，年利率为 5%，复利计息，那么 10 年后张三能获得的本利和为

$$FV = 5000 \times (F/A, 5\%, 10) = 5000 \times 12.578 = 62\,890 \text{ (元)}$$

(2) 偿债基金

偿债基金是与普通年金终值相对应的概念，是指为使年金终值达到既定金额每年应支付的年金数额。根据普通年金终值的计算公式 $FV = A \cdot \dfrac{(1+i)^n - 1}{i}$ 可知

$$A = FV \cdot \frac{i}{(1+i)^n - 1}$$

式中的$\frac{i}{(1+i)^n-1}$是普通年金终值系数的倒数，称为偿债基金系数，记作（A/F，i，n）。它可以把普通年金终值折算为每年需要支付的金额。偿债基金系数可以制成表格备查，亦可以根据普通年金终值系数求倒数确定。

【例2-4】　张三拟在5年后偿还10 000元的债务，从现在起每年等额存入银行一笔款项。假设银行存款利率为10%，则每年需要存入多少元？

解：$A=10\,000\times$（A/F，10%，5）$=10\,000\times 0.1638=1638$（元）

2. 普通年金现值与资本回收额

（1）普通年金现值

普通年金现值是各期普通年金贴现值之和，是各期年金在第一期期初时点上的价值合计。假设每次支付的年金为A，利率为i，计息期为n，则按复利计算的普通年金现值为

$$PV=A\times(1+i)^{-1}+A\times(1+i)^{-2}+A\times(1+i)^{-3}+\cdots+A\times(1+i)^{-n}$$

根据等比数列求和公式得$PV=A\cdot\frac{1-(1+i)^{-n}}{i}$

式中，$\frac{1-(1+i)^{-n}}{i}$称为普通年金现值系数，是普通年金为1元、利率为i、经过n期的年金现值，记作（P/A，i，n）。可据此编制“年金现值系数表”（见本书附表）查阅。

【例2-5】　李四准备出国3年，请张三代付房租，每年租金10 000元，银行年存款利率为10%，则李四现在应当给李四在银行存入多少钱？

解：$PV=10\,000\times$（P/A，10%，3）$=10\,000\times 2.4869=24\,869$（元）

（2）资本回收额

资本回收额是与普通年金现值相对应的概念，是指第一期期初以既定金额投资，以后各期能获得的年金数额。这是求普通年金现值的逆过程。根据普通年金现值的计算公式

$$PV=A\cdot\frac{1-(1+i)^{-n}}{i}$$

可知

$$A=PV\cdot\frac{i}{1-(1+i)^{-n}}$$

式中的$\frac{i}{1-(1+i)^{-n}}$是普通年金现值系数的倒数，称为资本回收系数，记作（A/P，i，n）。它可以把现值折算为每年可以收回的金额。资本回收系数可以制成表格备查，亦可以根据普通年金现值系数求倒数确定。

【例2-6】　假设张三以10 000元投资于某个寿命为8年的项目，假设银行

存款利率为5%，则每年至少要获得多少回报才是有利的?

解：$A=10\ 000\times(A/P,5\%,8)=10\ 000\times0.1547=1547$（元）

（二）预付年金

预付年金又称先付年金或即付年金，是指在一定时期内，各期期初等额的系列收付款项。预付年金与普通年金的区别仅在于付款时间不同，预付年金的支付方式如图2.2所示。由于普通年金是最常用的，因此，计算预付年金终值和现值时可以利用普通年金的计算公式。

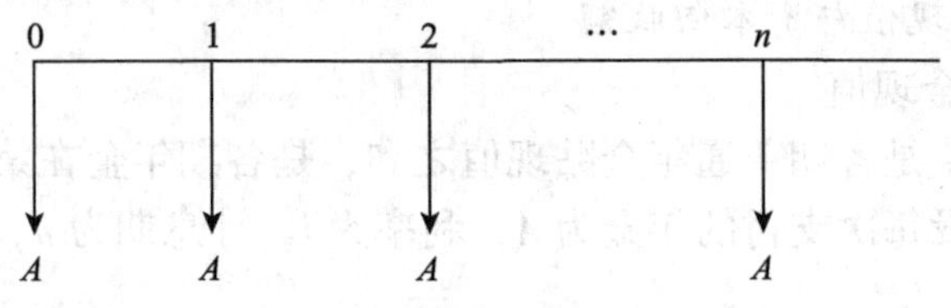

图2.2 预付年金的支付方式

1. 预付年金终值

预付年金终值是指最后一次支付时点的本利和，它是每次支付的复利终值之和，只不过此时年金支付时点在各期期初。假设每次支付的年金为A，利率为i，计息期为n，则按复利计算的预付年金终值为

$$FV=A\times(1+i)+A\times(1+i)^2+A\times(1+i)^3+\cdots+A\times(1+i)^n$$

根据等比数列公式可知 $FV=A\cdot\left[\frac{(1+i)^{n+1}-1}{i}-1\right]$

式中，$\left[\frac{(1+i)^{n+1}-1}{i}-1\right]$是预付年金终值系数，它和普通年金终值系数$\left[\frac{(1+i)^n-1}{i}\right]$相比，期数加1，系数减1，可记作$[(F/A,i,n+1)-1]$，并利用“年金终值系数表”查询$(n+1)$期的值，减去1后可得。

【例2-7】 张三计划储存养老基金，每年年初存入银行10 000元，复利计息，年利率3%，10年后能得到的终值为

$$\begin{aligned}FV&=10\ 000\times[(F/A,3\%,10+1)-1]\\&=10\ 000\times(12.808-1)=118\ 080\text{（元）}\end{aligned}$$

2. 预付年金现值

预付年金现值是各期预付年金贴现值之和，是各期年金在第一期期初时点上的价值合计，同样，此时年金支付时点处于各期期初。假设每次支付的年金为A，利率为i，计息期为n，则按复利计算的预付年金现值为

$$PV=A+A\times(1+i)^{-1}+A\times(1+i)^{-2}+A\times(1+i)^{-3}+\cdots+A\times(1+i)^{-(n-1)}$$

根据等比数列求和公式得 $PV=A\cdot\left[\frac{1-(1+i)^{-(n-1)}}{i}+1\right]$

式中，$\left[\frac{1-(1+i)^{-(n-1)}}{i}+1\right]$称为预付年金现值系数，是每期期初支付1元年金、利率为i、经过n期的年金现值。它和普通年金现值系数$\left[\frac{1-(1+i)^{-n}}{i}\right]$相比，期数减1，系数加1，可记作［（P/A，$i$，$n-1$）+1］。可利用“年金现值系数表”查（$n-1$）期的值，再加1即得。

【例2-8】 张三的女儿今年上大学，大学4年每年年初需要准备10 000元的学费，银行利率为4%，则张三现在往银行存入多少钱能保证其每年年初都能取出需要的金额？

解： PV＝10 000×［（P/A，4%，4－1）+1］＝10 000×（2.7751+1）
＝37 751（元）

（三）递延年金

递延年金是指第一次支付发生在第二期或第二期以后的年金。递延年金的支付形式如图2.3所示。从图中可以看出，前m期没有发生现金的支付，此时将m期称为递延期，第一次现金的支付发生在第$m+1$期的期末，连续支付了n次。

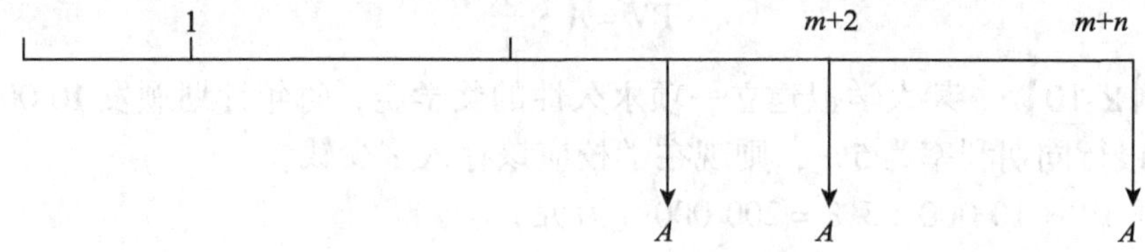

图2.3　递延年金的支付形式

1. 递延年金终值

从图2.3可以看出，递延年金终值是将年金折算至最后一次支付时点的本利和，它是每次支付的复利终值之和，此时与年金支付的起始点没有关系。因此，递延年金终值的计算与普通年金终值的计算相同。其计算公式为

$$FV=A\times(F/A,\ i,\ n)=A\cdot\frac{(1+i)^n-1}{i}$$

2. 递延年金现值

递延年金现值是各期年金在第一期期初现值之和，其计算方法有两种。

第一种，假设递延期也有年金收支，先求$n+m$期的年金现值，再减去实际并未支付的递延期m的现值，计算公式为

$$PV=A\times(P/A,\ i,\ n+m)-A\times(P/F,\ i,\ m)$$

第二种，先忽略递延期，将递延年金视为普通年金，求其递延期末的现值，再将此现值换算成第一期期初的现值，其计算公式为

$$PV=A\times(P/A,\ i,\ n)\times(P/F,\ i,\ m)$$

【例2-9】 张三准备投资一个项目，预计3年以后每年能获得100 000元利

润，并能持续10年，年利率为5%，问张三现在投资多少钱才合算?

解：按第一种方法计算为

PV =100 000×（P/A，5%，13）-100 000×（P/A，5%，3）

=939 360 -272 320 =667 040（元）

按第二种方法计算为

PV =100 000×（P/A，5%，10）×（P/F，5%，3）

=100 000×7.7217×0.8638 =667 000（元）

（四）永续年金

永续年金是指无限期收付的年金，每期的收付款项将保持相等的金额永远持续下去。西方有些债券为无期限债券，这些债券的利息可以视为永续年金，比如英国的金边债券。另外，优先股股利、诺贝尔奖金以及有些大学的奖学金有时也可以看作永续年金。

永续年金没有终止的时间，也就不存在终值。永续年金现值可以视为期限趋于无穷的普通年金现值，从而可以根据普通年金现值的计算公式推导为

$$PV = A \cdot \frac{1}{i}$$

【例2-10】 某大学拟建立一项永久性的奖学金，每年计划颁发10 000元奖学金，银行同期利率为5%，则现在学校应该存入多少钱?

解：PV =10 000÷5% =200 000（万元）

（五）利率与期限的推算

在前面计算终值和现值时，都假定利率和期限是已知的，但在财务管理实务中，经常遇到利率或者期限未知的情况，即知道终值、现值和计息期数（利率），求利率（期限）的问题。此时，一般可分为两步来计算：第一步求出复利或年金系数；第二步根据系数值以及对应的系数表确定利率或者期限。

【例2-11】 张三每年年末存入银行5000元，复利计息，10年后张三能获得62 890元的本利和，则银行利率是多少?

解：FV =5000×（F/A，i，10）=62 890（元）

则（F/A，i，10）=12.578，查普通年金终值系数表得知，与n=10对应的贴现率中，5%的系数为12.578，因此，利率应该为5%。

承上例，若已知银行利率为5%，年金5000元，终值为62 890元，则确定年金期数的过程与此相似。可知（F/A，5%，n）=12.578，查普通年金终值系数表得知，与i=5%对应的贴现率中，10年期的系数为12.578，因此，年限应该为10年。

上例通过计算可以直接获得与系数表中已知数值相等的系数，从而可以直接得出利率或期限。但是在财务管理实务中，往往得出的系数值无法直接从系数表

中查得，此时就需要使用插值法计算利率或期限。

【例2-12】　承例2-11，若10年后张三能获得的本利和为70 000元，则银行利率是多少？

解：FV＝5000×（F/A，i，10）＝70 000，则（F/A，i，10）＝14。查普通年金终值系数表可知，与$n=10$对应的贴现率中，不能直接得到数值等于14的系数。此时，需要用插值法。

查普通年金终值系数表可知，当利率等于7%时，系数是13.816；当利率等于8%时，系数是14.487。所以，本题中银行利率应该在7%～8%之间，假设x为利息率中超过7%的部分，则存在下列等式：

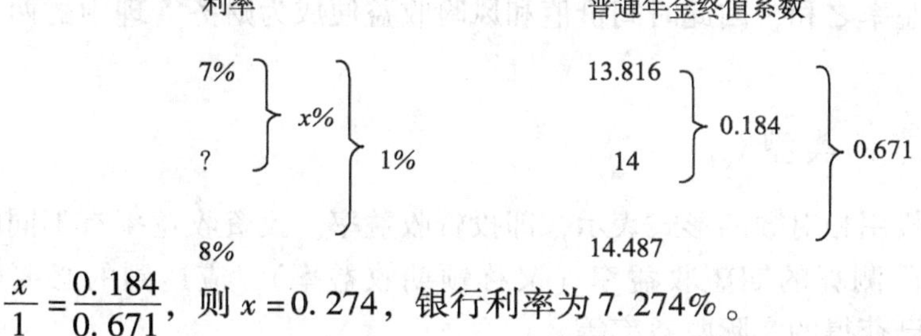

$\frac{x}{1}=\frac{0.184}{0.671}$，则$x=0.274$，银行利率为7.274%。

第二节　收益与风险

一、收益与风险的概念

收益也称报酬，是企业投资或经营所得到的超过投资成本价值的超额收益。它不同于会计上的利润概念，利润是按权责发生制原则确认的，不考虑货币时间价值；收益是按收付实现制原则确认的，考虑货币的时间价值，有时还要考虑风险价值。

风险是一个非常重要的财务概念，任何决策都有风险，这使得风险观念在财务管理中具有普遍意义。风险最简单的定义是：发生财务损失的可能性。发生财务损失的可能性越大，资产的风险越大。风险可以用不同结果出现的概率来描述。结果可能是好的，也可能是坏的，坏结果出现的概率越大，就认为风险越大。这个定义非常接近日常生活中使用的普通概念，主要强调风险可能带来的损失，与危险的含义类似。在对风险进行深入研究后发现，风险不仅可以带来超出预期的损失，也可能带来超出预期的收益。于是，出现了一个更正式的定义：风险是预期结果的不确定性，其结果可能好也可能坏，不知好到什么程度，亦不知坏到什么地步。历史事件不存在风险，因为结果已知，只有未来事件才存在着风险问题。如果一个事件的结果只存在一个可能性，就不存在风险。风险不仅包括负面效应的不确定性，还包括正面效应的不确定性。风险的概念比危险广泛，包括了危险，危险只是风险的一部分。风险的另一部分即正面效应，可以称为“机会”。财务管理不仅要管理危险，还有识别、衡量、选择和获取增加企业价值的机会。

一般而言，投资者都讨厌风险，并力求回避风险。那么，为什么还有人进行风险投资呢？这是因为风险投资可以获得额外回报——风险收益。所谓风险收益，是指投资者因为冒风险进行投资而获得的超过时间价值的那部分额外报酬。在财务管理中，风险收益通常用相对数的形式进行表示，即风险收益率，它是风险收益额与原投资额的比率。如果把通货膨胀因素抽象掉，投资收益率就是时间价值率与风险收益率之和，因此时间价值和风险收益便成为财务管理中的两项基本要素。

二、投资收益率的类型

投资收益一般用相对数的形式表示，即投资收益率。投资收益率有不同的表现形式，如投资前测算的期望收益率（又称预期收益率），应达到的必要收益率，以及投资后已获得的实际收益率等。

1. 预期收益率

预期收益率代表投资者在投资之前测算的期望获得的收益，是对投资某个项目能够获得回报的简单估算，它是根据未来各种可能的收益率求均值来确定的。均值代表在试验重复多次以后得到的评估结果。当投资者选择投资项目时，由于风险的存在，未来收益率是不确定的。它可能为正，可能为负，也可能为零。但是投资者只能得到众多可能结果中的一个，它可能还跟均值相差甚远，所以，使用均值进行决策是有缺陷的，但是投资决策必须在知道实际收益率以前作出。根据数学和统计学的大数定律，当投资项目足够多时，好结果和坏结果会相互抵消，众多结果的评估数会趋近于总体的均值。因此，当投资项目足够多时，均值可以很好地预期收益率。

2. 必要收益率

必要收益率是投资者要求获得的最低收益率。只有投资项目的预期收益率高于必要收益率时，投资者才会认为是值得投资的。必要收益率的确定有以下三种思路。

1）以资本成本率作为必要收益率。主要针对所使用的资本是借入或通过发行优先股筹集的情况。此时，投资者进行投资所使用的资本不是无偿使用的，是有成本的，而资本成本的确定也比较容易。我们将资本成本率作为必要收益率，主要是考虑项目投资的收益必须首先能够弥补资本成本，否则就不可行。

2）以机会成本率作为必要收益率。尤其当所使用的资本是通过普通股筹集或内部积累获得，从而资本成本率很难确定时。此时，企业投资某个项目，就意味着放弃了投资于其他项目能够获得的报酬，即存在机会成本。企业就必然要求该项目投资回报大于其他项目，否则该项目就不是最佳投资。

3）以无风险收益率和风险收益率之和作为必要收益率。无风险收益率即货币的时间价值率，是投资者不用承担任何风险时，由于货币时间价值而要求得到的收益率。风险收益率是投资者承担风险而要求的超过时间价值的那部分额外收益率，承担的风险越大，要求得到的风险收益率越高。无风险收益率加风险收益率，实际上仍然是一个机会成本率，它是与拟投资项目具有相同风险的其他投资项目的收益率。

3. 实际收益率

实际收益率是投资项目结束后或进行过程中已经实际赚得的收益率，是实际收益额与投资额的百分比。实际收益率由于已成为事实，不可改变，只能作为新决策的依据。投资者必然希望能获得更高的收益，但实际情况无法预料。投资者所投资的、期望能获得最高收益的项目，实际却获得最低收益，也是有可能的。由于风险的存在，实际收益率与预期收益率、必要收益率之间没有必然联系。实际收益率的高低决定于实际收益额、投资额和投资期间。

三、风险的衡量

（一）风险的种类

投资者所面临的风险是多种多样的，下面从不同方面，对风险进行分类。

1. 从公司本身的角度分

按风险是否可分散，可将公司所承担的全部风险分为不可分散风险和可分散风险两部分。即全部风险等于不可分散风险与可分散风险之和。

1）不可分散风险，又称为系统风险或市场风险，是指那些影响整个市场中所有公司的因素引起的风险，不能通过分散化投资有效消除。比如，战争、经济兴衰、利率变动等。不可分散风险所影响的资产非常多，仅仅影响程度有区别。所以，不管投资多样化有多充分，也不可能消除全部风险，即使投资的是全部股票的市场组合。

2）可分散风险，又称为非系统风险或公司特有风险，是指那些只影响个别公司的因素引起的风险，可以通过分散化投资予以消除。比如，某家公司工人罢工、新产品开发成功或失败、失去或取得重要销售合同等。这类事件是非预期、随机发生的，只影响一个或少数几个公司，不会对整个市场发生太大影响，从而可以通过多样化投资来分散。

2. 从投资者个人的角度分

由于上面所说可分散风险可以通过多样化投资消除，因此一个充分的投资组合几乎没有可分散风险。假设投资者都是理性的，就会选择充分的投资组合，那么对于投资者而言，可分散风险几乎是可以避免的。因此，对于这种能够容易避免而没有避免的不必要风险，市场不会对它给予任何补偿。投资者因承担了不可分散风险而得到的风险补偿，才是构成必要收益率的风险收益率。

按照来源不同，投资者个人所承担的不可分散风险可以分为两类：经营风险和财务风险，不可分散风险等于经营风险与财务风险之和。

1）经营风险，又称为营业风险或商业风险，是指企业通过使用资产获取经营收益的不确定性。经营风险是由企业的投资决策引起的，即企业因经营上的决策而导致利润变动的风险。企业各单项资产经营项目的经营风险是不同的，各单项资产经营项目的经营风险共同决定企业整体的经营风险。因此，企业的资产结构决定了它所面临的经营风险的大小。影响经营风险的因素主要有：产品需求、市场竞争程度、产品成本、固定成本的比重和资产的规模等。

2）财务风险，是指普通股股东收益的不确定性。当企业在经营中借入资金时，全部资本中债务资本比率的变化会对股东收益的多少产生影响。当债务资本比率较高时，股东将负担较多的债务成本，并经受较多的负债作用引起的收益变动的冲击，从而股东收益的不确定性增加；反之，当债务资本比率较低时，不确定性较低。如果企业不借债，完全通过权益方式筹资，则企业收益完全由股东获得，就不会存在财务风险，只存在经营风险。因此，财务风险是由企业筹资决策引起的。影响财务风险的因素主要有：资本结构、债务利率、资产的流动性和临时筹资能力等。

（二）风险衡量指标

投资者投资能够带来的回报存在不确定性，实际收益率往往与预期收益率存在差异，风险就是实际收益率偏离期望收益率的可能性，而风险衡量，就是要衡量实际收益率对于预期收益率的偏离程度，一般使用以下几个指标。

1. 概率与概率分布

在经济活动中，某一个事件在相同条件下可能发生也可能不发生，这类事件称为随机事件。随机事件的可能结果是一个随机变量，随机变量的值是不确定的，此时，可以用概率来表示随机事件发生可能性的大小，概率分布表示每一个随机变量取值出现的相对可能性，同时也就是各种不同预期收益率出现的可能性。

通常，把必然发生事件的概率定为1，把不可能发生事件的概率定为0，而一般随机事件的概率是介于1与0之间的一个数。概率分布中，所有可能结果的概率之和应该等于1，因为它代表了随机事件所有预期结果发生的可能性。

【例2-13】 某公司有两个投资机会，A投资机会是一个高科技项目，如果经济发展良好，将取得较大市场占有率，利润会很大。否则，利润很小甚至亏本；B 投资机会是老产品并且是必需品，销售比较稳定。假设 A、B 投资机会的收益率都只受未来经济状况的影响，而未来经济状况有繁荣、一般、衰退三种可能，有关概率分布和预期收益率如表 2. 1 所示。

表 2. 1　A、B 投资机会预期收益率概率分布

未来经济状况	发生概率	预期收益率	
		A 项目	B 项目
繁荣	0. 3	80%	30%
一般	0. 5	10%	24%
衰退	0. 2	-20%	20%

在这里，概率表示每一种经济情况出现的可能性。例如，未来经济状况出现繁荣的可能性为 0. 3，假如这种情况出现，A 投资机会可以获得高达 70% 的收益率，也就是说投资于 A 项目获利 70% 的可能性是 0. 3。

2. 期望值

期望值是随机变量各可能取值以相应的概率为权数的加权平均值，它反映随机变量取值的平均化。用公式可表示为

$$\overline{K}=\sum_{i=1}^{n}P_iK_i$$

式中，$\overline{K}$——期望值，即预期收益率；

P_i——第 i 种可能结果的概率；

K_i——第 i 种可能结果的收益率；

n——可能结果的个数。

承例 2-13，计算 A、B 投资机会的预期报酬率。

$$\overline{K}_A=P_1K_1+P_2K_2+P_3K_3=0.3\times80\%+0.5\times10\%+0.2\times(-20\%)=25\%$$

$$\overline{K}_B=P_1K_1+P_2K_2+P_3K_3=0.3\times30\%+0.5\times24\%+0.2\times20\%=25\%$$

两个项目的预期收益率相同，但其概率分布不同。我们假设未来经济只有繁荣、一般、衰退三种情况下的概率分布，实际上未来经济状况可以在繁荣和衰退之间发生无数可能的结果，每一个可能的结果都对应着一个预期收益率。比如，A 项目收益率变动范围在 -20%~80%，其中任何一个收益率都是有可能发生的；而 B 项目收益率变动范围在 20%~30%。所以，A 项目分散程度较大，实际收益率的不确定性更大，即 A 项目风险更大。但如果要定量地衡量风险大小，还要使用统计学中衡量概率分布离散程度指标。

3. 方差与标准离差

我们已经知道一个随机事件的实际结果可能会偏离其期望值。而标准离差就是用来衡量各个可能结果与期望值偏离程度的一种量度。标准离差简称标准差，

标准差的平方称为方差。标准差的计算公式可表示为

$$\delta=\sqrt{\sum_{i=1}^{n}P_i\ (K_i-\overline{K})^2}$$

式中，δ——标准差；

$\overline{K}$——期望值，即预期收益率；

P_i——第 i 种可能结果的概率；

K_i——第 i 种可能结果的收益率；

n——可能结果的个数。

承例 2-13，计算 A、B 项目的标准差。

A 项目标准差 $=\sqrt{\sum_{i=1}^{n}P_i\ (K_i-\overline{K})^2}$

$=\sqrt{(80\%-25\%)^2\times0.3+(10\%-25\%)^2\times0.5+(-20\%-25\%)^2\times0.2}$

$=37.75\%$

B 项目标准差 $=\sqrt{\sum_{i=1}^{n}P_i\ (K_i-\overline{K})^2}$

$=\sqrt{(30\%-25\%)^2\times0.3+(24\%-25\%)^2\times0.5+(20\%-25\%)^2\times0.2}$

$=3.61\%$

通过计算，A 项目的标准差大于 B 项目的标准差。标准差越小，说明实际收益率偏离预期收益率的可能性越小，因此风险也就越小。所以，A 项目的风险大于 B 项目的风险。但这一结论是在 A 项目的预期收益率与 B 项目的预期收益率相等的情况下得出的。如果 A、B 项目的预期收益率不相等，上面得出的结论就可能是错误的。这时应该计算标准离差率，通过对标准离差率大小的比较，来判断风险的大小。

4. *标准离差率*

标准离差率是标准离差与期望值的比值。它是一个相对数指标，可以用来比较不同预期收益率方案的风险大小。标准离差率一般用 q 表示，其计算公式为

$$q=\delta\div\overline{K}$$

承例 2-13，A、B 项目的预期收益率相同，可以直接使用标准差比较二者风险，如果二者预期收益率不相同，则需要使用标准离差率指标。例如，假设上例中，A 项目和 B 项目的标准差仍分别为 37.75% 和 3.61%，但 A 项目的预期收益率为 50%，B 项目的预期收益率为 15%，那么，究竟哪个项目的风险更大呢？这时就需要比较二者的标准离差率。

A 项目标准离差率 $q=37.75\%\div50\%=75.5\%$

B 项目标准离差率 $q=3.61\%\div15\%=24.07\%$

通过计算，A 项目的标准离差率大于 B 项目的标准离差率，说明 A 项目的风险大于 B 项目的风险。

5. 方案的风险收益率

计算出标准离差率能正确比较、判断风险大小，但是衡量风险的最终目的，还是在于确定风险收益率。此时，需要借助一个系数——风险收益系数。风险收益系数是将标准离差率转化为风险收益的一种系数。

通过上面讨论，我们知道，标准离差率越小，风险越小，此时投资者要求的风险补偿率或者风险收益率就越小；反之，标准离差率越大，风险越大，投资者要求的风险补偿率或者风险收益率就越大。假设标准离差率与风险收益率之间呈线性关系，则二者的比值就是风险收益系数。用公式表示为

$$R_R = b \times q$$

式中，R_R——风险收益率；

b——风险收益系数；

q——标准离差率。

那么，投资的总收益率可表示为

$$K = R_F + R_R = R_F + b \times q$$

式中，K——投资总收益率；

R_F——无风险收益率。

承上例，假设 A 项目的风险收益系数为 8%，B 项目的风险收益系数为 6%，则二者的风险收益率分别为

A 项目 $R_R = 8\% \times 75.5\% = 6.04\%$

B 项目 $R_R = 6\% \times 24.07\% = 1.44\%$

根据计算结果，A 项目的风险收益率高于 B 项目的风险收益率，这是因为 A 项目的风险大于 B 项目。毫无疑问，风险大的 A 项目要求得到的风险补偿，高于风险小的 B 项目要求得到的风险补偿。

从上述公式可以看出，在已知标准离差率的情况下，要想求得风险收益率，必须先确定风险收益系数。风险收益系数的高低，影响风险收益率的高低。风险收益系数越低，风险收益率越低，即要求得到的风险补偿越低；反之，风险收益系数越高，风险收益率越高，即要求得到的风险补偿越高。所以风险收益系数的确定对于确定风险收益率至关重要。

风险收益系数的确定方法主要有两种。一是根据同等风险投资项目的有关历史数据确定；二是由投资者的主观经验确定，此时，投资者对待风险的态度直接影响风险收益系数的确定。敢于冒险的投资者，能承担更多的风险，因而要求得到的风险补偿会少一些，从而会把风险收益系数定得低些；反之，保守型的投资者，会把风险收益系数定得高些。

小　结

货币时间价值是现代财务管理的基础观念之一，它是指货币因为时间的推移而产生的价值增量，即一定量的资金在不同时点上的价值量是不同的。因此，不同时间的货币收入不宜直接进行比较，需要把它们换算到相同的时间基础上，才能进行大小的比较和比率的计算，从而产生了现值和终值的概念。终值是现在一定量的资金折算到未来某一时点所对应的金额，俗称本利和，用 FV 表示；现值是终值的对称概念，是指未来某一时点上的一定量资金折算到现在这一时点所对应的金额，或者说是为取得将来一定本利和现在所需要的本金，用 PV 表示。从理论上讲，货币时间价值是在没有风险和没有通货膨胀情况下的社会平均资金利润率。

事实上，现值和终值的计算常常是烦琐的，为了便于运算，我们推导了下列几个简化公式：

复利：$FV = PV \times (1+i)^n = PV \times (F/P, i, n)$

$PV = FV \times (1+i)^{-n} = FV \times (P/F, i, n)$

普通年金：$FV = A \cdot \frac{(1+i)^n - 1}{i} = A \times (F/A, i, n)$

$PV = A \cdot \frac{1-(1+i)^{-n}}{i} = A \times (P/A, i, n)$

预付年金：$FV = A \cdot \left[\frac{(1+i)^{n+1} - 1}{i} - 1\right] = A \times [(F/A, i, n+1) - 1]$

$PV = A \cdot \left[\frac{1-(1+i)^{-(n-1)}}{i} + 1\right] = A \times [(P/A, i, n-1) + 1]$

递延年金：$PV = A \times (P/A, i, n) \times (P/F, i, m)$

$= A \times [(P/A, i, m+n) - (P/A, i, m)]$

永续年金：$PV = A \div i$

企业投资或经营必然要求有超过投资成本的收益，而所能获得收益的多少，甚至是否能获得收益是不确定的，即存在风险。既然承担了风险，投资者必然要求所获得的报酬要超过无风险时的时间价值，即风险收益。所以，如果把通货膨胀因素抽象掉，投资收益率就是时间价值率和风险收益率之和。投资收益率有不同的表现形式，常见的有投资前测算的预期收益率（又称期望收益率），应达到的必要收益率，以及投资后已获得的实际收益率。因为风险的存在，三种收益率之间没有必然的联系。

按风险是否可分散，可将公司所承担的全部风险分为影响整个市场中所有公司的、不能通过分散化投资有效消除的不可分散风险以及只影响个别公司的、可以通过分散化投资予以消除的可分散风险两部分。而投资者个人一般只承担不可分散风险。按照来源不同，投资者个人所承担的不可分散风险可以分为两类：反映企业通过使用资产获取经营收益不确定性的经营风险和反映普通股股东收益不确定性的财务风险。而投资者具体承担风险的大小就需要使用风险衡量指标来确定。风险衡量指标一般包括项目概率、期望值、方差与标准离差、标准离差率以及风险收益率等。

思　考　题

1. 如何理解货币时间价值概念？它对财务管理有什么影响？
2. 终值和现值的概念是什么？
3. 什么是名义利率？什么是实际利率？二者之间有什么关系？
4. 普通年金、预付年金、递延年金和永续年金的区别是什么？
5. 收益和风险的概念分别是什么？二者有什么联系？
6. 什么是预期收益率、必要收益率和实际收益率？三者之间有联系吗？
7. 风险有哪几种？
8. 风险的衡量指标有哪些？分别是怎么计算的？

练　习　题

一、单项选择题

1. 下列项目中，（　　）称为普通年金。

A. 后付年金　B. 延期年金　C. 先付年金　D. 永续年金

2. 有一投资项目，从第 6 年年初开始有现金回报，每年能获得 100 000 元利润，并且持续至第 10 年年初，假设年利率为 8%，那么投资者能获得的总收益为（　　）元。

A. 208 656　B. 271 923　C. 293 486　D. 33.97905

3. 假设以 5% 的年利率借入 100 000 元，投资于某个寿命为 8 年的项目，为使该投资项目成为有利的项目，每年最少应获得（　　）元的利润。

A. 10 472　B. 15 473　C. 9549　D. 6463

4. 银行 A 对其客户存款实行单利，年利率 8%，银行 B 对其客户存款实行复利，那么下列（　　）存款利率会使 B 银行 5 年期存款对客户更有竞争力，并且使 B 银行成本最低。

A. 5%　B. 6%　C. 7%　D. 8%

5. 某人投资于国库券，5 年到期后能获得的价值补偿不包括（　　）。

A. 本金　B. 货币时间价值　C. 风险收益　D. 通货膨胀率

6. 下列关于风险的表述中，错误的是（　　）。

A. 风险是指发生财务损失的可能性

B. 发生损失的不确定性越大，资产的风险越大

C. 如果一个事件的结果只存在一个可能性，就不存在风险

D. 历史事件不存在风险

7. 已知当利率为10%时，5年期普通年金现值系数为3.791，6年期普通年金现值系数为4.355，则利率10%，6年期复利现值系数等于（　　）。

A. 0.621　　B. 0.564　　C. 0.513　　D. 0.751

二、多项选择题

1. 下列关于货币时间价值的表述中，正确的是（　　）。

A. 货币时间价值不可能由时间创造，而只能由劳动创造

B. 只有把货币作为资金投入生产经营中，才能产生时间价值，即时间价值是在生产经营中产生的

C. 时间价值的相对数是扣除风险收益和通货膨胀率后的平均资金利润率或平均收益率

D. 时间价值是对投资者推迟消费的耐心给予的报酬

2. 关于衡量投资风险的下列说法中，正确的有（　　）。

A. 预期收益率的概率分布越窄，投资风险越小

B. 预期收益率的概率分布越窄，投资风险越大

C. 预期收益率的标准差越大，投资风险越大

D. 预期收益率的标准离差率越大，投资风险越大

3. 下列可以作为必要收益率的是（　　）。

A. 机会成本　　B. 资本成本

C. 无风险利率与风险利率之和　　D. 实际利率

4. 对于理性投资者而言，其个人需要承担的风险包括（　　）

A. 不可分散风险　　B. 可分散风险　　C. 财务风险　　D. 经营风险

三、判断题

1. 无风险收益率一般用短期国库券利率确定。（　　）

2. 风险程度越低，要求的风险收益率越高。（　　）

3. 预期收益率越高，实际收益率也越高。（　　）

4. 永续年金不存在终值，只存在现值。（　　）

5. 投资者属于冒险型领导者，则其确定的风险收益系数较高。（　　）

四、计算分析题

1. 某人赢得了体彩奖金，体彩公司允许他在下面两种领奖方式中选择一种：

选择一：一年以后领取10 000元；

选择二：五年以后领取20 000元。

（1）在下面三种折现率下，他应该选择哪一种领奖方式：0；10%；20%？

（2）使这两种方式没有差别的折现率是多少？

2. 一家房地产公司为了推广他们的商品房，提供了以下几种付款方式供消费者选择：

（1）支付10万元现金；

（2）5年后支付15万元；

（3）从购房当天起，每半年支付10 000元，保持7年；

（3）从购房当天起，每年年初支付14 000元，保持12年；

（4）从购房的第四年年末开始支付20 000元，直到第14年。

假定折现率为10%，假如你是消费者，你将选择哪种支付方式？

3．某人10年前花150万元购买了一套住宅，现在以500万元将其卖出。他在这项投资中获取的收益率是多少？

4．现有A、B两只股票，收益分布如下表所示：

未来经济状况	发生概率	预期收益率	
		A项目	B项目
繁荣	0.3	60%	20%
一般	0.4	10%	15%
衰退	0.3	-10%	10%

假设A项目的风险收益系数为7%，B项目的风险收益系数为5%，则应该选择哪只股票？

第三章　财 务 分 析

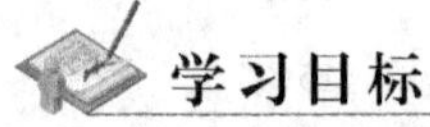

学习目标

1. 了解财务分析的含义及作用
2. 理解财务分析的目的与内容
3. 熟悉常用的财务分析方法及四大财务报表的结构
4. 掌握偿债能力、营运能力、盈利能力和发展能力分析的方法和指标
5. 掌握上市企业财务分析的方法及指标

第一节　财务分析基础

本节主要阐述一般企业（或组织）财务分析的含义、财务分析的作用、财务分析的目的、财务分析的内容方法和财务分析基础，为学习者对财务分析指标的学习奠定一个理论框架基础。

一、财务分析的含义

财务分析是一个企业（或组织）财务管理的基础性工作，它是以财务报告及企业（或组织）其他相关资料为依据，采用一系列专门的分析技术和方法，对企业（或组织）等经济组织的投资活动、筹资活动、经营活动和利润分配、偿债能力、盈利能力、营运能力和发展状况进行分析与评价，为企业的投资者、债权人、经营者及其他利益相关者了解企业过去、评价企业现状、预测企业未来，提供准确的信息或依据的一种经济活动。

二、财务分析的作用

财务分析的作用主要有以下几点。

1）财务分析是评价企业经营业绩及财务状况的重要手段。通过企业财务状况分析，可以了解企业现金流量状况、营运能力、盈利能力、偿债能力，有利于所有者及其相关人员客观地评价经营者的经营业绩和财务状况，通过分析、比较将可能影响经营成果和财务状况的主客观原因加以区分，划清责任界限，客观评价经营者的业绩，促进经营管理者管理水平的提高。

2）财务分析可以为债权人、投资者等外部信息需求者提供正确的决策信息。投资人是企业的所有者，除了企业的偿债能力以外，还要关心企业的资产管理及使用情况、企业的获利能力及企业的长期发展趋势。企业的投资者可通过财务分析，了解企业获利和偿债能力，预测投资后的风险程度及收益水平，从而作出正确的决策。债权人所关心的是企业能否按时支付利息并在债权到期日归还本金，即企业资产能否及时变现以及偿债能力如何。因此，以债权人和投资者为代表的外部信息需求者，可以通过考察企业的财务状况之后作出决策。

3）财务分析可以为企业内部管理人员提供决策依据。通过财务分析，管理者可以了解企业在什么方面做得比较好，在什么方面还存在缺陷，距离好的标准还有多大的差距，进而采取对应措施，改善其经营管理状况，使企业经济效益不断提高。

三、财务分析的目的

财务分析的目的应该首先明确分析的主体，主体不同，对一个企业（或组织）进行财务分析的目的就不同。

1. 对于经营管理者

经营管理者对企业的经营成败负主要责任，经营管理者需要通过定期进行财务分析作出经营决策。具体分析内容有：企业运转是否正常？企业经营前景如何？是否需要转产、投资或筹资？企业有无资金潜力可挖，如何挖潜？

2. 对于投资者

投资者拥有企业收益和剩余财产分配权，企业与投资者之间是利益共享、风险共担的关系。投资者要掌握其投资的收益和风险，就要对企业的生产经营状况进行分析。投资者进行财务分析的具体目的有：是否应该对企业投入更多资金；是否应该转让股份，抽回资金；了解企业的经营成果；了解企业的分配政策。

3. 对于债权人

债权人包括贷款银行、融资租赁出租方及企业债券持有人等。企业与债权人之间是债权资金的取得和本金及利息的偿还关系。债权人为了按期得到本金和利息，要对企业的偿债能力进行分析。具体来说主要包括：企业财力是否充足，能否足够用来清偿债务；企业的获利状况如何；是否应该给企业贷款；是否应该继续拥有企业债权。

4. 对于其他企业

企业之间由于相互提供产品和劳务而发生商业信用和结算关系，集团企业之间是相互投资、参股的联营及合作关系。为了签订供销合同或开展竞争，企业之间要进行财务分析。具体分析的目的包括：企业财力及生产能力是否充足，能否保证长期供货；是否应该提供销售信用；是否应该增加收入，控制联营企业生产经营；是否应该延长付款期。

5. 对于国家职能部门和企业职工

国家制定宏观经济调控政策，通常依据的是企业的资金运用、投资行为、产品销售、经济效益等情况。企业向有关部门缴纳各项税金，应及时足额，这些都以财务报表的分析为依据。企业职工不仅为其前途担忧，也要关心企业的财务状况。

四、财务分析的内容

从不同的角度看，财务分析的内容可以有不同的表述。从企业的财务活动来看，财务分析包括筹资活动分析、投资活动分析、经营活动分析及分配活动分析。从企业财务报表看，财务分析包括资产负债表分析、利润表分析、现金流量表分析及所有者权益变动表分析等。从一个企业的财务效率角度看，财务分析可以包括偿债能力分析、营运能力分析、盈利能力分析、发展能力分析及财务综合分析等。本章内容以企业实务中最常用的财务效率评价为基础，主要就企业的偿债能力分析、营运能力分析、盈利能力分析及发展能力分析予以阐释，并对企业这四个方面的能力进行综合分析。

（一）偿债能力分析

偿债能力分析就是对企业偿还各种债务能力的分析。依据企业债务的偿还期间不同，偿债能力分析可划分为长期偿债能力分析和短期偿债能力分析。企业的各方利益相关者在追求高收益的同时，应注意防范风险。在某一时点上，企业的获利水平与偿债能力并不完全成正比。有的企业当前盈利不错，但资金结构不合理，偿债能力差，这样的企业就潜藏着极大的风险。因此，企业的各利益相关者应加强对企业偿债能力的分析，如发现企业出现偿债能力下降的危险，应及时作出决策以转移风险。

（二）营运能力分析

营运能力分析也就是对企业日常经营能力的分析。营运能力体现了企业对资产和资金的安排，这是企业偿债能力和获利能力得以提高的基础，一个企业如果资金安排不合理，出现设备陈旧、流动资金短缺、投资失误等，企业离死亡也就不远了。

（三）盈利能力分析

盈利能力分析就是对企业获利能力的分析。较高的获利能力是维系一个企业发展壮大的基石，这是衡量企业有无活力、经济效益优劣的标志，是企业偿还债务、发展壮大的基础，也是投资者选择企业或证券的主要依据。

（四）发展能力分析

发展能力分析是对企业在生存的基础上，扩大规模、壮大实力的潜在能力的分析和评价。发展能力分析主要强调企业的增长性，反映企业未来生产经营活动的发展趋势和发展潜能。

（五）财务综合分析

财务综合分析是利用一定的方法，通过指标选择构建分析指标体系，对企业的偿债能力、营运能力、盈利能力及发展能力所作的综合性评价。

五、财务分析的程序

财务分析是一个选择、比较、分析、解释、判断的过程。它要从大量的资料中，选择与自己所需相关的各种信息，通过比较找出它们之间的重要联系，最后进行分析研究，并对所得结论加以解释，这就是财务分析的基本程序。

财务分析程序执行时应注意以下几点。

1）确定分析目的。进行财务分析，首先应明确提出你需要分析什么、达到什么要求。

2）收集整理资料、审查资料。课题一经确定，就必须围绕课题所需的分析范围，收集大量的财务报告资料和生产经营活动的有关资料。

3）计算分析，作出评价。运用专门的方法对资料进行计算分析，揭示企业财务状况，发现问题，提出相应的改进措施，同时为进行财务决策提供充分、准确的信息。

4）撰写分析报告。

六、财务分析的方法

财务分析的方法一般可分为定量分析方法和定性分析方法。定量分析是指分析者采用科学的方法，对所收集数据资料进行加工、计算等量化处理，从量上分析出企业的财务状况和经营成果；定性分析是指分析者运用所掌握的情况和资料，凭借其智慧和经验，对结果进行定量的解析和分析。财务分析过程是定量分析和定性分析相结合的过程。财务分析的基本方法主要有以下几种。

（一）比较分析法

比较分析法是财务分析普遍使用的重要的分析方法，它是通过对经济指标在资料上的比较，揭示经济指标之间数量关系和差异的一种分析方法。

对经济指标的对比，主要有以下几种形式。

1）绝对数分析法。绝对数分析是将不同时期、相同属性的绝对金额进行比较，以观察其绝对额的变化趋势。

2）定基分析法。定基分析是以分析期内某一期的资料作为基数，其他各期与之对比，计算百分比，以观察各期相对于基数的变化趋势。

3）环比分析法。环比分析是以某一期的资料和上期的资料进行比较，计算趋势百分比，以观察每期的增减变化情况。

（二）比率分析法

比率分析法是通过计算经济指标的比率来考察、计量和评价经济活动变动程度的一种分析方法。比率分析法主要有以下两种形式。

1）结构分析法。结构分析是通过计算某项经济指标各个组成部分占总体的比重，探讨各个部分在结构上的变化规律，用于评价各部分在总体中所占的比重，或各费用在总体费用中所占比重等。

2）相关比率分析法。相关比率分析法是根据经济活动客观存在的相互依存、相互联系的关系，将两个性质不同但又相关的指标加以对比，求出比率，据此评价企业生产经营状况。

（三）因素分析法

因素分析法又叫连环替代法、连锁置换法及因素替换法等，是用来计算几个相互联系的因素，对综合经济指标变动影响程度的一种分析方法。

一个经济指标，特别是一些综合经济指标的变动，往往是许多因素变动综合影响的结果，这些因素相互联系地按照同一方向或相反方向对经济指标的变动起作用。为了测定每个因素变动影响的方向和程度，就必须建立合理的假设，运用抽象法进行分析。只要顺次把其中一个因素视为可变，把其他因素视为不变，就会得到一种可能组合的结果。这就是说，对经济指标变动进行因素分析时，可以假定影响经济指标变动的诸因素中的其他因素不变，来研究某一个因素变动的影响程度。

七、财务分析的基础

财务分析的基础是指企业财务分析时所依据的各种资料。只有充分、准确、完整地占有资料，才能确保财务分析信息的可靠。一般而言，企业财务分析的基础资料主要有企业的财务报告、企业内部的各种管理文件、上市公司公开披露的信息、中介机构等外部评价报告及政府机构或行业的各类评价标准等。由于企业财务报告构成了企业财务分析的主体，因此本章内容主要选择企业财务报告作为分析依据。

财务报告，也称为会计报告，是反映企业财务状况与经营成果的书面文件。财务报告主要包括对外报出的会计报表、会计报表附表及财务情况说明书。

企业财务报表按照不同的划分标准或从不同的角度划分，可分为以下四类。

1）按会计报表反映的经济内容可分为资产负债表、利润表、现金流量表和所有者权益变动表。

2）按会计报表编制范围可分为企业会计报表和合并会计报表。

3）按会计报表的使用对象可分为对外会计报表和对内会计报表。

4）按会计报表编制时期可划分为年度报表、半年度报表、季度和月度报表。

（一）资产负债表

1．资产项目的构成及作用

资产是企业拥有或者控制的能以货币计量的经济资源，包括企业的各种财产、债权和其他权利。资产按其流动性状况，一般分为流动资产、长期投资、固定资产、无形资产、递延资产和其他资产等。资产负债表中的资产项目按上述分类，为财务分析提供了丰富的信息，主要包括三点：①提供了企业变现能力的信息；②提供了企业资产结构信息；③提供了反映企业资产管理水平的信息。

2．负债项目的构成及作用

负债是企业所承担的能以货币计量，将以资产或劳务偿付的债务。资产负债表将负债分为流动负债和长期负债，为财务分析提供了以下有用信息：①提供了反映企业总体债务水平的信息；②提供了反映企业债务结构的信息。

3．所有者权益项目的构成及作用

所有者权益是指企业投资者对企业净资产的所有权，它是企业资金来源的主要部分。资产负债表对所有者权益项目的划分，为财务分析提供了如下信息：①提供了反映企业所有者权益内部结构的信息；②提供了企业收益分配情况的信息。

（二）利润表

利润表是反映企业在一定期间（如年度、月度或季度）内生产经营成果的会计报表。利润表有两种格式：一是单步式利润表；二是多步式利润表。

1）单步式利润表。单步式利润表的基本特点是将本期发生的所有收入汇集在一起，然后用总收入减去总成本费用得出本期利润。

2）多步式利润表。多步式利润表与单步式不同，它的特点是按利润形成的几个环节，分步骤地将有关收入与成本费用相减，从而得出各步骤的利润额。

利润表的格式内容及基本会计关系，为财务分析提供了有用的信息。从财务分析的不同角度看，利润表可提供的信息及其作用主要有以下几点：①提供了反映企业财务成果的信息；②提供了反映企业盈利能力的信息；③提供了反映企业主营业务收入、成本费用状况的信息；④提供了反映企业利润分配情况的信息。

（三）现金流量表

现金流量表提供了反映企业财务状况变动情况的详细信息，为分析、研究企业的资金来源与资金运用情况提供了依据。它提供的信息与作用主要表现在以下几个方面：①提供了企业资金（特别是现金）来源与运用的信息；②提供了企业现金增减变动原因的信息；③提供了资产负债表和利润表分析所需要的信息。

（四）股东权益变动表

股东权益变动表是反映企业在某一特定日期股东权益增减变动情况的报表。股东权益变动表全面反映了企业的股东权益在年度内的变化，便于会计信息使用者深入分析企业股东权益的增减变化情况，进而对企业的资本保值增值情况作出正确判断，从而提供对决策有用的信息。

为便于后续的分析，本章内容选用沪市的××股份有限公司（以下简称××公司）公开披露的四大会计报表作为本章后续财务分析的基础。

会计报表资料来源于巨潮资讯网（http：//www. cninfo. com. cn/search/search. jsp），详见表3.1～表3.4。

声明：本章内容只就××公司公开披露的2009年度财务报告信息予以分析，由于所选资料的片面性，所以只就财务指标本身作出评价，本章所述观点丝毫不代表作者对该公司的评价态度，只用于教学研究，不用于其他任何与教学无关的用途，请所有参阅者切勿对号入座。

表3.1 ××公司资产负债表

2009年12月31日

编制单位：××股份有限公司　　　　单位：元　币种：人民币

项　目	期末余额	期初余额	项　目	期末余额	期初余额
流动资产：			流动负债：		
货币资金	220，532，612.17	312，620，842.92	短期借款	185，000，000.00	219，000，000.00
交易性金融资产	90，372.34	54，795.00	交易性金融负债		
应收票据			应付票据		179，000，000.00
应收账款	18，634，575.90	13，470，939.21	应付账款	14，591，932.47	25，586，669.35
预付款项	148，732，430.15	120，030，947.48	预收款项	6，091，276.00	7，319，287.17
应收利息	792，732.22		应付职工薪酬	9，140，931.69	6，625，130.99
应收股利			应交税费	-3，600，774.07	-718，521.72
其他应收款	36，195，207.13	30，671，248.99	应付利息		
存货	107，273，085.95	136，658，671.24	应付股利	35，364.92	35，364.92
一年内到期的非流动资产			其他应付款	151，443，023.53	189，729，629.45
其他流动资产			一年内到期的非流动负债		

续表

项　目	期末余额	期初余额	项　目	期末余额	期初余额
流动资产合计	532，251，015.86	613，507，444.84	其他流动负债		
非流动资产：			流动负债合计	362，701，754.54	626，577，560.16
可供出售金融资产	1，083，450，541.12	729，894，500.00	非流动负债：		
持有至到期投资	25，390，000.00	56，759，000.00	长期借款	94，000，000.00	
长期应收款			应付债券		
长期股权投资	840，713，025.28	785，370，967.85	长期应付款		
投资性房地产			专项应付款	6，630，000.00	7，312，000.00
固定资产	275，763，688.50	275，546，934.98	预计负债		
在建工程	1，702，664.53	14，108，117.73	递延所得税负债	229，417，153.15	134，793，537.50
工程物资	128，216.94	134，105.44	其他非流动负债		
固定资产清理			非流动负债合计	330，047，153.15	142，105，537.50
生产性生物资产			负债合计	692，748，907.69	768，683，097.66
油气资产			股东权益：		
无形资产	22，000，000.00	24，200，000.00	实收资本	484，932，000.00	484，932，000.00
开发支出			资本公积	1，203，450，138.03	919，613，194.81
商誉			减：库存股		
长期待摊费用	1，614，526.67	1，827，596.67	专项储备		
递延所得税资产	6，089，594.97	10，491，902.65	盈余公积	89，908，452.54	82，972，457.49
其他非流动资产			一般风险储备		
非流动资产合计	2，256，852，258.01	1，898，333，125.32	未分配利润	318，063，775.61	255，639，820.20
			股东权益合计	2，096，354，366.18	1，743，157，472.50
资产总计	2，789，103，273.87	2，511，840，570.16	负债和股东权益总计	2，789，103，273.87	2，511，840，570.16
公司法定代表人：××× 主管会计工作负责人：××× 会计机构负责人：×××					

表 3.2 ××公司利润表

2009 年 1 ~ 12 月

编制单位：××股份有限公司 单位：元 币种：人民币

项 目	本期金额	上期金额
一、营业收入	105，129，784.26	157，813，115.42
减：营业成本	157，569，630.14	168，445，593.40
营业税金及附加	339，002.42	1，424，529.96
销售费用	6，067，773.15	11，831，214.90
管理费用	58，987，629.22	54，864，456.51
财务费用	18，089，652.62	35，036，851.88
资产减值损失	-17，618，858.38	26，727，296.15
加：公允价值变动收益（损失以“-”号填列）	35，577.34	-45，205.00
投资收益（损失以“-”号填列）	192，266，378.26	18，580，292.13
其中：对联营企业和合营企业的投资收益	61，502，057.43	8，709，374.64
二、营业利润（亏损以“-”号填列）	73，996，910.69	-121，981，740.25
加：营业外收入		9，474.92
减：营业外支出	223，351.30	11，508，422.52
其中：非流动资产处置净损失	159，457.78	11，398，167.84
三、利润总额（亏损总额以“-”号填列）	73，773，559.39	-133，480，687.85
减：所得税费用	4，413，608.93	-6，559，833.28
四、净利润（净亏损以“-”号填列）	69，359，950.46	-126，920，854.57
五、每股收益：		
（一）基本每股收益	0.1087	-0.3
（二）稀释每股收益	0.1087	-0.3
六、其他综合收益	283，836，943.22	-803，254，980.67
七、综合收益总额	353，196，893.68	-930，175，835.24
公司法定代表人：××× 主管会计工作负责人：××× 会计机构负责人：×××		

表 3.3 ××公司现金流量表

2009 年 1 ~ 12 月

编制单位：××股份有限公司 单位：元 币种：人民币

项 目	本期金额	上期金额
一、经营活动产生的现金流量		
销售商品、提供劳务收到的现金	114，692，114.14	188，917，708.22
收到的税费返还		
收到其他与经营活动有关的现金	4，811，315.76	128，527，838.22
经营活动现金流入小计	119，503，429.90	317，445，546.44
购买商品、接受劳务支付的现金	165，234，476.82	78，302，117.69

续表

项　目	本期金额	上期金额
支付给职工以及为职工支付的现金	29，638，590.88	27，801，867.30
支付的各项税费	5，511，648.18	13，257，612.95
支付其他与经营活动有关的现金	71，072，743.61	24，655，185.69
经营活动现金流出小计	271，457，459.49	144，016，783.63
经营活动产生的现金流量净额	-151，954，029.59	173，428，762.81
二、投资活动产生的现金流量		
收回投资收到的现金	81，773，106.50	111，932.49
取得投资收益收到的现金	136，131，588.61	11，039，600.00
处置固定资产、无形资产和其他长期资产收回的现金净额	91000	3，822，700.00
处置子公司及其他营业单位收到的现金净额	8，000，000.00	14，800，000.00
收到其他与投资活动有关的现金		
投资活动现金流入小计	225，995，695.11	29，774，232.49
购建固定资产、无形资产和其他长期资产支付的现金	2，345，797.47	149，098.82
投资支付的现金	25，510，890.00	56，939，615.00
取得子公司及其他营业单位支付的现金净额		6，000，000.00
支付其他与投资活动有关的现金		
投资活动现金流出小计	27，856，687.47	63，088，713.82
投资活动产生的现金流量净额	198，139，007.64	-33，314，481.33
三、筹资活动产生的现金流量		
吸收投资收到的现金		
取得借款收到的现金	356，000，000.00	286，000，000.00
收到其他与筹资活动有关的现金		6，490，000.00
筹资活动现金流入小计	356，000，000.00	292，490，000.00
偿还债务支付的现金	475，000，000.00	429，150，000.00
分配股利、利润或偿付利息支付的现金	19，285，949.35	31，617，893.77
支付其他与筹资活动有关的现金		9，314，793.53
筹资活动现金流出小计	494，285，949.35	470，082，687.30
筹资活动产生的现金流量净额	-138，285，949.35	-177，592，687.30
四、汇率变动对现金及现金等价物的影响	12，740.55	-316，570.71
五、现金及现金等价物净增加额	-92，088，230.75	-37，794，976.53
加：期初现金及现金等价物余额	312，620，842.92	350，415，819.45
六、期末现金及现金等价物余额	220，532，612.17	312，620，842.92
公司法定代表人：××× 主管会计工作负责人：××× 会计机构负责人：×××		

表 3.4　××公司所有者权益变动表

2009 年 1－12 月

编制单位：××股份有限公司　　　　单位：元　币种：人民币

项　目	本期金额							
	股本	资本公积	减：库存股	专项储备	盈余公积	风险准备	未分配利润	股东权益合计
一、上年年末余额	484,932,000.00	919,613,194.81			82,972,457.49		255,639,820.20	1,743,157,472.50
加：会计政策变更								
前期差错更正								
其他								
二、本年年初余额	484,932,000.00	919,613,194.81			82,972,457.49		255,639,820.20	1,743,157,472.50
三、本年增减变动金额（减少以“－”号填列）		283,836,943.22			6,935,995.05		62,423,955.41	353,196,893.68
（一）净利润							69,359,950.46	69,359,950.46
（二）其他综合收益		283,836,943.22						283,836,943.22
上述（一）和（二）小计		283,836,943.22					69,359,950.46	353,196,893.68
（三）所有者投入和减少资本								
1. 所有者投入资本								
2. 股份支付计入所有者权益的金额								

续表

项目		本期金额						
3. 其他								
(四)利润分配					6,935,995.05		-6,935,995.05	
1. 提取盈余公积					6,935,995.05		-6,935,995.05	
2. 提取一般风险准备								
3. 对所有者(或股东)的分配								
4. 其他								
(五)所有者权益内部结转								
1. 资本公积转增资本(或股本)								
2. 盈余公积转增资本(或股本)								
3. 盈余公积弥补亏损								
4. 其他								
(六)专项储备								
1. 本期提取								
2. 本期使用								
四、本期期末余额	484,932,000.00	1,203,450,138.03			89,908,452.54		318,063,775.61	2,096,354,366.18

续表

项目	上年同期金额							
	股本	资本公积	减:库存股	专项储备	盈余公积	风险准备	未分配利润	股东权益合计
一、上年年末余额	303,082,500.00	1,904,899,524.98			82,972,457.49		382,560,674.77	2,673,515,157.24
加:会计政策变更								
前期差错更正								
其他								
二、本年年初余额	303,082,500.00	1,904,899,524.98			82,972,457.49		382,560,674.77	2,673,515,157.24
三、本年增减变动金额(减少以"－"号填列)	181849500	−985,286,330.17					−126,920,854.57	−930,357,684.74
(一)净利润							−126,920,854.57	−126,920,854.57
(二)其他综合收益		−803,254,980.67						−803,254,980.67
上述(一)和(二)小计		−803,254,980.67					−126,920,854.57	−930,175,835.24
(三)所有者投入和减少资本								
1. 所有者投入资本								
2. 股份支付计入所有者权益的金额								
3. 其他								
(四)利润分配								

续表

项目	上年同期金额							
1. 提取盈余公积								
2. 提取一般风险准备								
3. 对所有者(或股东)的分配								
4. 其他								
(五)所有者权益内部结转	181,849,500.00	-182,031,349.50						-181,849.50
1. 资本公积转增资本(或股本)	181,849,500.00	-182,031,349.50						-181,849.50
2. 盈余公积转增资本(或股本)								
3. 盈余公积弥补亏损								
4. 其他								
(六)专项储备								
1. 本期提取								
2. 本期使用								
四、本期期末余额	484,932,000.00	919,613,194.81			82,972,457.49		255,639,820.20	1,743,157,472.50
公司法定代表人:××× 主管会计工作负责人:××× 会计机构负责人:×××								

第二节　财务能力分析

一个企业的财务能力是企业在处理财务活动、协调财务关系等方面表现出的独特知识与经验，是企业综合实力的反映和企业活力的价值体现。主要包括盈利能力、偿债能力、营运能力和发展能力。对企业财务能力的分析，是企业利益相关者判断企业发展前景和竞争力的重要依据。

一、偿债能力分析

企业偿债能力是指企业用其资产偿还长期债务与短期债务的能力，是企业偿还到期债务的承受能力或保证程度，是反映企业财务状况和经营能力的重要标志。依据债务的偿还期限，企业偿债能力一般包括偿还短期债务的能力和偿还长期债务的能力。

（一）短期偿债能力分析

短期偿债能力分析是分析企业用以偿还短期债务的能力。它主要研究公司资产转变为现金的能力，反映公司流动性状态的比率。常用的此类比率有流动比率、速动比率、现金比率及现金流量比率等。

1）流动比率（current ratio）：即流动资产和流动负债之间的比率，表示每1元流动负债有多少流动资产作为偿还的保证，它是衡量公司短期偿债能力最常用的指标。其计算公式可表示为

$$流动比率=流动资产合计\div流动负债合计$$

式中的流动资产和流动负债数据均取自于企业同期资产负债表，通常，该指标在200%左右较好。1998年，沪深两市该指标平均值为200.20%。一般企业设置的标准值为2。

流动资产越多，短期债务越少，则流动比率越大，企业的短期偿债能力越强。通过分析流动比率可以知道公司1元的短期负债，能有几元流动资产可以清偿。流动比率越大，表示公司的短期偿债能力越强，并表明公司有充足的营运资金；反之说明公司的偿债能力不强，营运资金不足，反映出企业的短期偿债风险较大。一般情况下，营业周期、流动资产中的应收账款数额和存货的周转速度是影响流动比率的主要因素。

但是对于公司和股东，流动比率也不是越高越好。因为流动比率过大，并不一定表示财务状况良好，尤其是由于应收账款和存货余额大而引起的流动比率过大，更是对财务健全不利。

流动比率的缺点是不能揭示流动资产的构成内容，必须结合流动资产和流动负债的内容和性质加以分析运用。

依据表3.1的数据，××公司2009年期初、期末的流动比率计算如下：

期末流动比率 = 532 251 015.86/362 701 754.54 = 1.467

期初流动比率 = 613 507 444.84/626 577 560.16 = 0.979

由表3.1可知，由于公司年初营运资金为负，因而，流动比率较低，而流动负债期末比期初大幅度下降，年末营运资金为正，使得流动比率期末比期初相对有所提高，反映出企业短期偿债能力有所增强。

2）速动比率（quick ratio）：是速动资产和流动负债的比率，是用于衡量公司到期清算能力的指标。速动比率表示每1元流动负债有多少速动资产作为偿还的保证，进一步反映流动负债的保障程度。其计算公式可表示为

速动比率 =（流动资产合计 - 存货）÷流动负债合计

式中的流动资产和流动负债和存货数据均取自于企业同期资产负债表，一般情况下，该指标越大，表明公司短期偿债能力越强，通常该指标在100%左右较好。1998年沪深两市该指标平均值为153.54%。

速动比率比流动比率更能体现企业偿还短期债务的能力。因为流动资产中，尚包括变现速度较慢且可能已贬值的存货，因此将流动资产扣除存货再与流动负债对比，能更好地衡量企业的短期偿债能力。

低于1的速动比率通常被认为是短期偿债能力偏低。影响速动比率的可信性的重要因素是应收账款的变现能力，账面上的应收账款不一定都能变现，也不一定非常可靠。在运用该指标分析公司短期偿债能力时，应结合应收账款的规模、周转速度和其他应收款的规模，以及它们的变现能力进行综合分析。如果××公司速动比率虽然很高，但应收账款周转速度慢，且它与其他应收款总体的规模大，变现能力差，那么该公司较为真实的短期偿债能力要比该指标反映的差。

由于预付账款、待摊费用、其他流动资产等指标的变现能力更差或无法变现，因此，如果这些指标规模过大，那么在运用流动比率和速动比率分析公司短期偿债能力时，还应扣除这些项目的影响。

依据表3.1的数据，ABC公司2009年期初、期末的速动比率计算如下：

$$期末速动比率 = \frac{(532\ 251\ 015.86 - 107\ 273\ 085.95)}{362\ 701\ 754.54} = 1.1717$$

$$期初速动比率 = \frac{(613\ 507\ 444.84 - 136\ 658\ 671.24)}{626\ 577\ 560.16} = 0.7610$$

由表3.1可知，由于公司年初营运资金为负，因而，流动负债期末比期初大幅度下降，年末营运资金为正，而期初、期末的存货变化不大，所以使得速动比率期末比期初相对提高，反映出企业短期偿债能力明显增强。

3）现金比率（cash ratio）：表示每1元流动负债有多少元现金及现金等价物作为偿还的保证，反映公司可用现金及现金等价物清偿流动负债的能力。其计算

公式可表示为

现金比率 = （货币资金 + 短期类投资） ÷ 流动负债合计

式中的货币资金、短期类投资和流动负债数据均取自于企业同期资产负债表，短期类投资是指企业持有的变现能力极强的有价证券，如交易性金融资产。该指标能真实地反映公司实际的短期偿债能力，该指标值越大，反映公司的短期偿债能力越强。1998 年沪深两市该指标平均值为 56.47%。

现金比率只量度所有资产中相对于当前负债最具流动性的项目，因此它也是流动性比率中较为保守的一个。

这个公式反映出公司在不依靠存货销售及应收款的情况下，支付当前债务的能力。另外，运用此公式时需要注意，现金比率不考虑现金收到以及现金支付的时间。

一般认为，现金比率在 40% ~80% 的公司都是经营稳定、资金运转良好的公司。现金比率低于 20%，公司经营存在很大风险。这一比率过高，就意味着企业流动负债未能得到合理运用，而现金类资产获利能力低，这类资产金额太高会导致企业机会成本增加。

依据表 3.1 的数据，× ×公司 2009 年期初、期末的现金比率计算如下：

期末现金比率 = （220 532 612.17 +90 372.34）/362 701 754.54 =0.6083

期初现金比率 = （312 620 842.92 +54 795）/626 577 560.16 =0.4990

由表 3.1 可知，由于公司流动负债期末比期初大幅度下降，虽然年末货币资金较期初有所下降，但不足以抵消负债变化的影响，所以使得现金比率期末比期初相对提高，但无论是期初还是期末，现金比率都在 40% ~80%，反映出企业具有较强的现金偿债能力。

4）现金流动负债比率：也称为现金流量比率，该比率用于衡量企业经营活动所产生的现金流量可以抵偿流动负债的程度。其计算公式可表示为

现金流动负债比率 = 年经营现金净流量 ÷ 年末流动负债 ×100%

式中年经营现金净流量取自现金流量表，是指一定时期内，由企业经营活动所产生的现金及现金等价物的流入量与流出量的差额。流动负债数据取自于企业同期资产负债表。

该指标从现金流入和流出的动态角度对企业的实际偿债能力进行考察，反映本期经营活动所产生的现金净流量足以抵付流动负债的倍数。一般该指标大于 1，表示企业流动负债的偿还有可靠保证。

现金流动负债比率越大，表明企业经营活动产生的现金净流量越多，越能保障企业按期偿还到期债务。但是，该指标也不是越大越好，指标过大表明企业流动资金利用不充分，获利能力不强。

不同行业由于其经营性质的不同（服务型、生产型），经营活动产生的现金

净流量的差别较大，因此行业性质不同的企业，该比率的变化较大。

依据表3.1和表3.3的数据，××公司2009年期初、期末的现金流动负债比率计算如下：

期末现金流动负债比率＝－151 954 029.59/362 701 754.54＝－0.4190

期初现金流动负债比率＝173 428 762.81/626 577 560.16＝0.2768

由表3.4可知，由于公司年末销售商品、提供劳务收到的现金以及收到其他与经营活动有关的现金较年初大幅下降；而年末购买商品、接受劳务支付的现金以及支付其他与经营活动有关的现金较之年初又有大幅提高，所以年末经营现金净流量出现了负数。就指标而言，2009年度经营活动所产生的现金净流量已经不具有抵付流动负债的能力，当然具体要结合企业其他信息再下结论。

评价短期偿债能力应注意以下问题。

第一，选择评价指标必须考虑企业的生命周期。由于资产流动性一般与获利能力存在反向关系，企业不可能一味地为了追求资产的流动性而保持大量的速动资产甚至现金，去牺牲可能的、更好的获利机会。当企业处于成长期，因企业产品销售状况良好，企业存货流动性较强，如用速动比率和现金比率评价企业短期偿债能力就显得保守，应以流动比率为主要评价指标；反之，如果企业处于衰退期，则应选择速动比率或现金比率作为主要评价指标较好。

第二，使用偿债能力评价指标必须考虑行业间的差别。处于不同行业的企业，因不可比因素的影响，短期偿债能力指标值差异较大，不具有横向可比性。一个行业的企业短期偿债能力指标值比另一行业的企业高，并不代表该行业的企业短期偿债能力就强。因此，不同行业的企业短期偿债能力的比较，必须剔除偿债能力指标行业的差异。

第三，要充分利用现金流量表所揭示的信息。企业的现金流量特别是经营活动现金流量是偿还企业短期债务最直接的保证。如果经营活动现金流量超过流动负债，表明企业即使不动用其他的资产，仅以当期产生的现金流量就能够满足偿债的需要。但现金流动负债比率是经营活动现金净流量与流动负债的比率，它是比较保守的分析指标。因此，在对具体企业进行分析时，要根据它们的实际情况选择适当的指标。

（二）长期偿债能力分析

长期偿债能力是指企业偿还长期负债的能力，企业的长期负债主要有长期借款、应付长期债券和长期应付款等。

对于企业的长期债权人和所有者来说，不仅关心企业短期偿债能力，更关心企业长期偿债能力。因此，在对企业进行短期偿债能力分析的同时，还需分析企业的长期偿债能力，以便于债权人和投资者全面了解企业的偿债能力及财务风险。反映企业长期偿债能力的财务比率主要有：资产负债率、产权比率、权益乘数和利息保障倍数。

1）资产负债率：资产负债率又称为负债比率（debt ratio），是企业负债总额与资产总额的比率，也称为负债比率或举债经营比率，它反映企业的资产总额中有多少是通过举债而得到的。其计算公式为

资产负债率＝负债总额÷资产总额

资产负债率反映企业偿还债务的综合能力，这个比率越高，企业偿还债务的能力越差；反之，偿还债务的能力越强。一般而言，处于高速成长时期的企业，其负债比率可能会高一些，这样所有者会得到更多的杠杆利益。至于资产负债率为多少才是合理的，并没有一个确定的标准。不同的行业、不同类型的企业、企业不同的发展时期都有较大差异。据中国证券期货统计年鉴统计，1992～2008年我国上市公司平均资产负债率为62.4547%。

一般认为，制造企业资产负债率在50%左右比较合理、稳健；达到85%及以上时，应发出财务预警信号，企业应引起足够的注意。

这个比率对于债权人来说越低越好。因为公司的所有者（股东）一般只承担有限责任，而一旦公司破产清算时，资产变现所得很可能低于其账面价值。所以如果此指标过高，债权人可能遭受损失。当资产负债率大于100%，表明公司已经资不抵债，对于债权人来说风险非常大。

依据表3.1的数据，××公司2009年期初、期末的资产负债比率计算如下：

期末资产负债率＝692 748 907.69/2 789 103 273.87＝24.84%

期初资产负债率＝768 683 097.66/2 511 840 570.16＝30.60%

由表3.1可知，由于公司年末资本公积金较年初增加明显，而2009当年减少应付票据导致年末负债较之年初下降，所以年末资产负债率较年初下降。就指标而言，2009年末企业具有较好的偿还长期负债的能力，当然具体要结合企业其他信息再下结论。

2）产权比率（equity ratio）：又称负债与股东权益比率（debt to equity ratio），是负债总额与所有者权益之间的比率。产权比率反映企业的资本结构是否合理、稳定，同时也表明债权人投入资本受到股东权益的保障程度。其计算公式为

产权比率＝（负债总额÷股东权益）×100%

产权比率用来表明由债权人提供的和由投资者提供的资金来源的相对关系，反映企业基本财务结构是否稳定。一般来说，所有者提供的资本大于借入资本为好，但也不能一概而论。该指标同时也表明债权人投入的资本受到所有者权益保障的程度，或者说是企业清算时对债权人利益的保障程度。

一般认为这一比率为1∶1，即100%以下时，应该是有偿债能力的，但还应该结合企业的具体情况加以分析。当企业的资产收益率大于负债成本率时，负债

经营有利于提高资金收益率，获得额外的利润，这时的产权比率可适当高些。产权比率高，是高风险、高报酬的财务结构；产权比率低，是低风险、低报酬的财务结构。

依据表3.1的数据，××公司2009年期初、期末的产权比率计算如下：

期末产权比率=692 748 907.69/2 096 354 366.10=33.05%

期初产权比率=768 683 097.66/1 743 157 472.50=44.10%

由表3.1可知，由于公司年末资本公积金较年初增加明显，而2009当年减少应付票据导致年末负债较之年初下降，所以年末产权比率较年初下降。就指标而言，2009年末企业具有较好的偿还长期负债的能力，当然具体要结合企业其他信息再下结论。

3）权益乘数（equity multiplier，EM）：权益乘数又称股本乘数，是指资产总额相当于股东权益的倍数。其计算公式为

权益乘数=资产总额/股东权益总额

或

权益乘数=1÷（1-资产负债率）

权益乘数是股东权益比率的倒数，即资产总额是股东权益的多少倍。该乘数越大，说明股东投入的资本在资产中所占比重越小，表示企业的负债程度越高。

权益乘数较大，一般会导致企业财务杠杆率较高，财务风险较大。但是若公司营运状况刚好处于向上趋势中，较高的权益乘数反而可以创造更高的公司获利，透过提高公司的股东权益报酬率，会对公司的股票价值产生正面激励效果。

依据表3.1的数据，××公司2009年期初、期末的权益乘数计算如下：

期末权益乘数=2 789 103 273.87/2 096 354 366.18=1.33

期初权益乘数=2 511 840 570.16/1 743 157 472.50=1.44

由表3.1可知，由于公司年末资产增加，负债较之年初下降，所以年末权益乘数较年初下降。就指标而言，2009年末企业具有较好的偿还长期负债的能力。

4）利息保障倍数（time interest earned）：又称已获利息倍数，是指企业生产经营所获得的利息税前利润与利息费用的比率。其计算公式为

利息保障倍数=（利润总额+利息费用）÷利息费用

实际应用时，利息费用常可以财务费用取代。此时

利息支付倍数=（利润总额+财务费用）÷财务费用

利息保障倍数是衡量企业偿付负债利息能力的指标，它反映了企业经营所得利润支付债务利息的能力。如果这个比率太低，说明企业难以保证用经营所得来按时按量支付债务利息，这会引起债权人的担心。

一般来说，企业的利息保障倍数至少要大于1，否则，就难以偿付债务及利息，若长此以往，甚至会导致企业破产倒闭。企业生产经营所获得的息税前利润对于利息费用的倍数越多，说明企业支付利息费用的能力越强。因此，债权人要分析利息保障倍数指标，来衡量债权的安全程度。

实际应用当中的利息费用不仅包括财务费用中的利息费用，还包括计入固定资产成本的资本化利息。但是，在利用利息保障倍数这一指标时，必须注意，因为会计采用权责发生制来核算费用，所以本期的利息费用不一定就是本期的实际利息支出，而本期发生的实际利息支出也并非全部是本期的利息费用；同时，本期的息税前利润也并非本期的经营活动所获得的现金。

依据表3.2的数据，××公司2009年期初、期末的利息保障倍数计算如下：

期末利息保障倍数＝（73 773 559.39＋18 089 652.62）÷18 089 652.62＝5.078

期初利息保障倍数＝（－133 480 687.85＋35 036 851.88）÷35 036 851.88
＝－2.809

以上计算表明，××公司2009年期初、期末利息保障程度大不相同，年初没有保障能力，而2009年年末又有了较强的保障能力。年初高达26 727 296.15元的资产价值损失以及较高的期间费用，导致当年营业利润为负。

二、营运能力分析

营运能力分析是对企业总资产或部分资产的使用率和周转情况所作的分析，常用一系列周转率来衡量。资产的周转速度快，反映企业资产流动性好，偿债能力强，受到债权人的关心；而资产周转速度又与盈利能力密切相关，得到股东和企业管理者的重视。

1）应收账款周转率（receivable turnover）：是反映应收账款周转速度的指标，它是一定时期内赊销收入净额与应收账款平均余额的比率。

应收账款周转率有两种表示方法，一种是应收账款在一定时期内（通常为1年）的周转次数；另一种是应收账款周转一次需要的天数，即所谓应收账款账龄（age of receivable）。

应收账款周转次数的计算公式为

应收账款周转率（次数）＝赊销收入净额÷应收账款平均余额

赊销收入净额＝销售收入－现销收入－销售退回－销售折让

应收账款平均余额＝（期初应收账款＋期末应收账款）÷2

在一定时期内应收账款周转的次数越多，表明应收账款回收速度越快，企业管理工作的效率越高。这不仅有利于企业及时收回贷款，减少或避免发生坏账损失的可能性，而且有利于提高企业资产的流动性，提高企业短期债务的偿还能力。

应收账款周转天数的计算公式为

应收账款周转天数＝360/应收账款周转次数

应收账款周转天数，表示企业自产品销售出去开始，至应收账款收回为止所需经历的天数。周转天数越少，说明应收账款变现的速度越快，企业资金被外单位占用的时间越短，企业管理工作的效率越高。

通过以上方式计算的应收账款周转速度，不仅反映企业的营运能力而且由于应收账款是企业流动资产的重要组成部分，其变现速度和变现程度是企业流动比率的重要补充，也反映着企业的短期偿债能力。

依据表3.1、表3.2的数据，假设××公司2009年营业收入的50%为赊销，不考虑销售退回和销售折让，则××公司2009年的应收账款周转率计算如下：

2009年应收账款周转率（次数）

＝105 129 784.26×50%÷（18 634 575.90＋13 470 939.21）/2

＝3.2745（次）

2009年应收账款周转率（天数）＝360÷3.2745

＝109.94（天）

以上计算表明，××公司2009年度应收账款周转率不高，全年应收账款周转率（天数）太长，说明营运资金过多呆滞在应收账款上，影响正常资金周转及偿债能力。

分析应收账款周转率，要与企业的经营方式结合考虑。以下几种情况使用该指标不能反映实际情况：①季节性经营的企业；②大量使用分期收款结算方式；③大量使用现金结算的销售；④年末大量销售或年末销售大幅度下降。

2）存货周转率（inventory turnover）：是一定时期内企业销货成本与存货平均余额间的比率。它是反映企业销售能力和流动资产流动性的一个指标，也是衡量企业生产经营各个环节中存货运营效率的一个综合性指标。与应收账款周转率基本原理相同，存货周转率也分为存货周转率（次数）和存货周转率（天数）。存货周转率的计算公式为

存货周转率（次数）＝销售（营业）成本÷平均存货

平均存货＝（年初存货＋年末存货）÷2

存货周转率（天数）＝360÷存货周转率（次数）

存货周转率是企业一定时期存货的周转速度，即存货的流动性和存货资金占用量是否合理，促使企业在保证生产经营连续性的同时，提高资金的使用效率，增强企业的短期偿债能力。

存货周转率是企业营运能力分析的重要指标之一，在企业管理决策中被广泛地使用。存货周转率不仅可以用来衡量企业生产经营各环节中存货运营效率，而且还被用来评价企业的经营业绩，反映企业的绩效。

存货周转率是对流动资产周转率的补充说明，通过存货周转率的计算与分析，可以测定企业一定时期内存货资产的周转速度，是反映企业购、产、销平衡效率的一种尺度。存货周转率越高，表明企业存货资产变现能力越强，存货及占用在存货上的资金周转速度越快。

依据表3.1、表3.2的数据，××公司2009年的存货周转率计算如下：

2009年存货周转率（次数）

=157 569 630.14÷（107 273 085.95+136 658 671.24）/2

=1.2919（次）

2009年存货周转率（天数）=360÷1.2919

=278.659（天）

以上计算表明，××公司2009年度存货周转水平不高，全年存货周转率（天数）太长，说明营运资金过多呆滞在存货上，企业销售出现困难，利润表反映出2009年度营业收入低于2008年就是较好的验证，影响正常资金周转及偿债能力。

3）流动资产周转率（current assets turnover）：流动资产周转率是一定时期内营业收入（净额）与流动资产平均余额的比率，它反映的是全部流动资产的利用效率。

与应收账款周转率基本原理相同，流动资产周转率也分为流动资产周转率（次数）和流动资产周转率（天数）。流动资产周转率的计算公式为

流动资产周转率（次数）=营业收入（净额）÷流动资产平均余额

流动资产平均余额=（期初流动资产+期末流动资产）÷2

流动资产周转率是分析流动资产周转情况的一个综合指标，它反映流动资产的周转速度。周转速度越快，说明企业流动资产的利用效率越好，会相对节约流动资产，等于相对扩大资产投入，增强企业盈利能力，而延缓周转速度，需要补充流动资产参加周转，形成资金浪费，降低企业盈利能力。

流动资产周转率要结合存货、应收账款一并进行分析，和反映盈利能力的指标结合在一起使用，可全面评价企业的盈利能力。

依据表3.1、表3.2的数据，不考虑销售折扣和销售折让，××公司2009年的流动资产周转率计算如下：

2009年流动资产周转率（次数）

$$=105\ 129\ 784.26\div\frac{(532\ 251\ 015.86+613\ 507\ 444.84)}{2}$$

=0.1835（次）

2009年流动资产周转率（天数）=360÷0.1835

=1961.85（天）

以上计算表明，××公司2009年度流动资产周转水平不高，全年流动资产

周转率（天数）太长，说明营运资金过多呆滞在流动资产上，但是流动资产中大量货币资金的存在，使得公司正常资金周转及偿债能力得到保证。

4）固定资产周转率：固定资产周转率是营业收入（净额）与企业固定资产平均净值的比率。主要用于反映企业固定资产的利用程度，分析对厂房、设备等固定资产的利用效率。比率越高，说明利用率越高，管理水平越好。如果固定资产周转率与同行业平均水平相比偏低，则说明企业对固定资产的利用率较低，可能会影响企业的获利能力。

与流动资产周转率基本原理相同，固定资产周转率也分为固定资产周转率（次数）和固定资产周转率（天数）。固定资产周转率的计算公式为

固定资产周转率（次数）＝营业收入（净额）÷固定资产平均净值

固定资产平均净值＝（期初固定资产净值＋期末固定资产净值）÷2

固定资产周转率（天数）＝360÷固定资产周转率（次数）

使用固定资产周转率的注意事项：这一指标的分母采用平均固定资产净值，因此指标的比较将受到折旧方法和折旧年限的影响，应注意其可比性问题。当企业固定资产净值率过低（如因资产陈旧或过度计提折旧），或者当企业属于劳动密集型企业时，这一比率就可能没有太大的意义。

依据表3.1、表3.2的数据，不考虑销售折扣和销售折让，××公司2009年的固定资产周转率计算如下：

2009年固定资产周转率（次数）

$$=105\ 129\ 784.26 \div \frac{275\ 763\ 688.50+275\ 546\ 934.98}{2}$$

＝0.3814（次）

2009年固定资产周转率（天数）＝360÷0.3814＝943.89（天）

以上计算表明，××公司2009年度固定资产周转水平不高，全年固定资产周转率（天数）太长，但强于流动资产周转水平。

5）总资产周转率：是指企业营业收入（净额）与平均资产总额的比率。其用公式表示为

总资产周转率（次数）＝营业收入（净额）÷平均资产总额

总资产周转率（天数）＝360÷总资产周转率（次数）

公式中：营业收入（净额）是指企业当期销售产品、商品、提供劳务等主要经营活动取得的收入减去折扣与折让后的数额，数值取自企业利润表。平均资产总额是指企业资产总额年初数与年末数的平均值。其计算公式为

平均资产总额＝（资产总额年初数＋资产总额年末数）÷2

总资产周转率是考察企业资产运营效率的一项重要指标，体现了企业经营期间全部资产从投入到产出的流转速度，反映了企业全部资产的管理质量和利用效率。通过该指标的对比分析，可以反映企业本年度及以前年度总资产的运营效率

和变化，发现企业与同类企业在资产利用上的差距，促进企业挖掘潜力、积极创收，提高产品市场占有率和资产利用效率。

一般情况下，该数值越高，表明企业总资产周转速度越快，销售能力越强，资产利用效率越高。

依据表3.1、表3.2的数据，不考虑销售折扣和销售折让，××公司2009年的总资产周转率计算如下：

2009年总资产周转率（次数）

$$=105\ 129\ 784.26 \div \frac{(2\ 789\ 103\ 273.87+2\ 511\ 840\ 570.16)}{2}$$

$=0.039\ 66$（次）

2009年总资产周转率（次数）$=360/0.03966=9077.16$（天）

以上计算表明××公司2009年度总资产周转水平不高，全年总资产周转率（次数）太长，具体情况还应结合企业其他信息及行业标准进行分析。

三、盈利能力分析

盈利能力分析是指对企业获得利润的能力和利润分配情况所做的分析。它是企业有关利益各方都关注的，股东关心企业能否获得最大回报；债权人（特别是长期债权人）关心其本金和利息的收回能否得到企业盈利的保障；企业管理者通过盈利能力来衡量业绩，评价得失。因此盈利能力的分析是各方关注的焦点，也是财务分析的重要内容之一。

1）销售净利率（net profit margin on sales）：又称销售净利润率，是净利润占销售收入的百分比。用以衡量企业在一定时期的销售收入获取利润的能力。

该指标反映每1元销售收入带来的净利润的多少，表示销售收入的收益水平。它与净利润成正比关系，与销售收入成反比关系，企业在增加销售收入额的同时，必须相应地获得更多的净利润，才能使销售净利率保持不变或有所提高。通过分析销售净利率的升降变动，可以促使企业在扩大销售的同时，注意改进经营管理，提高盈利水平。

销售净利率的计算公式为

$$销售净利率=（净利润\div 销售收入）\times 100\%$$

一般来说，该指标越大，说明企业销售的盈利能力越强。一个企业如果能保持良好的持续增长的销售净利率，应该说企业的财务状况是好的，但并不能绝对地认为销售净利率越大越好，还必须看企业的销售增长情况和净利润的变动情况。

依据表3.2的数据，××公司2008、2009年的销售净利率计算如下：

2009年销售净利率$=(69\ 359\ 950.46\div 105\ 129\ 784.26)\times 100\%=65.9755\%$

2008年销售净利率$=(-126\ 920\ 854.57\div 157\ 813\ 115.42)\times 100\%$

$=-80.4248\%$

由计算可知，××公司2008、2009年的销售净利率较高，但2008年是负数，整体销售获利能力差，从利润表看，两年度主要业务获利能力很低，营业成本均高于营业收入。2009年主要是投资收益的大幅增加导致净利润为正，这与其太慢的周转率有极大关系。

2）总资产报酬率（return on total assets，ROA）：又称资产所得率，是指企业一定时期内获得的EBIT利润总额与资产平均总额的比率。它表示企业包括净资产和负债在内的全部资产的总体获利能力，用以评价企业运用全部资产的总体获利能力，是评价企业资产运营效益的重要指标。

总资产报酬率的计算公式为

总资产报酬率＝（利润总额＋利息支出）÷平均资产总额×100%

利润总额是指企业实现的全部利润，包括企业当年营业利润、投资收益、补贴收入、营业外收支净额等项内容，如为亏损，则用“－”号表示。利息支出是指企业在生产经营过程中实际支出的借款利息及债券利息等，应用时可以用财务费用总额取代。利润总额与利息支出之和为息税前利润，是指企业当年实现的全部利润与利息支出的合计数。数据取自企业“利润及利润分配表”。

平均资产总额是指企业资产总额年初数与年末数的平均值，数据取自企业资产负债表。其计算公式为

平均资产总额＝（资产总额年初数＋资产总额年末数）÷2

一般情况下，该指标越高，表明企业投入产出的水平越好，企业的资产运营越有效。企业可根据此指标与市场利率进行比较，如果该指标大于市场利率，则表明企业可以充分利用财务杠杆，进行负债经营，获取尽可能多的收益。

依据表3.1、表3.2的数据，××公司2009年的总资产报酬率计算如下：

2009年总资产报酬率

$$= (73\,773\,559.39 + 18\,089\,652.62) \div \frac{2\,789\,103\,273.87 + 2\,511\,840\,570.16}{2}$$

$$= 3.4659\%$$

由计算可知，××公司2009年的总资产报酬率不高，总资产获利能力差，从利润表看，2009年主要是投资收益的大幅增加而导致资产获利水平有所上升。

3）资产净利率（profit rate to net worth）：又称资产净利润率，是公司净利润与平均资产总额的百分比。

资产净利率指标反映的是公司运用全部资产所获得净利润的水平，即公司每占用1元的资产平均能获得多少元的净利润。资产净利率的计算公式为

资产净利率＝净利润÷平均资产总额×100%

平均资产总额是指企业资产总额年初数与年末数的平均值，平均资产总额＝

（资产总额年初数＋资产总额年末数） ÷2。

资产净利率越高，说明企业利用全部资产的获利能力越强；资产净利率越低，说明企业利用全部资产的获利能力越弱。资产净利润率与净利润成正比，与资产平均总额成反比。资产净利润率是影响所有者权益利润率最重要的指标，具有很强的综合性，而资产净利润率又取决于销售净利润率和资产周转率的高低。

依据表3.1、表3.2的数据，ABC公司2009年的资产净利率计算如下：

$$2009\text{年资产净利率} = 69\ 359\ 950.46 \div (2\ 789\ 103\ 273.87 + 2\ 511\ 840\ 570.16)/2 = 2.6169\%$$

由计算可知，××公司2009年的资产净利率不高，总资产获利能力差，从利润表看，2009年主要是投资收益的大幅增加仍然是导致资产获利水平有所上升的源动力。

4）净资产收益率（profit margin on net assets）：又称股东权益报酬率（rate of return on common stockholders'equity，ROE）、净值报酬率、权益报酬率、权益利润率、净资产利润率等，是公司净利润额与平均股东权益的比值。其计算公式为

$$\text{净资产收益率} = \text{净利润} \div \text{平均净资产} \times 100\%$$

其中

$$\text{平均净资产} = (\text{年初净资产} + \text{年末净资产}) \div 2$$

该公式的分母是“平均净资产”，也可以使用“年末净资产”。如公开发行股票上市公司的净资产收益率可按下面公式计算：

$$\text{净资产收益率} = \text{净利润} \div \text{年度末股东权益} \times 100\%$$

该指标越高，说明投资带来的收益越高；越低，说明企业所有者权益的获利能力越弱。该指标体现了自有资本获得净收益的能力。

一般来说，负债增加会导致净资产收益率的上升。企业适当运用财务杠杆可以提高资金的使用效率，借入的资金过多会增大企业的财务风险，但一般可以提高盈利，借入的资金过少会降低资金的使用效率。

依据表3.1、表3.2的数据，××公司2009年的净资产收益率计算如下：

2009年净资产收益率

$$= 69\ 359\ 950.46 \div \frac{(2\ 096\ 354\ 366.18 + 1\ 743\ 157\ 472.50)}{2}$$

$$= 3.6130\%$$

由计算可知，××公司2009年的净资产收益率不高，低于2010年全国国有企业全行业绩效评价标准值净资产收益率均值5.8%，总资产获利能力差。

四、发展能力分析

企业的发展能力，也称企业的成长性，它是企业通过自身的生产经营活

动，不断扩大积累而形成的发展潜能，反映企业实力的增长和资本的不断积累。

1）销售增长率：是指企业本年销售收入增长额同上年销售收入总额的比率。其计算公式为

销售增长率 = 本年销售增长额 ÷ 上年销售额

= （本年销售额 - 上年销售额） ÷ 上年销售额

销售增长率表示与上年相比，企业销售收入的增减变化情况，是评价企业成长状况和发展能力的重要指标。该指标是衡量企业经营状况和市场占有能力、预测企业经营业务拓展趋势的重要标志。不断增加的销售收入，是企业的生存基础和发展条件，世界500强就主要以销售收入的多少进行排序。

该指标若大于零，表示企业本年的销售收入有所增长，指标值越高，表明增长速度越快，企业市场前景越好；若该指标小于零，则说明企业或是产品适销不对路、质次价高，或是在售后服务等方面存在问题，产品销售不出去，市场份额萎缩。该指标在实际操作时，应结合企业历年的销售水平、企业市场占有情况、行业未来发展及其他影响企业发展的潜在因素进行前瞻性预测，或者结合企业前3年的销售收入增长率作出趋势性分析判断。

依据表3.2的数据，× ×公司2009年的销售增长率计算如下：

2009年销售增长率 = （105 129 784.26 - 157 813 115.42） ÷ 157 813 115.42

= -33.3834%

由计算可知，× ×公司2009年的销售增长率出现负数，产品销售出现问题，具体原因还要结合企业历年的销售水平、企业市场占有情况、行业未来发展及其他影响企业发展的潜在因素进行前瞻性预测。

2）资本积累率：资本积累率是指企业本年所有者权益增长额同年初所有者权益的比率，它可以表示企业当年资本的积累能力，是评价企业发展潜力的重要指标。其计算公式为

资本积累率 = 本年所有者权益增长额 ÷ 年初所有者权益额 × 100%

该指标是企业当年所有者权益总的增长率，反映了企业所有者权益在当年的变动水平。资本积累率体现了企业资本的积累情况，是企业发展强盛的标志，也是企业扩大再生产的源泉，展示了企业的发展活力。资本积累率反映了投资者投入企业资本的保全性和增长性，该指标越高，表明企业的资本积累越多，企业资本保全性越强，持续发展的能力越大。该指标如为负值，表明企业资本受到侵蚀，所有者利益受到损害，应予以充分重视。

依据表3.4的数据，× ×公司2009年的资本积累率计算如下：

2009年资本积累率 = （2 096 354 366.18 - 1 743 157 472.50） ÷ 1 743 157 472.50

= 20.2619%

由计算可知，××公司2009年的资本积累率出现较高增长，这与主营业务较差的获利能力出现鲜明对比，资本的积累主要与投资活动取得的收益增长直接挂钩。2009年由于可供出售金融资产期末公允价值回升较大，导致年度公司有较高的资本公积的积累。由于转让可供出售金融资产取得投资收益以及确认联营企业经营利润增幅较大（较2008年增加833.58%），导致大量资本积累。

3）净利润增长率：净利润增长率是本年净利润减去上年净利润之差再除以上期净利润的比值。净利润增长率的计算公式为

净利润增长率 =（当期净利润 - 上期净利润）÷上期净利润 ×100%

净利润的增长是公司成长性的基本特征，净利润增幅较大，表明公司经营业绩突出，市场竞争能力强；反之，净利润增幅小甚至出现负增长也就谈不上具有成长性。

依据表3.2的数据，××公司2009年的净利润增长率计算如下：

2009年净利润增长率 =（69 359 950.46 + 126 920 854.57）÷126 920 854.57
= 154.6482%

由计算可知，××公司2009年的净利润增长率出现较高增长，主要与投资活动取得的收益增长直接挂钩，公司应该感谢2007～2008年中国资本市场的牛市行情，虽然指标本身较为看好，但主要业务获利能力的不济将是公司要着力解决的长远问题。

4）保值增值率：又称资本保值增值率，是指所有者权益的期末总额与期初总额的比率，是财政部制定的评价企业经济效益的十大指标之一，资本保值增值率反映了企业资本的运营效益与安全状况，其计算公式为

资本保值增值率 =（年末所有者权益÷年初所有者权益）×100%

资本保值增值率若为100%，说明企业不盈不亏，保本经营，资本保值；若大于100%，说明企业有经济效益，资本在原有基础上实现了增值。该指标越高，表明企业的资本保全状况越好，所有者权益增长越快，债权人的债务越有保障，企业发展后劲越强。

依据表3.1的数据，××公司2009年的资本保值增值率计算如下：

2009年资本保值增值率 =（2 096 354 366.18÷1 743 157 472.5）×100%
= 120.2619%

由计算可知，××公司2009年的资本出现较高增值，同样是投资活动取得的收益增长直接导致的。

五、财务综合分析

所谓财务综合分析，就是将企业营运能力、偿债能力和盈利能力等方面的分

析纳入到一个有机的分析系统之中，对企业财务状况、经营状况进行全面的解剖和分析，从而对企业经济效益作出较为准确的评价与判断。单独分析任何一项财务指标或一张会计报表，都难以全面评价企业的财务状况和经营成果，要想对企业财务状况和经营成果有一个总体评价，就必须进行相互关联的分析，采用适当的标准进行综合性的评价。因此，必须对企业财务状况作综合分析。综合分析的主要方法有杜邦分析法和财务比率综合评价法。

1. 杜邦分析法

杜邦分析法，又称杜邦财务分析体系，简称杜邦体系，是利用各主要财务比率指标间的内在联系，对企业财务状况及经济效益进行综合系统分析评价的方法。

该体系是以净资产收益率为龙头，以资产净利率和权益乘数为核心，重点揭示企业获利能力及权益乘数对净资产收益率的影响，以及各相关指标间的相互影响作用关系。因其最初由美国杜邦公司成功应用，所以得名。

杜邦分析法中的几种主要的财务指标关系为

$$\text{净资产收益率} = \text{资产净利率} \times \text{权益乘数}$$

$$\text{资产净利率} = \text{销售净利率} \times \text{资产周转率}$$

即：净资产收益率 = 销售净利率 × 资产周转率 × 权益乘数

而：销售净利率 = 净利润 ÷ 销售收入净额

$$\text{资产周转率} = \text{销售收入净额} \div \text{平均资产总额}$$

$$\text{权益乘数} = \text{资产总额} \div \text{所有者权益总额}$$

$$= 1 \div (1 - \text{资产负债率})$$

依据表3.1～表3.4的数据，××公司2009年的杜邦体系指标计算如下：

$$\text{权益乘数} = 2\,650\,471\,922.04 \div \frac{2\,096\,354\,366.18 + 1\,743\,157\,472.5}{2}$$

$$= 1.3806$$

资产周转率 = 105 129 784.26/2 650 471 922.01 = 0.0396 6（次）

销售净利率 = 65.9755%

净资产收益率 = 1.3806 × 0.039 66 × 65.9755% = 3.6125%

说明：3.6125%与前文3.6130%的区别，是由于计算的四舍五入导致。

杜邦分析法有助于企业管理层更加清晰地看到权益资本收益率的决定因素，以及销售净利润率与总资产周转率、债务比率之间的相互关联关系，给管理层提供了一张明晰的考察公司资产管理效率和是否最大化股东投资回报的路线图。

从企业绩效评价的角度来看，杜邦分析法只包括财务方面的信息，不能全面反映企业的实力，有很大的局限性，在实际运用中需要加以注意，必须结合企业的其他信息进行分析。

2. 财务比率综合评价法

每项财务比率分别反映着企业某一方面的情况。为了能对企业财务状况进行总的评价，可以在这些财务比率中选择若干重要的指标，并分别给定其在总评价中所占的比重，总和为100分，然后确定各项比率指标的标准值，再以实际比率与确定的标准比率相比较，评出每项指标的得分，最后求出总比分，这种方法称为财务比率综合评价法。

第三节 上市公司财务分析

一、上市公司财务信息的特征

与其他企业的财务信息相比，上市公司财务信息的突出特征是有市价、有股数。所以大量以每股反映的财务指标是上市公司财务分析指标的鲜明特征。由于上市公司股票公开交易，所以可以提供一定时期公司的股票市价，以市价为基础的财务分析指标也是上市公司财务分析指标的另外一个鲜明特征。本节内容选择以上两类最常用的指标，就上市公司财务分析予以介绍。

二、上市公司财务指标

（一）以股数为基础的分析指标

1）每股收益（earning per share，简称 EPS）：又称每股税后利润、每股盈余，指税后利润与股本总数的比率。每股收益的计算公式为

每股收益 = 归属于普通股股东的当期净利润 ÷ 当期发行在外普通股的加权平均数

每股收益是测定股票投资价值的重要指标之一，是分析每股价值的一个基础性指标，也是综合反映上市公司获利能力的重要指标。该比率反映了每股创造的税后利润，比率越高，表明所创造的利润越多。

从公式中可以看出，计算每股收益，关键是要确定归属于普通股股东的当期净利润和当期发行在外普通股的加权平均数。在计算归属于普通股股东的当期净利润时，应当考虑公司是否存在优先股。如果不存在优先股，那么公司当期净利润就是归属于普通股股东的当期净利润。如果存在优先股，在优先股是非累积优先股的情况下，应从公司当期净利润中扣除当期已支付或宣告的优先股股利；在优先股是累积优先股的情况下，公司净利润中应扣除至本期止应支付的股利。在我国，公司暂不存在优先股，所以公司当期净利润就是归属于普通股股东的当期净利润。

依据××公司公开披露数据，该公司 2008 年 12 月 31 日止普通股共 484 932 000股，2009 年 12 月 31 日止全部公开流通，2009、2008 年归属于普通

股股东的当期净利润为 52 693 856. 68 元和 -145 413 904. 27 元。××公司 2009、2008 年的每股收益计算如下：

2009 年每股收益 = 52 693 856. 68/484 932 000 = 0. 1087

2008 年每股收益 = -145 413 904. 27/484 932 000 = -0. 2999

由计算可知，××公司 2009 年的每股收益由负转正，说明公司为股东创造的利润增加了。

每股收益仅仅代表的是某年每股的收益情况，基本不具备延续性，因此不能将它单独作为判断公司成长性的指标。我国的上市公司很少分红利，大多数时候是送股，同时为了融资会选择增发和配股或者发行可转换公司债券，所有这些行为均会改变总股本。由每股收益的计算公式我们可以看出，如果总股本发生变化每股收益也会发生变化。这个时候再纵向比较每股收益的增长率就会发现，很多公司都没有很高的增长率，甚至是负增长。

2）每股净资产（net asset value per share）：是指股东权益与总股数的比率。每股净资产的计算公式为

每股净资产 = 股东权益 ÷ 总股数

这一指标反映每股股票所拥有的净资产值。每股净资产越高，股东拥有的净资产值越多，表明公司每股股票代表的财富越雄厚，通常创造利润的能力和抵御外来因素影响的能力越强。每股净资产越少，股东拥有的净资产值越少。一般认为每股净资产越高越好。

依据××公司公开披露数据表 3. 1，该公司 2008 年 12 月 31 日止普通股共 484 932 000 股，2009 年 12 月 31 日止全部公开流通。××公司 2009、2008 年的每股净资产计算如下：

2009 年每股净资产 = 2 096 354 366. 18/484 932 000 = 4. 3230

2008 年每股净资产 = 1 743 157 472. 5/484 932 000 = 3. 5946

计算表明，××公司 2009 年每股净资产较 2008 年有所增加，说明公司 2009 年每股实际账面价值增加，股东投资效益有所提高。

每股净资产指标反映了在会计期末每一股份在公司账面上到底值多少钱，如在公司性质相同、股票市价相近的条件下，某一公司股票的每股净资产越高，则公司发展潜力与其股票的投资价值越大，投资者所承担的投资风险越小。

3）每股经营活动现金净流量：每股经营活动现金净流量是经营活动现金净流量与股本总额的比率。其计算公式为

每股经营现金净流量 = 经营现金流量净额 ÷ 普通股股数

经营现金流量净额 = 经营活动产生的现金流入 - 经营活动产生的现金流出

该指标既反映了来自于主营业务的现金对每股资本的支持程度，又反映了上

市公司支付股利的能力。公司分派的现金股利若超过该指标比值，说明需要借款分红，此时公司面临财务危机。

依据××公司公开披露数据，该公司2008年12月31日止普通股共484 932 000股，2009年12月31日止全部公开流通。××公司2009、2008年的每股经营现金净流量计算如下：

2009年每股经营现金净流量＝－151 954 029.59/484 932 000＝－0.3134

2008年每股经营现金净流量＝173 428 762.81/484 932 000＝0.3576

计算表明，××公司2009年每股经营现金净流量为负，说明公司2009年主营业务的获现能力较2008年下降，来自于主营业务的现金无法对每股资本给予支持，反映了该公司缺乏支付现金股利的能力。

4）每股股利（dividend per share）：是股利总额与流通股股数的比值。其计算公式为

每股股利＝股利总额÷流通股股数

股利总额是用于对普通股进行分配的现金股利的总额，流通股股数是企业发行在外的普通股股份平均数。

每股股利是反映股份公司每一普通股获得股利多少的一个指标，指标值越大表明获利能力越强。影响每股股利多少的因素主要是企业股利发放政策与利润分配政策的影响。如果企业为扩大再生产、增强企业后劲而多留利，每股股利就少，反之则多。

依据××公司公开披露数据，该公司2009年12月31日止普通股共484 932 000股全部公开流通。假设××公司2009年发放的现金股利为500 000 000元，则2009年的每股股利计算如下：

2009年每股股利＝500 000 000/484 932 000＝1.0311

需要说明的是，××公司2009年公开披露的信息表明，当年不分配利润。

需要注意的是：影响上市公司每股股利发放多少的因素，除了上市公司获利能力大小以外，还取决于公司的股利发放政策。如果公司为了今后的扩大再生产，现在多留公积金，以增强公司发展的后劲，则当前的每股股利必然会减少。

每股股利反映的是上市公司每一普通股获取股利的大小。每股收益是公司每一普通股所能获得的税后净利润，但上市公司实现的净利润往往不会全部用于分派股利。每股股利通常低于每股收益，其中一部分作为留存利润用于公司自我积累和发展。但有些年份，每股股利也有可能高于每股收益。如在有些年份，公司经营状况不佳，税后利润不足支付股利，或经营亏损无利润可分。按照规定，为保持投资者对公司及其股票的信心，公司仍可按不超过股票面值的一定比例，用历年积存的盈余公积金支付股利，或在弥补亏损以后支付。这时每股收益为负值，但每股股利却为正值。

（二）以市价为基础的分析指标

1）市盈率（price to earnings ratio，简称 P/E ratio）：也称“股价收益比率”或“市价盈利比率（简称市盈率）”，由股价除以年度每股盈余（EPS）得出。其计算公式为

市盈率 = 普通股每股市场价格 ÷ 普通股每股盈利

上式中的分子是当前的每股市价，分母可用最近 1 年盈利，也可用未来 1 年或几年的预测盈利。

市盈率是估计普通股价值的最基本、最重要的指标之一。一般认为该比率保持在 20 ~ 30 是正常的，过小说明股价低，风险小，值得购买；过大则说明股价高，风险大，购买时应谨慎。但高市盈率股票多为热门股，低市盈率股票可能为冷门股。

在投资分析时，市盈率和每股盈余都相当重要，由于市盈率乘以每股盈余可以得到股票价格，于是常利用这一个关系求得股票应有的价格，股票价格经常反映出投资人对公司未来预期的盈余。

依据公开披露的 × ×公司数据，该公司 2009 年 12 月 31 日收盘价为 9.24 元。则 2009 年 × ×公司的市盈率计算如下：

2009 年市盈率 = 9.24/0.1087 = 85.00

以上计算表明，× ×公司 2009 年市盈率明显高出一般标准，这可能与 2009 年中国沪市整体市盈率高估有关。

虽然市盈率最终要被用来对一家公司股票的价格进行相对的评价，但是不要凭借这一指标单独进行解释，要把它与同行业的公司股票的市盈率进行对比，与公司股票过去的市盈率进行对比，与沪深 300 股票指数、道琼斯工业平均指数、标准普尔 500 家公司股票等的市盈率进行对比。

2）市净率（price to book ratio）：是指每股股价与每股净资产的比率。其计算公式为

市净率 = 每股市价 ÷ 每股净资产

在作投资分析时，一般来说，市净率较低的股票，投资价值较高；相反，则投资价值较低。但在判断投资价值时还要考虑当时的市场环境以及公司经营情况和盈利能力等因素。

依据公开披露的 × ×公司数据，该公司 2009 年 12 月 31 日收盘价为 9.24 元。则 2009 年 × ×公司的市净率计算如下：

2009 年市净率 = 9.24/4.3230 = 2.1374

市净率低意味着投资风险小，万一上市公司倒闭，清偿的时候可以收回更多成本。所以，市净率低好。市净率特别在评估高风险企业，企业资产大量为实物资产的企业时受到重视。

市净率能够较好地帮助投资者寻求哪个上市公司能以较少的投入得到较高的产出，对于大的投资机构，它能帮助其辨别投资风险。

这里要指出的是：市净率不适用于短线炒作，提高获利能力。

市净率可用于投资分析，市净率的作用还体现在可以作为确定新发行股票初始价格的参照标准。如果股票按照溢价发行的方法发行的话，要考虑按市场平均投资潜力状况来定溢价幅度，这时股市各种类似股票的平均市盈率便可作为参照标准。

3）市销率（price to sales ratio）：是指总市值与主营业务收入的比率。它是证券市场中出现的一个新概念，其计算公式为

$$市销率 = 总市值 \div 主营业务收入$$

市销率越低，说明该公司股票的安全边际和投资价值就相对越高。也就是说，市盈率衡量的是股价和企业利润的关系，而市销率则衡量股价和企业销售收入的关系。事实上，有的企业每股收益很低或者亏损，用市盈率去衡量就不合适。而市销率则不存在这个问题，只要公司在经营，市销率就一定是一个正值。

依据公开披露的××公司数据，该公司2009年12月31日收盘价为9.24元。该公司2009年12月31日止普通股共484 932 000股全部公开流通。则2009年××公司的市销率计算如下：

2009年市销率 = 9.24 × 484 932 000/105 129 784.26 = 42.6213

市销率的设计主要是为了减少投资者的投资风险，克服“市盈率”分析的局限性，在评估股票价值时需要对公司的收入质量进行分析，收入质量的分析是评估企业经营前景至关重要的一步，毕竟没有销售，就不可能有收益。这一指标对于那些主要依靠投资收益、营业外收入增加利润的企业是非常有效的。

财务分析是一个综合性的工作，我们对一个企业进行财务分析时，应该尽可能多地掌握企业信息，用全面和发展的观点作出评价。任何指标都有局限性，单一指标的结果并不能客观地反映企业的实际。表3.5为2010年全国国有企业全行业绩效评价的主要财务指示。

表3.5　2010年全国国有企业全行业绩效评价标准值——主要财务指标

指　标	优秀值	良好值	平均值	较低值	较差值
一、盈利能力状况					
净资产收益率（%）	12.6	9.3	5.8	0.6	−8.9
总资产报酬率（%）	9.1	6.7	4.5	0.5	−5.5
主营业务利润率（%）	21.3	14.5	9.5	2.5	−5.1
资本收益率（%）	13.6	9.9	6.5	0.9	−5.6

续表

指 标	优秀值	良好值	平均值	较低值	较差值
二、资产质量状况					
总资产周转率（次）	1.6	1.0	0.5	0.3	0.1
流动资产周转率（次）	2.8	1.7	1.3	0.8	0.4
应收账款周转率（次）	21.9	12.5	8.0	3.7	1.6
三、债务风险状况					
资产负债率（%）	47.0	57.5	67.5	83.0	95.0
已获利息倍数	5.7	4.3	3.0	0.5	-1.9
速动比率（%）	128.8	92.1	69.0	51.6	30.6
现金流动负债比率（%）	27.4	20.6	11.1	-2.6	-9.2
四、经营增长状况					
销售（营业）增长率（%）	15.4	8.3	3.5	-9.6	-21.4
资本保值增值率（%）	112.8	108.3	105.5	100.7	90.4
销售（营业）利润增长率（%）	14.8	8.0	2.8	-10.5	-19.7
五、补充资料					
存货周转率（次）	18.3	11.8	5.1	2.5	0.6
资本积累率（%）	18.9	13.7	8.6	1.1	-8.6
成本费用利润率（%）	11.7	8.0	4.3	0.5	-5.6

资料来源：国务院国资委财务监督与考核评价局. 2010. 企业全行业绩效评价标准值2010. 北京：经济科学出版社。

小　结

财务分析是一个企业（或组织）财务管理的基础性工作，它是以财务报告及企业（或组织）其他相关资料为依据，采用一系列专门的分析技术和方法，对企业（或组织）等经济组织的投资活动、筹资活动、经营活动和偿债能力、盈利能力、营运能力和发展状况进行分析与评价，为企业的投资者、债权人、经营者及其他利益相关者了解企业过去、评价企业现状、预测企业未来，提供准确信息或依据的一种经济活动。

财务分析是评价企业经营业绩及财务状况的重要手段。财务分析可以为债权人和投资者等外部信息需求者提供正确的决策信息，还可以为高管等企业内部管理人员提供决策依据。

财务分析的目的讨论应该首先明确分析的主体，主体不同对一个企业（或组织）进行财务分析的目的就不同。从不同的角度看，财务分析的内容可以有不同的表述。从企业的财务活动来看，财务分析包括筹资活动分析、投资活动分析、经营活动分析以及分配活动分析；从企业财务报表看，财务分析包括资产负债表分析、利润表分析、现金流量表分析以及所有者权益变动表分析等；从一个企业的财务效率角度看，财务分析可以包括偿债能力分析、营运能力分析、盈利能力分析、发展能力分析以及财务综合分析等。

财务分析是一个选择、比较、分析、解释、判断的过程。它要从大量的资料中，选择与自己所需相关的各种信息，通过比较，找出它们之间的重要联系，最后进行分析研究，并对所得结论加以解释，这就是财务分析的基本程序。财务分析的方法一般可分为定量分析方法和定性分析方法。定量分析是指分析者采用科学的方法，对所收集数据资料进行加工、计算等量化处理，从量上分析出企业的财务状况和经营成果；定性分析是指分析者运用所掌握的情况和资料，凭借其智慧和经验，对定量的结果解析和分析。财务分析过程是定量分析和定性分析相结合的过程。财务分析的基本方法主要有比较分析法、比率分析法及因素分析法。

财务分析的基础是指企业财务分析时所依据的各种资料。一般而言，企业财务分析的基础资料主要有企业的财务报告、企业内部的各种管理文件、上市公司公开披露的信息、中介机构等外部评价报告以及政府机构或行业的各类评价标准等。企业财务报告构成了企业财务分析的主体。

一个企业的财务能力是企业在处理财务活动、协调财务关系等方面表现出的独特知识与经验，是企业综合实力的反映和企业活力的价值体现。主要包括盈利能力、偿债能力、营运能力和发展能力。

上市公司财务信息的突出特征是有市价、有股数。所以大量以每股反映的财务指标是上市公司财务分析指标的鲜明特征。由于上市公司股票公开交易，所以可以提供一定时期公司的股票市价，以市价为基础的财务分析指标也是上市公司财务分析指标的另外一个鲜明特征。

财务分析是一项综合性的工作，我们对一个企业进行财务分析时，应该尽可能多地掌握企业信息，用全面和发展的观点作出评价。任何指标都有局限性，单一指标的结果并不能客观地反映企业的实际。

思 考 题

1. 企业财务分析的目的有哪些？
2. 企业主要针对哪些内容进行财务分析？
3. 企业的偿债能力如何分析？
4. 企业的营运能力如何分析？

5. 企业的盈利能力如何分析？

6. 企业的发展能力如何分析？

7. 如何理解财务分析在企业财务管理中的重要意义？

8. 为什么有的公司利润表上利润很大，但在现金流量表上全部现金净流量却为负数？

9. 为什么说公司的资产负债率指标关系到国家金融动荡？

10. 试用计算公式说明杜邦分析法中主要的指标关系。

练 习 题

一、单项选择题

1. 在计算速动比率时，要从流动资产中扣除存货部分，其原因在于在流动资产中（ ）。

A. 存货价值变动较大　　B. 存货质量难以保证

C. 存货变现能力最低　　D. 存货数量不易确定

2. 某企业库存现金 2 万元，银行存款 68 万元，短期投资 80 万元，预付费用 15 万元，应收账款 50 万元，存货 100 万元，流动负债 750 万元。据此，计算出该企业的现金比率为（ ）。

A. 0.2　　B. 0.093　　C. 0.003　　D. 0.0267

3. 流动比率反映的是（ ）。

A. 短期偿债能力　　B. 长期偿债能力

C. 流动资金周转状况　　D. 流动资金利用情况

4. 以下各项中（ ）可提高企业的已获利息倍数。

A. 用抵押借款购买厂房　　B. 支付现金股利

C. 所得税率降低　　D. 成本下降，增加利润

5. ABC 公司的部分年末数据为：流动负债 60 万元，速动比率 2.5，流动比率 3，年内销售成本为 50 万元，则年内存货周转次数为（ ）。

A. 1.2 次　　B. 2.4 次　　C. 1.67 次　　D. 无法计算

6. 下列财务比率中，（ ）可以反映企业偿债能力。

A. 平均收账期　　B. 销售利润率　　C. 权益乘数　　D. 已获利息倍数

7. （ ）可引起企业销售利润率降低。

A. 增加存货　　B. 降低单耗　　C. 加速折旧　　D. 提高售价

8. 企业增加速动资产，一般会（ ）。

A. 降低企业的机会成本　　B. 提高企业的机会成本

C. 增加企业的财务风险　　D. 提高流动资产的收益率

9. 在财务分析中，最关心企业资本保值增值状况和盈利能力的利益主体是（ ）。

A. 企业所有者　　B. 经营决策者　　C. 债权人　　D. 政府经济管理机构

10. 如果流动比率大于 1，则下列结论成立的是（ ）。

A. 速动比率大于 1　　B. 现金比率大于 1

C. 营运资金大于零　　D. 短期偿债能力绝对有保障

二、多项选择题

1. 一般情况下，影响流动比率的主要因素有（ ）。

A. 营业周期　　B. 存货周转速度　　C. 应收账款数额　　D. 流动负债数额

2. 影响资产周转率变化的因素有（　　）。

A. 权益乘数　　B. 销售收入　　C. 存货　　D. 其他业务利润

3. 能够分析企业长期偿债能力的指标有（　　）。

A. 已获利息倍数　　B. 有形净值债务率　　C. 产权比率　　D. 资产负债率

4. 属于企业营运能力分析的财务指标有（　　）。

A. 总资产周转率　　B. 固定资产周转率　　C. 产权比率　　D. 有形净值债务率

5. 应收账款周转率越高，则（　　）。

A. 存货周转率越快，流动资金需要量越小

B. 收账越迅速，账龄期限越长

C. 资产流动性越大，短期偿债能力越强

D. 账款回收率越高，收账费用和坏账损失越低

E. 企业信用标准和信用条件越合理

6. 下列指标中比率越高，说明企业获利能力越强的有（　　）。

A. 总资产利润率　　B. 资产负债比率　　C. 产权比率　　D. 销售利润率

E. 资本利润率

7. 由杜邦分析体系可知，提高资产净利率的途径可以有（　　）。

A. 加强负债管理，提高资产负债率

B. 增加资产流动性，提高流动比率

C. 加强销售管理，提高销售利润率

D. 加强资产管理，提高资产利用率

E. 加快流动资产周转，提高流动资产周转率

8. 债权人对以下尤为关注的是（　　）。

A. 流动比率　　B. 债务股权比　　C. 已获利息倍数　　D. 资产负债率

E. 净值报酬率

9. 过高的流动比率必然造成（　　）。

A. 机会成本增加　　B. 筹资成本上升　　C. 获利能力提高　　D. 获力能力降低

E. 筹资成本下降

10. 衡量企业获利能力的因素包括（　　）。

A. 获利水平高低　　B. 利润额的大小　　C. 利润的变动趋势　　D. 社会贡献大小

E. 税收的多少

11. 影响应收账款周转率的因素有（　　）。

A. 季节性经营的企业　　B. 大量使用分期付款结算方式

C. 大量地使用现金结算　　D. 年末销量大幅度增减

12. 上市公司最重要的财务指标是（　　）。

A. 市盈率　　B. 资产负债率　　C. 每股收益　　D. 每股净资产

E. 净资产收益率

13. 影响速动比率的因素有（　　）。

A. 应收账款　　B. 存货　　C. 短期借款　　D. 应收票据

E. 预付账款

14. 反映企业盈利能力的指标有（　　）。

A. 留存盈利比率　　B. 流动比率

C. 净值报酬率　　D. 销售净利率

E. 股利支付率

15. 从一般原则上讲，影响每股盈余指标高低的因素有（　　）。

A. 企业采取的股利政策　　B. 企业购回的普通股股数

C. 优先股股息　　D. 所得税率

E. 每股股利

三、判断题

1. 存货的不同估价方法不构成对企业短期偿债能力的影响，因而在分析企业的短期偿债能力时，不必考虑存货。（　　）

2. 应收账款周转率是用来估计应收账款流动速度和管理效率的，一般认为周转率越高越好。（　　）

3. 一般来说，企业的已获利息倍数应至少大于1，否则将难以偿付债务及利息。（　　）

4. 股东权益比率与资产负债率之和应为1。（　　）

5. 权益乘数与负债比率的关系可表示为：权益乘数 =1/（1 - 负债比率）。（　　）

6. 流动比率越高，表明企业财务状况越好。（　　）

7. 对于股东来讲，股利支付率总是越高越好。（　　）

8. 权益乘数越大，企业盈利能力越高。（　　）

9. 现金比率表明企业立即偿还全部短期债务的能力，通常企业并不需要这样做，因此并不要求现金比率大于1。（　　）

10. 如果已获利息倍数小于1，企业将面临经营亏损，偿债的安全性与稳定性有下降的风险。（　　）

11. 流动比率高并不等于企业有足够的现金用于偿债。（　　）

12. 有些企业流动比率小于2，并不能说明其短期偿债能力就弱，有些企业流动比率大于2，也不能说明其短期偿债能力就一定强。（　　）

13. 每股收益不反映股票所含有的风险。（　　）

14. 市盈率可以用来估计股票的投资报酬和风险，该指标越高，表明其风险越大，该企业具有良好的前景。（　　）

15. 每股收益是净利与流通股数的比值，流通股数是企业发行在外的股份平均数，净利润是指交纳所得税后的净利。（　　）

四、计算分析题

1. 某企业的全部流动资产为600 000元，流动比率为1:5，该公司刚完成以下两项交易：

（1）购入商品160 000元以备销售，其中的80 000元为赊购。

（2）购置运输车辆一部，价值50 000元，其中30 000元以银行存款支付，其余开出3月期应付票据一张。

要求：计算每笔交易后的流动比率。

2. ABC公司2009年度简易财务报表的主要资料如表3.6～表3.8所示。

要求：

（1）计算填列表3.8的该公司财务比率（天数取整）。

（2）与行业平均财务比率比较，说明该公司经营管理可能存在问题。

表3.6 资产负债表

2009年12月31日　　单位：千元

资产			负债及所有者权益	
项目	年初	年末	项目	年末
现金	764	310	应付账款	516
应收账款	1156	1344	应付票据	336
存货	700	966	其他流动负债	468
流动资产合计	2620	2620	流动负债合计	1320
固定资产净额	1170	1170	长期负债	1026
			实收资本	1444
资产总额	3790	3790	负债及所有者权益总额	3790

表3.7 利润表（2009年）　　单位：千元

项目	金额
销售收入	6430
销货成本	5570
毛利	860
管理费用	580
利息费用	98
税前利润	182
所得税	72
净利	110

表3.8 财务比率比较

比率名称	本公司	行业平均
流动比率		1.98
资产负债率		62%
已获利息倍数		3.8
存货周转率		6次
固定资产周转率		13次
总资产周转率		3次
销售净利率		1.3%
资产净利率		3.4%
权益净利率		8.3%

3. ABC公司为上市公司，本年利润分配表及年末股东权益的有关资料见表3.9。

表 3.9　ABC 公司相关财务资料　单位：万元

净利润	2100	股本（面值 1 元）	3000 万股
加：年初未分配利润	400	每股市价	10.5 元
可供分配利润	2500	年末流通在外股数	3000 万股
减：提取法定盈余公积	500	资本公积	2200
可供股东分配的利润	2000	盈余公积	1200
减：提取任意盈余公积	200	未分配利润	600
现金股利	1200	所有者权益总计	7000
未分配利润	600		

此外，该公司产权比率为 2，当年的平均负债利息率 10%，所得税税率 40%。

要求：(用期末数代替平均值)

(1) 计算基本每股收益。

(2) 计算市盈率、每股股利、股利支付率。

(3) 计算市净率、每股净资产。

(4) 计算净资产收益率、总资产报酬率。

第四章　筹资管理（上）

学习目标

1. 掌握筹资的概念和筹资的种类
2. 了解筹资的原则和资本金制度
3. 掌握销售百分比法
4. 理解和掌握权益筹资和债务筹资的优缺点
5. 了解每种具体筹资方式的条件、程序和分类
6. 掌握每种具体筹资方式的特点

第一节　筹资管理概述

一、筹资的概念与动机

（一）筹资的概念

筹资是指企业根据自身经济活动对资金的需要，采取适当的筹资方式，获取所需资金的一种行为。筹集资金是企业资金运动的起点，它会影响乃至决定企业资金运动的规模及效果。企业的创立和健康发展离不开资金，筹资活动是企业的一项基本财务活动，筹资管理是财务管理的主要内容。

（二）筹资的动机

资金是企业进行正常生产经营的重要条件，企业筹集资金的基本动机是为了自身的生存和发展。在企业的具体日常活动中，筹资的具体情况不同，筹资的动机也多种多样，总体来说，主要有以下几种。

1）新建性筹资动机。是指企业在设立时，为了筹集足额的资本金，达到正常生产经营状态而产生的筹资动机。企业在新建时，按照企业的经营方针，为满足一定生产经营规模和经营活动的需要，必须筹集一定的资本金。在我国，按照企业财务通则的规定，企业在成立时必须有一定额度的资本金。按照国家法律法规的相关规定，企业设立时，也必须筹集到最低的法定资本金。

2）扩张性筹资动机。是指企业因扩大生产经营规模或追加对外投资而产生

的筹资动机。这主要是指那些处于成长时期、具有很好发展前景的企业，为了满足扩大再生产的需要而进行的筹资。如购置设备增加市场供应、引进新技术和开发新产品等。

3）调整性筹资动机。是指企业为调整资本结构的需要而形成的筹资动机。调整性筹资动机并不会增加筹资的数额。主要表现为举借新债偿还到期债务，以债转股或以股抵债等形式调整资本结构使其更加合理。

4）双重性筹资动机。是指企业为同时满足扩大经营和调整原有资本结构的双重目的而进行的筹资活动。这种双重动机筹资的结果会导致企业资本规模和资本结构的同时改变。

二、筹资的种类

处于不同时期的不同企业，它们的筹资渠道和筹资方式是不同的。企业通过各种筹资渠道和采用各种筹资方式形成了不同的筹资类型。

（一）按照企业取得资金的权益性质不同，分为权益筹资和债务筹资

1）权益筹资筹集的是权益资金，亦称自有资金，是企业依法长期拥有、能够自主调配运用的资本。企业的权益资金通过吸收直接投资、发行股票及内部积累等方式取得，主要包括资本金、资本公积、盈余公积和未分配利润。

权益资金在企业存续期间没有固定的到期日，无需偿还本金，可供企业长期使用，是企业的永久性资本。权益资金作为企业最基本的资本，代表了公司的资本实力，为债务筹资提供信用保障。相对于债务资金而言，权益资金不存在还本付息的财务风险，而且资本成本负担比较灵活，权益资金筹资的限制少，使用上也无特别限制。

但是，权益资金也有其不足之处。一般而言，首先，权益资金的资本成本要高于债务资金，这主要是由于股权投资者投资于股票的风险较高，相应要求得到较高的报酬率；其次，利用股权筹资，由于引进了新的投资者或出售了新的股票，必然会导致企业控制权结构的改变，分散了企业的控制权。此外，对于上市公司，股东众多而分散，只能通过公司的公开信息披露了解公司状况，信息沟通与披露成本较大。

2）债务筹资筹集的是债务资本，债务资金是企业向债权人借入的资金。企业的债务资金通过借款、发行债券、融资租赁以及赊购商品或服务等方式取得，在规定期限内需要清偿本金和支付利息。

同权益资金相比，首先，债权人的风险一般低于股权投资者，所以债务筹资的资本成本较低；其次，债务资金的取得不需要经过复杂的审批手续和证券发行程序，筹资速度较快；再次，企业可以根据本身的经营情况和财务状况，灵活协商债务条件，控制筹资数量，安排取得资金的时间，筹资弹性较大；最后，债权

人无权参加企业的经营管理，利用债务筹资不会改变公司的控制权。此外，债务资本还可以利用财务杠杆效应。而债务资金的缺陷主要体现在不能形成企业稳定的资本基础，财务风险较大，筹资数额有限。

（二）按照其是否以金融机构为媒介，分为直接筹资和间接筹资

1）直接筹资，是企业不借助银行等金融机构，直接与资金供应者协商融通资本的一种筹资活动。企业通过直接筹资，既可以筹集股权资金，也可以筹集债务资金。直接筹资主要有吸收直接投资、发行股票、发行债券及商业信用等方式。

2）间接筹资，是企业借助银行等金融机构融通资本的一种筹资活动。在间接筹资方式下，银行等金融机构发挥中介作用，资金供应者首先向银行等金融机构让渡资金的使用权，即银行等金融机构首先积聚资金，然后将资金提供给筹资企业。企业通过间接筹资主要筹集的是债务资金。间接筹资的基本方式是向银行借款，此外，还有融资租赁等筹资方式。

（三）按照资金的来源范围不同，分为内部筹资与外部筹资

1）内部筹资是指企业内部通过自身的积累而形成的筹资来源。内部筹资的资金来源主要是留存收益，还有计提折旧等。内部筹资一般无需花费筹资费用，且筹资数量一般取决于企业的利润规模和利润分配政策。

2）外部筹资是指企业向外部筹措资金而形成的筹资来源。外部筹资的方式很多，如发行股票、债券，取得商业信用、向银行借款等。企业向外部筹资大多需要花费一定的筹资费用，因此，一般情况下，企业筹资时首先应考虑内部筹资，然后再考虑外部筹资。

（四）按照筹集资金使用期限的不同，分为长期筹资与短期筹资

1）长期筹资是指企业筹集占用时间在 1 年以上资金的筹集活动。通过长期筹资形成的长期资金主要用于购建固定资产、形成无形资产、进行对外长期投资、垫支流动资金、产品和技术研发等。长期筹资通常采用吸收直接投资、发行股票、发行债券、取得长期借款、融资租赁等方式形成。

2）短期筹资是指企业筹集占用时间在 1 年以内资金的筹集活动。通过短期筹资筹得的短期资金一般在短期内需要偿还，主要用于企业的流动资产和资金周转。短期筹资经常利用商业信用、短期借款、保理业务等方式形成。

三、企业筹资管理的原则

（一）遵循国家法律法规，依法筹资

企业通过筹资行为和活动，向社会各方筹措资金。企业资金的筹措涉及投资者、债权人、经营者、政府机关、职工等多方利益。企业筹资必须遵守国家相关的法律法规，依法履行相关责任，维护各方合法权益，自觉接受有关各方的审查和监督，避免违法筹资行为的发生。

（二）合理确定筹资数量

企业无论利用何种筹资渠道、采用何种筹资方式，首先应该合理确定需要筹集的资金的数量，使所筹得的资金数量与资金需要量基本保持一致，既不会由于筹集的资金过多导致资金的闲置，也不会由于筹集的资金过少造成资金短缺，影响生产经营活动的正常进行。

（三）科学安排筹资时间

企业筹集资金，还需要合理预测资金需要的时间。根据资金的投放时间，合理安排资金的筹集时间，及时取得资金，使筹资和投资在时间上相协调。尽量避免筹资过早造成的投资前资金闲置和筹资滞后造成的贻误资金投放的最佳时机。

（四）深入研究筹资方式

企业进行筹资管理活动时，确定筹资的数量后，要考虑资金的取得方式。相同数量的资金，取得方式可以是多种多样的。企业在选择筹资方式时，主要权衡可供选择方案的资本成本、财务风险、取得资金的难易程度等因素，来确定企业最有利的筹资方式或筹资组合。

（五）全面考虑优化资本结构

企业筹资过程中，应综合考虑所筹得资本的结构问题，主要是合理确定权益资本和债务资本的比例关系，使企业达到合理负债水平，既获得负债经营的收益，又避免过大的财务风险。此外还应考虑内部资金和外部资金、长期资金与短期资金的关系。

四、企业的资本金制度

（一）资本金的特征

设立企业必须有法定的资本金。资本金是指企业在工商行政管理部门登记的注册资金，是投资者用以进行企业生产经营、承担民事责任而投入的资金。资本金在不同类型的企业中表现形式有所不同，股份有限公司的资本金被称为股本，股份有限公司以外的一般企业的资本金被称为实收资本。

（二）资本金制度的内容

1. 资本金的数量要求

有关法规制度规定了各类企业资本金的最抵限额：有限责任公司的注册资本的最低限额为人民币 3 万元；股份有限公司注册资本的最低限额为人民币 500 万元；上市公司的最低注册资本限额为人民币 3000 万元；一人有限责任公司的注

册资本最低限额为人民币 10 万元；法律、行政法规对有限责任公司注册资本的最低限额有较高规定的，从其规定。

2. 资本金的筹集方式

根据国家法律法规的规定，企业可以吸收多种方式的资本金。股东可以用货币出资，也可以用实物、知识产权、土地使用权等可以用货币估价并可以依法转让的非货币财产作价出资。我国《公司法》对无形资产占注册资本的比例没有限制，但是，规定全体股东的货币出资金额不得低于有限责任公司注册资本的 30%。这一规定主要是为了保障公司设立后的正常经营。

3. 资本金的缴纳期限

目前，对于资本金缴纳的期限通常有三种方式：一是实收资本制，即公司设立时，必须在章程中对公司的资本总额作出明确规定，并须一次发行、由股东全部认足或募足，否则公司不得成立的资本形成制度；二是授权资本制，即公司设立时，须在章程中确定资本总额，但全部资本可以分期发行，发起人或股东只需认足章程中所规定的最低限额资本，公司即可成立，未发行的资本，授权董事会根据公司营业需要随时发行或募集，企业成立时的实收资本与注册资本可能不一致；三是折中资本制，在企业成立时不一定一次筹足资本金总额，类似于授权资本制，但规定了首期出资的数额或比例及最后一期缴清资本的期限。

我国《公司法》规定，资本金的缴纳采用折中资本制，资本金可以分期缴纳，但首次出资额不得低于法定的注册资本最低限额。股份有限公司和有限责任公司的股东首次出资额不得低于注册资本的 20%，其余部分由股东自公司成立之日起 2 年内缴足，投资公司可以在 5 年内缴足。而对于一人有限责任公司，股东应当一次足额缴纳公司章程规定的注册资本额。

4. 资本金的验资

企业以吸收实物、无形资产等非货币资产作为资本金时，应按照评估确认的金额或者按合同、协议约定的金额计价。其中，为了避免虚假出资或通过出资转移资产，导致国有资产流失，国有及国有控股企业以非货币资产出资或者接受其他企业的非货币资产出资，需要委托有资格的资产评估机构进行资产评估，并以资产评估机构评估确认的资产价值作为投资作价的基础。

第二节 筹资数量预测

一、筹资数量的预测依据

企业在筹资时，首先应该运用科学的方法确定企业的筹资数量，使筹集来的资金既能满足生产经营的需要，又不会有太多的闲置。

影响企业筹资数量的因素很多，但企业筹资数量预测的基本依据主要有两个方面：一是法律依据，是指企业在筹集资金时应遵循有关法律的规定，具体体现在法律对企业注册资本金的约束和法律对企业负债额度的规定；二是投资规模依据，是指企业所筹集的资金将用于今后生产经营的规格与范围，可以说，在制约筹资规模的所有经济因素中，投资规模是决定筹资规模的主要依据。投资规模是根据一定时期企业的经营目标、所占市场容量及份额、产业政策以及企业自身的其他因素确定的，它是企业生产经营的客观需要。

二、筹资数量的确定方法

预测企业一定时期内筹资数量的方法很多，一般分为定性预测法和定量预测法。

定性预测法是指依靠熟悉业务知识、具有丰富经验和综合分析能力的人员与专家，利用已掌握的历史资料，依据个人的经验和主观判断能力，对事物的未来发展做出性质和程度上的判断，然后，再通过一定形式综合各方面的意见，作为预测未来的主要依据。

定量预测法是指根据资金需要量与各因素的依存关系，对企业一定时期内的融资数量进行预测的方法。定量预测与定性预测相比，更加准确和科学。定量预测法主要有销售百分比法、因素分析法，其中销售百分比法最为常用。

（一）销售百分比法

1. 概念及假设

销售百分比法是指根据销售收入与资产负债表和利润表有关项目之间存在的比例关系，预测企业未来资金需要量的方法。销售百分比法的运用，需要一定的假设条件，主要包括以下几点。

1）资产负债表的各项目可以划分为敏感项目与非敏感项目。所谓敏感项目是指随销售变动而变动并呈现一定比例关系的项目；非敏感项目是指不随销售变动而变动的项目。

2）现有的资产负债水平对现在的销售是最优的，即所有的生产能力已经全部使用，敏感项目与销售额之间成正比例关系。这一假设又包含两方面意义：一是线性假设，即敏感项目与销售额之间为正相关；二是直线过原点，即销售额为零时，项目的初始值也为零。

3）基期与预测期企业的基本情况不变。这一假设包含：一是基期与预测期的敏感项目和非敏感项目的划分不变；二是敏感项目与销售额之间比例不变；三是销售结构和价格水平与基期相比基本不变。

4）企业的筹资顺序是先利用内部融资再利用外部融资，且内部资金来源仅包括留存收益。

5）销售的预测比较准确且已经完成。销售预测是销售百分比法应用的重要前提之一，只有销售预测准确，才能比较准确地预测资金需要量。

2. 基本步骤

销售百分比法的基本思路是借助基期的利润表和资产负债表来预测预测期的利润表和资产负债表即预计利润表和预计资产负债表，通过预计利润表预测企业留存收益这种内部资本来源的增加额，通过预计资产负债表预测企业未来资金需要总量和需要外部筹资的数额。

（1）预测预测期的销售收入

由于销售百分比法根据销售收入与资产负债表和利润表有关项目之间存在的比例关系，预测企业未来资金需要量，所以首先应该运用一定的方法，预测预测期的销售收入，销售收入作为融资数量预测的起点，其确定方法很多，主要包括简单平均法、加权平均法及本量利分析法等。

（2）编制预计利润表，预测企业留存收益的增加额

一是搜集基期年度利润表的资料，计算利润表中各项目占当年销售收入的百分比；二是根据利润表中各项目占当年销售收入的百分比和预测期的销售收入，计算预测期的利润表的个项目的数值，编制预计利润表；三是利用预测期的税后利润和留存收益的比例计算留存收益的增加额。

（3）编制预计资产负债表，预测企业资金需要量和对外筹资数量

首先，根据资产负债表的相关资料，确定资产负债表中的敏感项目，并确定有关敏感项目占销售收入的百分比。资产负债表中的敏感项目一般包括敏感资产和敏感负债。敏感资产项目一般包括货币资金、应收账款、存货等项目，敏感负债项目一般包括应付账款、应付票据、应付职工薪酬、应交税费等项目。在确定了敏感项目后，其他资产项目和负债项目即为非敏感项目。实收资本（股本）、资本公积、留存收益一般也归入非敏感项目。实际上，不同的企业由于其实际情况不同，销售收入的变化引起的资产、负债变化的项目是不同的，要根据历史资料具体研究来确定。其次，编制预计资产负债表，确定需要的资金数量和对外筹资数量。根据预测期的资产负债表，预计由于销售增长而需要的资金需求增长额，扣除利润留存后，即为所需要的外部筹资额。

3. 应用举例

【例 4-1】 W 公司 2010 年利润表及某个项目占销售收入的百分比、2010 年资产负债表及其敏感项目与销售收入的百分比分别如表 4. 1 和表 4. 2 所示。

表 4.1　2010 年利润表　　单位：万元

项　目	金　额	占销售收入百分比（%）
营业收入	3000	100
减：营业成本	1800	60
营业税金及附加	300	10
销售费用	150	5
管理费用	50	1.67
财务费用	100	3.33
利润总额	600	20
减：所得税费用	180	6
税后利润	420	14

表 4.2　2010 年资产负债表　　单位：万元

项　目	年末数	占销售收入百分比（%）
资产		
货币资金	240	8
应收账款	1200	40
存货	900	30
长期股权投资	360	–
固定资产	1230	–
商誉	70	–
资产总额	4000	78
负债及所有者权益		
应付账款	600	20
应付票据	300	10
长期借款	900	–
负债合计	1800	30
实收资本	200	–
资本公积	1000	–
留存收益	1000	–
所有者权益合计	2200	–

经预测，该公司 2011 年的销售收入将增长 20%，根据对公司历史资料的研究，公司资产负债表中货币资金、应收账款、存货、应付账款、应付票据为敏感

项目，假设该公司的所得税税率为30%，2010年留存收益比例为50%，2011年保持该比例不变。

要求：根据题意，利用销售百分比法计算企业2011年的资金需要量和对外筹资数量。

解：1）根据上述资料，已知2010年的销售收入为3000万元，预测期的销售收入会增长20%，经过计算可知，为3600万元。

2）编制企业2011年的预计利润表，预测企业留存收益的增加额，如表4.3所示。

表4.3 2011年预计利润表 单位：万元

项 目	2010年金额	占销售收入百分比（%）	2011年金额
营业收入	3000	100	3600
减：营业成本	1800	60	2160
营业税金及附加	300	10	360
销售费用	150	5	180
管理费用	50	1.67	60.12
财务费用	100	3.33	119.88
利润总额	600	20	720
减：所得税费用	180	6	216
税后利润	420	14	504

根据2011年预计利润表可知，2011年预测的税后利润为504万元，2011年的留存收益比率保持2010年的50%，所以2011年的留存收益会增加252万元。

3）编制预计资产负债表，预测企业资金需要量和对外筹资数量，如表4.4所示。

表4.4 2011年预计资产负债表 单位：万元

项 目	2010年年末数	占销售收入百分比（%）	2011年年末数
资产			
货币资金	240	8	288
应收账款	1200	40	1440
存货	900	30	1080
长期股权投资	360	–	360
固定资产	1230	–	1230
商誉	70	–	70
资产总额	4000	78	4468

续表

项　目	2010 年年末数	占销售收入百分比（%）	2011 年年末数
负债及所有者权益			
应付账款	600	20	720
应付票据	300	10	360
长期借款	900	–	900
负债合计	1800	30	1980
实收资本	200	–	200
资本公积	1000	–	1000
留存收益	1000	–	1252
所有者权益合计	2200	–	2452
追加外部筹资需要			36
负债及所有者权益总额			4468

预计外部筹资数量＝预计资产－预计负债－预计所有者权益
＝4468－1980－2452
＝36（万元）

由以上计算过程可以说明，2010 年 W 公司预计资产总额为 4468 万元，也就是需要资金总额为 4468 万元，其中预计负债可以提供的资金为 1980 万元，预计所有者权益可以提供资金 2452 万元，还需要企业对外筹资 36 万元。

在运用销售百分比法时，除了运用上述基本步骤外，还可以直接利用预测公式计算预测期需要追加的外部筹资数量。

需要追加的外部筹资额＝（新增销售额×敏感资产占销售收入百分比）－（新增销售额×敏感负债占销售收入百分比）－留存收益增加额

其中，留存收益增加额＝预计销售额×销售利润率×留存收益比例

上例中，可直接运用公式计算 2011 年企业需要追加的外部筹资数量：

2011 年企业需要追加的外部筹资数量＝（600×78%）－（600×30%）－3600×14%×50%＝36（万元）

（二）因素分析法

因素分析法又称为分析调整法，是以有关项目基期年度的实际平均资金需要量为基础，根据预测年度的生产经营任务和资金周转加速的要求，进行分析调整并预测资金需要量的一种方法。这种方法计算简便，容易掌握，但预测结果不太精确。它通常用于品种繁多、规格复杂、资金用量较小的项目。因素分析法的基本计算公式为

资本需要量＝（上年资本实际平均占用量－不合理平均占用额）×（1±预

测年度销售变动率）×（1±预测年度资本周转速度变动率）

【例4-2】 甲企业上年度资金平均占用额为240万元，经分析，其中不合理部分40万元，预计本年度销售增长5%，资金周转加速5%。则

预测年度资金需要量=（240-40）×（1+5%）×（1-5%）

=199.5（万元）

第三节 股权筹资

一、吸收直接投资

（一）吸收直接投资的种类

吸收直接投资是企业以协议等形式吸收国家、法人、个人和外商等直接投入资金，形成企业资本金的一种筹资方式。吸收直接投资，以“共同投资、共同经营、共担风险、共享收益”为原则，是非股份制企业筹集权益资本的基本方式。采用吸收直接投资的企业无需公开发行股票，吸收直接投资中的出资者都是企业的所有者，并对企业具有经营管理权。企业各方可按出资额的比例分享收益，同时也要以出资额为限，按出资比例承担损失。

1．吸收国家投资

吸收国家投资是国有企业筹集自有资金的主要方式。国家投资是指有权代表国家投资的政府部门或机构，以国有资产投入企业，形成国家资本金。形成国家直接投资的资金主要有拨款、用利润总额归还贷款后所形成的资金和减免税后形成的资金等。吸收国家投资一般具有以下特点：①产权归属于国家；②一般被国有企业广泛采用；③资金的运用和处置受国家约束较大。

2．吸收法人投资

法人投资是指法人单位以其依法可以支配的资产投入企业，由此形成法人资本金。吸收法人投资一般具有如下特点：①投资发生在法人单位之间；②投资以参与企业利润分配或控制为目的；③出资方式较为灵活。

3．吸收社会公众投资

社会公众投资是指社会个人或本企业内部职工以个人合法财产投入企业，由此形成个人资本金。吸收个人投资一般具有以下特点：①参加投资的人员较多；②每人投资的数额相对较少；③以参与企业利润分配为基本目的。

4．吸收外商直接投资

外商投资是指外国投资者以及我国香港、澳门、台湾地区投资者投入的资金，由此形成外商资本金。吸收外商投资一般具有以下特点：①一般只有中外合资、合作或外商独资经营企业才能采用；②可以筹集外汇资金；③出资方式比较

灵活。

（二）吸收直接投资的出资方式

企业在采用吸收直接投资这一方式筹集资金时，投资者可以用现金、厂房、机器设备、材料物资、无形资产等多种方式向企业投资。具体而言，主要有以下几种出资方式。

1．现金投资

现金投资是吸收直接投资中一种最重要的出资方式。企业有了货币资金，便可以购置各种物质资料，支付各种费用，比较灵活方便。因此，企业应尽量多地吸收现金形式的投资。吸收投资中所需投入现金的数额，取决于投入的实物及工业产权之外建立企业的开支和日常周转需要。我国《公司法》规定，公司全体股东或发起人的货币资金额不得低于公司注册资本的30%。

2．实物投资

实物投资是投资者以房屋、建筑物、设备等固定资产和材料、燃料、商品等流动资产所进行的投资。企业吸收的实物投资应符合如下条件：①确为企业生产、经营和研发等的需要；②技术性能比较好；③作价公平合理。投资实物的具体作价，可由双方按公平合理的原则协商确定，也可以聘请专业资产评估机构进行资产评估。

3．工业产权投资

工业产权投资是指以专有技术、商标权、专利权和非专利技术等无形资产所进行的投资。企业吸收的工业产权投资应符合以下条件：①能帮助企业研究、开发和生产出高新技术产品；②能帮助企业改进产品质量，提高生产效率；③能帮助企业有效降低各种消耗；④作价公平合理。

企业在吸收工业产权投资时，应认真谨慎地进行可行性研究。因为以工业产权投资实际上是把有关技术转化为资本，使技术的价值固定化，而技术实际上随着时间的推移，其价值在不断减少甚至会完全丧失。

4．土地使用权投资

土地使用权投资指民事主体依法取得的土地的实际经营权和利用权。企业吸收土地使用权投资应符合以下条件：①确为企业生产、经营和研发等的需要；②交通、地理条件比较适宜；③作价公平合理。

对于无形资产出资方式，我国《公司法》规定，股东或者发起人不得以劳务、信用、自然人姓名、商誉、特许经营权或者设定担保的财产等作价出资。《公司法》对无形资产出资的比例要求没有明确限制，但《外资企业法实施细则》另有规定，外资企业的工业产权、专有技术的作价应与国际上通常的作价原则相一致，且作价金额不得超过注册资本的20%。

（三）吸收直接投资的程序

企业吸收其他单位的直接投资，一般应遵循如下程序。

1. 确定筹资数量

吸收直接投资一般是企业在设立时使用的筹资方式。企业在后续生产经营过程中，如果发现自有资金不足，也可以采用吸收直接投资的方式筹集资金。资金的需要量应根据企业的生产规模和供销状况来确定，以确保筹资数量与资金需要量相适应。

2. 寻找投资单位

企业在吸收投资之前，一方面，要大力宣传，使出资方了解企业的经营状况和财务情况，有目的地进行投资；另一方面，企业也要全面了解相关投资者的资信、财力和投资意向。这将有利于企业在比较多的投资者中寻找最合适的合作伙伴。

3. 协商投资事项，签署投资协议

找到合适的投资伙伴后，双方便可进行具体的协商，确定出资数额、出资方式和出资时间。在协商过程中，企业应尽量取得现金方式投资，如果投资者确有先进且适合企业需要的固定资产、无形资产，也可以采用实物、工业产权和土地使用权等方式进行投资。当出资数额、资产作价和出资时间确定后，便可签署投资协议。企业吸收直接投资，无论是新建还是增资，都应当与有关各方签署投资的协议和合同等书面文件。

4. 取得筹集的资金

企业应该根据出资协议中规定的出资期限和出资方式，按计划或规定取得资金。吸收现金投资的，通常要有拨款计划，确定拨款期限、每期数额及划款方式，企业可按计划取得现金。吸收实物资产或无形资产投资的，要采用适当的方法核实财产，办理资产转移手续，取得资产。

（四）吸收直接投资的特点

吸收直接投资有以下特点。

1）有利于尽快形成企业生产能力。吸收直接投资不仅可以取得货币资金，而且能够直接获得企业所需的先进设备和技术，直接形成生产经营能力。

2）与投资者容易进行信息沟通。吸收直接投资的投资者比较单一，企业非常了解有哪些投资者以及投资者的具体状况，便于企业与投资者进行直接有效的沟通。

3）吸收直接投资的程序和过程简单，手续便捷，筹资费用较低。

4）资本成本较高。相对于股票筹资来说，吸收直接投资的资本成本较高。当企业在经营较好的年份取得盈利较多时，投资者往往要求将大部分盈余作为红利分配。

5）企业控制权容易集中。采用吸收直接投资方式筹资，投资者一般都要求获得与投资数额相对应的经营控制和决策权。如果某个投资者的投资额较多，占总资本比例较高，则对企业的经营管理就会有较大的控制权，不利于企业的公司治理。

6）不利于产权流动。由于吸收直接投入的资本没有证券作为媒介，不便进行产权交易和产权转让。

二、发行普通股票

（一）股票的概念和种类

股票是股份有限公司为筹措自有资本而发行的有价证券，是持有人持有公司股份的书面凭证。股票作为一种可转让的所有权凭证，只能由股份有限公司发行，它表示持有人按其持有股份应享有的权益和承担的义务。股票一般具有风险性、永久性、流通性和参与性的特征。

股票从不同角度可分为如下几类。

（1）按股东享有的权利和义务，分为普通股股票和优先股股票

普通股股票简称普通股，是公司发行的最基本的股票。普通股是代表着股东享有平等的权利、义务，不加特别限制的，股利不固定的股票。股份有限公司通常情况下只发行普通股。

优先股股票简称优先股，是公司发行的相对于普通股具有一定优先权的股票。其优先权主要表现在利润分配的优先权和剩余财产分配的优先权上。优先股股东无权参与公司的经营管理，没有选举权，在股东大会上无表决权，仅对涉及优先股权利的问题有表决权。

（2）按股票有无记名，分为记名股票和无记名股票

记名股票是在股票票面上记载有股东姓名或名称的股票，股东姓名或名称要记入公司股东名册。

无记名股票是在股票票面上不登记股东姓名或名称的股票，股东姓名或名称也不记入公司股东名册。公司只记载股票数量、编号及发行时间。无记名股票的转让比较自由，无需办理过户手续。

我国《公司法》规定，公司向发起人、国家授权投资机构、法人发行的股票，为记名股票。向社会公众发行的股票，可以为记名股票，也可以为无记名股票。

（3）按票面是否标明金额，分为有面额股票和无面额股票

有面额股票是指在股票票面上标有一定金额的股票。持有这种股票的股东享有的权利和应有的义务的大小，都依照其所持有的股票票面金额之和占公司发行在外的股票总面额的比例来定。我国《公司法》规定，股票应标明股票的

面值。

无面额股票，是指在股票票面上不标明金额的股票。无面额股票只载明所占公司股本总额的比例或股份数。持有这种股票的股东享有的权利和应有的义务的大小，直接按照股票标明的比例确定。

(4) 按发行对象和上市地点，分为A股、B股、H股、N股和S股等

A股是供我国大陆地区个人和法人买卖的股票，它以人民币标明面值，以人民币认购和交易。

B股、H股、N股和S股是专供外国投资者和我国港、澳、台地区的投资者买卖的股票，它以人民币标明面值，以外币认购和交易。H股是在香港上市的股票，依此类推，在纽约和新加坡上市的股票，就分别称为N股和S股。

(二) 普通股股东的权利和义务

普通股股东的基本权利是按投入公司的股份额，依法享有资产收益、参与重大决策和选择管理者等的权利，并以其所持股份为限，对公司承担责任。

1) 公司管理权。股东对公司的管理权主要体现在有获取公司信息的权利即知情权、重大决策的参与权、经营者的选择权、财务的监控权、公司经营的建议和质询权、股东大会召集权等方面。

2) 收益分享权。股东有权通过股利方式获取公司的税后利润，利润分配方案由董事会提出并经过股东大会批准。但普通股股利分配在优先股之后进行，且一般由公司盈利情况等因素而定。

3) 股份转让权。股东为了转移投资风险或者收回投资并获得相应的利益，有权将其所持有的股票出售或转让。

4) 新股优先认购权。公司发行新股时，股东有权以确定的价格按照持股比例优先购买公司所发行的新股。这种优先只是认购优先，而不是发行价格或其他条件上的优惠或者享有某种特殊权利。

5) 公司剩余财产分配的请求权。当公司终止，解散、清算时，股东有对清偿债务、清偿优先股股东以后的剩余财产索取的权利。

此外，股东还有股利分配请求权、临时提案权、异议股东股份收买请求权及申请法院解散公司等权利。

三、普通股的首次发行和定价以及股票上市

(一) 普通股的首次发行

1. 股票首次发行的规定和条件

对于股票首次发行的主体，我国法律法规有明确规定，必须是股份有限公司。设立股份有限公司，应当有2人以上200人以下为发起人，其中须有半数以上的发起人在中国境内有住所。股份有限公司的设立，可以采取发起设立或者募

集设立的方式。

发起设立，是指公司的全部股份或首次发行的股份由发起人自行全部认购而设立公司的方式。发起设立又称单纯设立，其在程序上较为简便，我国公司法明确规定，股份有限公司可采取发起设立的方式。以发起设立方式设立的股份有限公司，公司全体发起人的首次出资额不得低于注册资本的20%，其余部分由发起人自公司成立之日起2年内缴足（投资公司可以在5年内缴足）。

募集设立，是指发起人只认购公司股份或首次发行股份的一部分，其余部分对外募集而设立公司的方式。对外募集主要指向社会公开募集或者向特定对象募集。募集设立又称渐次设立、复杂设立。以募集设立方式设立的股份有限公司，由于其对外筹集的资本规模较大，涉及众多投资者的利益，所以我国公司法对其股票首次发行的规定和条件较为严格：

1）其生产经营符合国家产业政策。

2）其发行普通股限于一种，同股同权。

3）发起人认购的股本数额不少于公司拟发行的股本总额的35%。

4）在公司拟发行的股本总额中，发起人认购的部分不少于人民币3000万元，但是国家另有规定的除外。

5）向社会公众发行部分不少于公司拟发行的股本总额的25%，其中公司职工认购的股本数额不得超过拟发行社会公众发行的股本总额的10%；公司拟发行的股本总额超过人民币4亿元的，证监会按照规定可以酌情降低向社会公众发行的部分的比例，但是最低不少于公司拟发行的股本总额的10%。

6）发起人在近3年内没有重大违法行为。

7）证券委规定的其他条件。

2. 股份有限公司首次发行股票的一般程序

(1) 发起人认足股份、缴付股资

无论股份有限公司是以发起方式设立还是募集方式设立，发起人均需按规定认足其应认购的股份。发起人可以用现金出资，也可以实物、工业产权、土地使用权等非货币资产作价出资。在发起设立方式下，发起人缴付全部出资后，应选举董事会和监事会，由董事会办理公司设立的登记事项；在募集设立方式下，发起人认足其应认购的股份并缴付出资后，其余部分对外募集。

(2) 提出公开募集股份申请

发起人向社会公开募集股份时，必须向国务院证券监督管理部门递交募股申请，并报送批准设立公司的相关文件，包括公司章程、发起人姓名或名称、出资种类及验资证明、承销机构的名称及协议、招股说明书等。证券管理部门审查募股申请后，认为符合相关法律规定条件的，予以批准；否则，不予批准。

（3）公告招股说明书，制作认股书，签订承销协议

公开募集股份申请经证券管理部门批准后，发起人应在一定期限内公告招股说明书，制作认股书。招股说明书应包括公司的章程、发起人认购的股份数、本次每股票面金额和发行价格、募集资金的用途和募集的起止期限等。同时，与证券承销机构签订承销协议，同银行签订代收股款协议。

（4）招认股份，缴纳股款

发行股票的公司或其承销机构一般用广告或书面通知的办法招募股份。认股者一旦填写了认股书，就要承担认股书中约定的缴纳股款义务。

有时会出现认股者的总股数超过发起人拟招募的总股数的情形，这时可以采取抽签的方式确定哪些认股书有效。认股者应在规定的期限内向代收股款的银行缴纳股款，股款一律按照发行价格一次缴足，同时交付认股书。股款收足后，发起人应委托法定的机构验资，出具验资证明。

（5）召开创立大会，选举董事会、监事会

发行股份的股款募足后，发起人应在规定期限内（法定 30 天）主持召开创立大会。创立大会由发起人、认股人组成，应有代表股份总数半数以上的认股人出席方可举行。创立大会通过公司章程，选举董事会和监事会成员，并有权对公司的设立费用进行审核，对发起人用于抵做股款的财产作价进行审核。

（6）办理公司设立登记，交割股票

经创立大会选举的董事会，应在创立大会结束后 30 天内，办理申请公司设立的登记事项。登记成立后，即向股东正式交付股票。

3. 股票发行方式和销售方式

（1）股票发行方式

股票发行方式，指的是公司通过何种途径发行股票。股票的发行方式主要有两类。

1）按是否办理公开发行股票的审核事宜，可分为公开发行与不公开发行。公开发行是指股份有限公司为筹集资金，依法办理公开发行的审核程序，通过证券经营机构，公开向社会公众发行股票。公开发行也叫公募发行。公开发行的好处是有利于股东产权的分散化，有利于克服垄断和提高发行公司的信誉。不公开发行是指股份有限公司不办理公开发行的审核程序，向公司内部职工和与公司有关的法人（发起人）定向发售股票。向公司内部职工发行股票也叫内部发行。向与公司有关的法人发行也叫私募发行。

2）按发行中介参与发行的程度，可分为直接发行和间接发行。直接发行是股份有限公司自己承担发行股票的责任和风险，而股票发行的中介人即证券经营机构只做一些协助性工作并收取一定的手续费，而不承担股票发行的风险。间接发行是指股份有限公司把股票委托给投资银行、信托投资公司、证券公司、股票

经销商等证券经营机构发行，未发行出去的股票由证券经营机构承担，不得退回。间接发行方式下，证券经营机构主要赚取差价收益，承担发行风险。

从实际情况来看，股票的发行一般采用公开间接发行和不公开直接发行的方式。二者的特征和优缺点如表4.5所示。

表4.5　公开间接发行和不公开直接发行的优缺点

发行方式	特　征	优　点	缺　点
公开间接发行	通过中介机构，公开向社会公众发行股票	发行范围广，发行对象多，易于足额筹集资本；股票的变现性强，流通性好；还有助于提高发行公司的知名度和扩大影响力	手续繁杂，发行成本高
不公开直接发行	不公开对外发行股票，只向少数特定的对象直接发行，因而不需经中介机构承销	弹性较大，发行成本低	发行范围小，股票变现性差

（2）股票销售方式

股票的销售方式，指股份有限公司向社会公开发行股票时所采取的股票销售方法。股票发行的成功主要是指公司的股票能够以预期的价格全部销售出去。股票销售方式主要有两类。

1）自销方式。股票发行的自销方式，指股份公司自行直接将股票销售给投资者。在这种销售方式下，发行公司不通过中介，而直接控制发行过程。这种发行方式手续简单，发行费用较低，但往往筹资时间长，发行公司要承担全部发行风险。一般适用于有较高知名度、信誉和实力的公司。

2）承销方式。股票发行的承销方式，指股份公司将股票销售业务委托给证券经营机构代理。这种销售方式是发行股票所普遍采用的。我国《公司法》规定股份有限公司向社会公开发行股票，必须与依法设立的证券经营机构签订承销协议，由证券经营机构承销。股票承销办法具体又分为包销和代销两种。所谓包销，是根据承销协议商定的价格，证券经营机构一次性全部购进发行公司公开募集的全部股份，然后以较高的价格出售给社会上的认购者。在规定的募集期内，若实际招募股份数达不到预定发行股份数，剩余股份全部由证券经营承销机构承购下来。对发行公司来说，包销的办法可及时筹足资本，免于承担发行风险（股款未募足的风险由承销商承担），但股票以较低的价格售给承销商会损失部分溢价。所谓代销，是证券经营机构代替股份公司代理股票发售业务，并由此获取一定的手续费，但不承担股款未募足的风险。

（二）普通股发行的定价

股票的发行价格是股票发行时所采用的价格，也就是投资者认购股票时所支付的价格。股票发行价格通常由发行公司根据股票面额、股市行情和其他有关因素决定。以募集设立方式设立公司首次发行的股票价格，由发起人决定。公司增资发行新股的股票价格，由股东大会作出决定。

按照股票的发行价格和股票的面额关系，股票的发行价格一般又分为以下三种。

1）平价发行，也叫等价发行或面值发行，是指按股票面值作为发行价格发行股票。平价发行的优点是确定发行价格比较容易，不受股市变动的影响。缺点是不能根据市场上股票价格的水平来确定股票的发行价格。平价发行适合于经营不错，但声誉较小，尤其是初次发行股票的公司使用。

2）折价发行，是指按低于股票面值的发行价格发行股票。一般公司都不采用这种发行价格，因为折价发行股票筹集的资金较少，低于其对应的实收资本或股本，且传递公司经营不善或信誉较差的信息，影响公司的形象和声誉。许多国家法律明确规定不准折价发行股票。我国《公司法》已明确规定，股票发行时，不能采取折价发行的方式。

3）溢价发行，指按高于股票票面额的发行价格发行股票。《公司法》规定，以超过票面金额为股票发行价格的，须经国务院证券管理部门批准。以超过票面额发行股票所得溢价款列入公司资本公积金。溢价发行中，股票发行价格的决定是关键问题。定价时一般要参考的因素主要有市盈率（按5～8倍的市盈率）、已经发行在外的股票的市场价格、已上市的同类公司股票的交易价格、市场利率等。

（三）股票上市

1．股票上市的目的

股票上市的目的主要有以下几点。

1）便于筹措新资金。证券市场是资本商品的买卖市场，证券市场上有众多的资金供应者，为公司筹措自有资金提供了很大的平台。同时，股票上市经过了相关部门的严格审查批准并接受严格的管理，容易吸引社会资本投资者。公司上市后，还可以通过增发、配股、发行可转换债券等方式进行再融资。

2）提高股票的变现力。股票上市后便于投资者购买，提高了股权的流动性和股票的变现力，便于投资者认购和交易。

3）促进股权社会化、分散化。上市公司拥有众多的股东，加之上市股票的流通性强，能够避免公司的股权集中，分散公司的控制权，有利于公司治理结构的完善。

4）便于确定公司价值。股票上市后，公司股价有市价可循，便于确定公司的价值。对于上市公司来说，即时的股票交易行情，就是对公司价值的市场评价。

此外，股票上市还可达到提高公司知名度等目的。

2. 股票上市的条件

根据《证券法》的规定，股份有限公司申请股票上市，应当符合以下条件。

1）股票经国务院证券监督管理机构核准已公开发行。

2）公司股本总额不少于人民币3000万元。

3）公开发行的股份达到公司股份总数的25%以上，公司股本总额超过人民币4亿元的，公开发行股份的比例为10%以上。

4）公司最近3年无重大违法行为，财务会计报告无虚假记载。

证券交易所可以规定高于上述规定上市条件，并报国务院证券监督管理机构批准。

申请股票上市交易，应当向证券交易所提出申请，由证券交易所依法审核同意，并由双方签订上市协议。

3. 股票的暂停上市和终止上市

上市公司丧失法律规定上市条件的，其股票应当依法暂停上市或者终止上市。

《证券法》规定，上市公司有下列情形之一的，由证券交易所决定暂停其股票上市交易。

1）公司股本总额、股权分布等发生变化不再具备上市条件。

2）公司不按照规定公开其财务状况，或者对财务会计报告做虚假记载，可能误导投资者。

3）公司有重大违法行为。

4）公司最近3年连续亏损。

5）证券交易所上市规则规定的其他情形。

上市公司有下列情形之一的，由证券交易所决定终止其股票上市交易。

1）公司股本总额、股权分布等发生变化不再具备上市条件，在证券交易所规定的期限内仍不能达到上市条件。

2）公司不按照规定公开其财务状况，或者对财务会计报告做虚假记载，且拒绝纠正。

3）公司最近3年连续亏损，在其后1个年度内未能恢复盈利。

4）公司解散或者被宣告破产。

5）证券交易所上市规则规定的其他情形。

四、股权再融资

当公司制企业通过首次发行股票筹集到需要的资金后，在未来的生产经营过程中，通过配股、增发和发行可转换债券等方式在证券市场上进行的再次直接融资，就是股权再融资。

配股是上市公司向原股东发行新股、筹集资金的行为。按照惯例，公司配股时新股的认购权按照原有股权比例在原股东之间分配，即原股东拥有优先认购权。

增发，是股票增发的简称。股票增发配售是已上市的公司通过指定投资者（如大股东或机构投资者）或全部投资者额外发行股份募集资金的融资方式，发行价格一般为发行前某一阶段的平均价的某一比例。

五、普通股筹资的特点

普通股筹资有以下特点。

1）没有固定的股息负担。公司有盈利，并认为适于分配股利时才分派股利；公司盈利较少，或者虽有盈利但现金短缺或有更好的投资机会，就可以少支付或不支付股利。相对于吸收直接投资来说，普通股筹资的资本成本较低。

2）没有固定到期日，不用偿还。通过发行普通股筹集的资金没有到期日（除非企业清算），企业可以永久使用。

3）能增强公司的社会声誉。普通股筹资使得股东大众化，由此给公司带来了广泛的社会影响。

4）能增强公司信誉。普通股筹集的资金是企业的权益资金即自有资金，是公司进行债务资金筹集的基础。自有资金的雄厚，可以为债务人提供较大的保障，为企业的债务筹资提供有力的支持。

5）筹资风险小，筹资费用较高，手续复杂。

6）促进股权流通和转让。普通股筹资以股票作为媒介的方式便于股权的流通和转让，便于吸收新的投资者。

7）不易尽快形成生产能力。普通股筹资吸收的一般都是货币资金，还需要通过购置和建造形成生产经营能力。

8）容易分散公司控制权，容易被经理人控制。同时，流通性强的股票交易，也容易被恶意收购。

9）筹资限制少。与优先股和债券筹资相比，运用普通股筹资公司经营更加灵活。

第四节　长期负债筹资

一、长期借款

（一）长期借款的类型

长期借款是指企业向银行等金融机构或其他单位借入的，偿还期限超过 1 年的各种借款。长期借款主要用于企业购建固定资产和满足长期流动资金周转的需要。长期借款按照不同的标准可以分为不同的类型。

1. 按提供贷款的机构，分为政策性银行贷款、商业银行贷款和其他金融机构贷款

1）政策性银行贷款是指执行国家政策性贷款业务的银行向企业提供的贷款。政策性银行中，国家开发银行贷款，主要满足企业承建国家重点建设项目的资金需要；中国进出口信贷银行贷款，主要为大型设备的进出口提供买方信贷或卖方信贷；中国农业发展银行贷款，主要用于确保国家对粮、棉、油等政策性收购资金的供应。

2）商业性银行贷款是指由各商业银行，包括各大国有商业银行和民营商业银行，向各类企业提供的贷款，用以满足企业生产经营的资金需要，包括短期贷款和长期贷款。

3）其他金融机构贷款，是指从其他金融机构如信托投资公司、财务公司、保险公司等取得的贷款。其他金融机构的贷款一般较商业银行贷款的期限更长，要求的利率更高，对借款企业的信用要求和担保的选择也比较严格。

2. 按机构对贷款有无担保要求，分为信用贷款和担保贷款

信用贷款是指以借款人的信誉或保证人的信用为依据而获得的贷款。企业取得这种贷款，不需要任何经济担保和财产抵押。对于这种贷款，由于风险较高，银行通常要收取较高的利息，往往还附加一定的限制条件。一般只有资信良好的大企业，才能获得信用贷款。

担保贷款是指由借款人或第三方依法提供担保而获得的贷款。担保包括保证责任、财产抵押、财产质押。由此，担保贷款包括保证贷款、抵押贷款和质押贷款。保证借款是指按《中华人民共和国担保法》规定的保证方式以第三人作为保证人承诺在借款人不能偿还借款时，按约定承担一般保证责任或连带责任而取得的借款。抵押借款是指按《中华人民共和国担保法》规定的抵押方式以借款人或第三人的财产作为抵押物而取得的借款。抵押是指债务人或第三人不转移财产的占有，将该财产作为债权的担保，债务人不履行债务时，债权人有权将该财产折价或者以拍卖、变卖的价款优先受偿。质押借款是指按《中华人民共和国担保法》规定的质押方式以第三人或借款人的动产或权利作为质押物而取得的借款。质押是指债务人或第三人将其动产或财产权利移交债权人占有，将该动产或财产权利作为债权的担保，债务人不履行债务时，债权人有权以该动产或财产权利折价或者以拍卖、变卖的价款优先受偿。抵押借款和质押借款有利于降低银行借款的风险，提高贷款的安全性。

3. 按企业取得贷款的用途，分为基本建设贷款、专项贷款和流动资金贷款

基本建设贷款是指企业因从事新建、改建、扩建等基本建设项目需要资金而

向银行申请借入的款项。专项贷款指企业因为专门用途而借入的款项。流动资金借款指企业因为满足流动资金的需求而向银行借入的款项。

（二）长期借款的程序

1. 企业提出借款申请

企业向银行借入资金时，必须向银行提出申请，填写包括借款金额、借款用途、偿还能力及还款方式等主要内容的借款申请书，并提供以下资料。

1）借款人及保证人的基本情况。

2）财政部门或会计（审计）事务所核准的上年度财务报告，以及申请借款前一期的财务报告。

3）原有不合理占用的贷款的纠正情况。

4）抵押物、质物清单和有处分权人的同意抵押、质押的证明及保证人拟同意保证的有关证明文件。

5）项目建议书和可行性报告。

6）贷款银行认为需要提交的其他资料。

7）固定资金贷款要在申请时附可行性研究报告、技术改造方案或经批准的计划任务书、初步设计和总概算。

2. 银行对提出借款申请的企业进行审查与批准

银行接到企业的借款申请后，要对企业的资信进行审查，以决定是否发放贷款以及贷款的数额和期限。银行的审查内容包括：企业的信用等级、偿债能力、盈利能力、借款的合法性、安全程度等，并核实抵押物和质物的价值及归属、保证人情况。

3. 签订借款合同

若银行对借款申请进行审查后，认为各项均符合规定，并同意贷款，便与借款人签订借款合同。借款合同应当约定借款种类，借款用途、金额、利率，借款期限，还款方式，借贷双方的权利和义务，违约责任和双方认为需要约定的其他事项。保证贷款应当由保证人与贷款人签订保证合同，或保证人在借款合同上载明与贷款人协商一致的保证条款。抵押贷款、质押贷款应当由抵押人，出质人与贷款银行签订抵押合同、质押合同。

4. 企业取得借款

贷款银行要按合同规定按期发放贷款，企业便可取得相应的资金。贷款银行不按合同约定按期发放贷款或借款企业不按合同约定用款的，应偿付违约金。

5. 企业偿还借款

企业应当按照借款合同规定，按时足额归还贷款本息。贷款银行在短期贷款到期 1 个星期之前、中长期贷款到期 1 个月之前，应当向借款企业发送还本付息通知单；借款企业应当及时筹备资金，按期还本付息。企业偿还借款的方式主要有到期一次偿还、分期等额偿还、分期付息到期还本。

（三）长期借款筹资的特点

长期借款筹资有以下特点。

1）筹资速度快。同发行债券、融资租赁等债务筹资方式比较，银行借款的取得时间较短，程序比较简单，公司可以迅速获得所需资金。

2）借款成本较低。一般来说，利用银行借款筹资，比发行债券和融资租赁的利息负担要低。而且，无需支付证券发行费用、租赁手续费用等筹资费用。

3）借款弹性较大。在借款时，公司可与银行等贷款机构直接商定贷款的时间、数额和利率等条件。在用款期间，公司还可以根据财务状况发生的变化，及时与银行进行协商，调整借款数量、还款期限等。因此，借款筹资对公司具有较大的灵活性。

4）限制条款多。与债券筹资相比较，银行借款合同对借款用途有明确规定，而且通过借款的保护性条款，对公司的再筹资、资本支出规模、现金股利的支付、流动资产的保有量等有一定的限制，这必然会对公司的生产经营活动和财务活动有一定影响。

5）筹资数额有限。限于银行资本实力的制约，不能像发行债券、股票那样一次筹集到大数额的资金。

二、发行公司债券

（一）发行债券的条件与种类

公司债券是指公司依照法定程序发行、约定在一定期限还本付息的有价证券。发行公司债券是企业筹集债务资金的一种重要方式。

1．发行债券的条件

根据《证券法》、《公司法》和《公司债券发行试点办法》的有关规定，发行公司债券，应当符合下列条件。

1）股份有限公司的净资产不低于人民币 3000 万元，有限责任公司的净资产不低于人民币 6000 万元。

2）本次发行后累计公司债券余额不超过最近一期期末净资产额的 40%；金融类公司的累计公司债券余额按金融企业的有关规定计算。

3）公司的生产经营符合法律、行政法规和公司章程的规定，募集的资金投向符合国家产业政策。

4）最近 3 个会计年度实现的年均可分配利润不少于公司债券 1 年的利息。

5）债券的利率不超过国务院限定的利率水平。

6）公司内部控制制度健全，内部控制制度的完整性、合理性、有效性不存在重大缺陷。

7）经资信评级机构评级，债券信用级别良好。

上市公司存在下列情形的，不得发行公司债券。

1）前一次公开发行的公司债券尚未募足。

2）对已发行的公司债券或者其他债务有违约或者迟延支付本息的事实，仍处于继续状态。

3）违反规定，改变公开发行公司债券所募资金的用途。

4）最近36个月内公司财务会计文件存在虚假记载，或公司存在其他重大违法行为。

5）本次发行申请文件存在虚假记载、误导性陈述或者重大遗漏。

6）严重损害投资者合法权益和社会公共利益的其他情形。

根据《证券法》第十六条的规定，公开发行公司债券募集的资金，必须用于核准的用途，不得用于弥补亏损和非生产性支出。

2. 公司债券的种类

1）按债券是否记名，分为记名公司债券和无记名公司债券。记名公司债券是指在公司债券上记载债券持有人的姓名或者名称的债券；反之，即为无记名公司债券。

2）按是否能转换为公司股票，分为可转换公司债券和不可转换公司债券。可转换公司债券是指在一定时期内依据约定的条件可以转换成公司股票的公司债券。这种公司债券在发行时已经规定了转换为公司股票的条件与办法。当条件具备时，债券持有人拥有将公司债券转换为公司股票的选择权。不可转换公司债券是指不能转换为公司股票的公司债券。

3）按是否可以上市流通，分为上市公司债券和非上市公司债券。上市公司债券是指经有关机构批准，可以在证券交易所买卖的公司债券；非上市公司债券是指发行之后不在证券交易所买卖的公司债券，但债券持有人也可以转让该债券，只是不能在证券交易所里进行。

此外，公司债券还可按有无抵押担保，分为担保债券和信用债券。按利率的变动性，又分为固定利率债券和浮动利率债券。

（二）发行债券的程序

发行债券的程序包括如下几项。

1）由股东会或股东大会作出决议。公司申请发行公司债券，应当先由公司董事会制订方案，由股东会或股东大会作出决议。

2）提出发行债券申请。我国规定，公司申请发行债券由国务院证券管理部门批准。证券管理部门按照国务院确定的公司债券发行规模审批公司债券的发行。公司申请应提交公司登记证明、公司章程、公司债券募集办法、资产评估报告和验资报告。

3）公告债券募集办法。企业发行债券的申请经批准后，在公开发行债券前，应向社会公告债券募集办法。募集办法应载明公司债券的发行方式、发行债权总额和债券面额、债券利率、还本付息方式等。公司债券的发行方式分私募发行和公募发行，私募发行是发行公司将债券直接销售给少数特定的投资者，而公募发行则是发行公司通过证券经营机构在证券市场上面向广大投资者公开发行债券。

4）委托证券经营机构发售。公募发行是各国通行的公司债券发行方式。在这种发行方式下，发行公司委托证券经营机构发售债券，一般要与承销团签订承销协议。承销团由数家证券公司或投资银行组成。

5）交付债券，收缴债券款，登记债券存根簿。投资者购买债券时，直接向承销机构付款，承销单位付给投资人企业债券。然后，发行公司向承销机构收缴债券款并结算代理费及预付款项。

（三）债券发行价格的确定

1. 影响债券发行价格的因素

（1）债券面值

债券的面值即债券的票面金额，是债券到期时应该偿还的本金数额。债券的面值是影响债券发行价格的最基本因素。债券发行价格的高低，主要取决于债券面值的大小。债券的面值越大，债券的发行价格越高。

（2）票面利率

票面利率即发行债券时，在债券票面上标明的利率。票面利率在债券发行之前已经确定。发行债券的公司要根据债券面值和票面利率按照约定的方式按时支付债券利息。一般来说，票面利率越高，债券的发行价格越高。

（3）市场利率

市场利率即发行债券时金融市场上资金借贷的利率。一般来说，市场利率越高，债券的发行价格越低。

（4）债券期限

债券期限指从债券发行日到债券到期日的期间。债券期限越长，债权人承担的风险越大，要求的风险报酬越高，债券的发行价格就越低。

2. 债券发行价格的确定方法

债券的发行价格一般有三种情况：平价、折价和溢价。平价指按照债券的票面金额作为发行价格；溢价是指按照高于债券票面金额的价格作为发行价格；折价是指按照低于债券票面金额的价格作为发行价格。一般情况下，债券的折价发行和溢价发行，主要是由于债券的表面利率与市场利率不一致造成的，通过折价和溢价发行来调整和平衡债券发行公司与债券持有人的利益。

债券的发行价格可用公式表示为

$$\text{债券发行价格} = \frac{\text{票面金额}}{(1+\text{市场利率})^n} + \sum_{t=1}^{n} \frac{\text{票面金额} \times \text{票面利率}}{(1+\text{市场利率})^t}$$

式中，n——债券期限；

t——付息期数。

从时间价值的角度来理解，债券的发行价格由两部分组成：一部分是债券到期偿还的本金按照市场利率折现的现值；另一部分是债券各期利息按照市场利率折现的现值。

【例4-3】 大为公司2010年1月1日发行面值1000元、票面利率10%、5年期债券，债券每年末付息，到期一次还本。要求：分别计算市场利率为10%、8%和12%时，债券的发行价格。

解：当市场利率为10%时，债券发行价格 $=\frac{1000}{(1+10\%)^5}+\sum_{t=1}^{5}\frac{1000\times10\%}{(1+10\%)^5}$

$=1000\times$（P/F，10%，5）+ $100\times$（P/A，10%，5）

$=1000\times0.621+100\times3.791$

≈1000（元）

当市场利率为8%时，债券发行价格 $=\frac{1000}{(1+8\%)^5}+\sum_{t=1}^{5}\frac{1000\times10\%}{(1+8\%)^5}$

$=1000\times$（P/F，8%，5）+ $100\times$（P/A，8%，5）

$=1000\times0.681+100\times3.993$

≈1080（元）

当市场利率为12%时，债券发行价格 $=\frac{1000}{(1+12\%)^5}+\sum_{t=1}^{5}\frac{1000\times10\%}{(1+12\%)^5}$

$=1000\times$（P/F，12%，5）+ $100\times$（P/A，12%，5）

$=1000\times0.567+100\times3.605$

≈928（元）

（四）债券筹资的特点

债券筹资有以下几个特点。

1）筹资数额大。与银行借款、融资租赁等债权筹资方式相比，发行公司债券筹资能够筹集较大数额的资金，满足公司大规模用资的需要。

2）发行资格要求高，手续复杂，但有利于提高公司的社会声誉。发行公司面向社会发行债券，债权人是社会公众，国家为了保护投资者利益，维护社会经济秩序，对发债公司的资格有严格的限制。正是因为债权发行条件较严格、要求较高，所以公司债券的发行主体往往是股份有限公司和有实力的有限责任公司。通过发行公司债券可以扩大公司的社会影响。

3）募集资金的使用限制条件少。银行借款使用限制较多、期限短、额度小，主要用于增加适量存货、增加小型设备等。与银行借款相比，债券筹资募集资金数额大、用途上没有限制，相对灵活和自主，可以用于流动性较差的公司长期资产上。

4）资本成本较高，财务负担固定。相对于银行借款筹资，发行债券的利息负担和筹资费用都比较高，而且在固定的到期日，较大数额的本金和利息，将会对公司产生巨大的财务压力。尽管公司债券的利息比银行借款高，但公司债券的期限长、利率相对固定，在预计市场利率持续上升的金融市场环境下，发行公司债券筹资，能够锁定资本成本。

三、融资租赁

租赁是指出租人以收取租金为条件，在合同规定的期限内将资产的使用权让渡给承租人的一种经济行为。承租人通过得到所需资产的使用权，完成了筹集资金的行为。在租赁业务中，出租人以各种租赁公司为主，承租人则主要是其他各类企业，租赁物主要是设备等固定资产。

（一）租赁的特征与分类

1．租赁的基本特征

1）所有权与使用权相分离。租赁资产的所有权与使用权分离是租赁的主要特征。银行信用也是所有权与使用权相分离，但载体是货币资金，租赁则是资金与实物相结合基础上的分离。

2）融资与融物相结合。租赁一般采用融通设备使用权的租赁方式，以达到融通资产的主要目的。它不同于一般的借钱还钱、借物还物，而是以分期支付租金的方式来借物还钱。租赁将商品形态与货币形态相结合，具有贸易和信用双重性质。

3）租金的分期回流。在租金的偿还方式上，采取了分期回流的方式。出租方的资金一次投入，分期收回。承租方通过租赁可以提前获得资产的使用价值，分期支付租金便于提前规划未来的分期现金流出量。

2．租赁的分类

租赁按照不同的标准可以有不同的分类。一般按照租赁的性质和期限，分为经营租赁和融资租赁。

经营租赁又称服务性租赁、短期租赁，是指由出资人向承租人在短期内提供租赁设备，并提供设备维修、保养和人员培训等服务性业务的租赁方式。经营租赁的特点主要包括以下几点。

1）出租的设备一般由出租人根据市场需要选定，然后再寻找需要设备的承租企业。

2）租赁期相对于资产的有效使用期较短，一般只为满足承租企业对租赁设备的短期需要。

3）设备租赁期内，承租企业可以按规定中途解约。

4）由出租人负责租赁设备的维修、保养和人员培训。

5）租赁期满或合同中止后，出租资产由出租人收回。

融资租赁又称资本租赁、财务租赁，是由租赁公司按承租企业的要求，出资购买承租企业所需设备，在合同规定的较长时期内提供给承租企业使用的租赁业务。它以融通资金为主要目的，是企业筹资长期资金的重要方式，是现代租赁的主要类型。融资租赁的主要特点有以下几点。

1）出租的设备由承租企业提出要求购买，或者由承租企业直接从制造商或销售商那里选定。

2）租赁期较长，接近于资产的有效使用期。

3）在设备租赁期内，双方无权取消合同。

4）由承租企业负责设备的维修、保养和人员培训。

5）租赁期满后，按事先约定的方法处理设备，包括退还出租人、继续租赁或企业留购。通常采用企业留购办法，即以很少的“名义价格”（相当于设备残值）买下设备。

（二）融资租赁的基本程序与形式

1．融资租赁的基本程序

1）选择租赁公司。当企业决定采用融资租赁方式获取某项设备时，首先要选择租赁公司。需要了解各个租赁公司包括经营范围、资信情况、融资条件和租赁费率等在内的各种资料，分析比较选定一家作为出租单位。

2）办理租赁委托。选定租赁公司后，可以填写租赁申请书向其提出申请，办理委托。

3）签订购货协议。由承租企业和租赁公司中的一方或双方选定设备供应厂商，进行购买设备的技术谈判和商务谈判，在此基础上与设备供应厂商签订购货协议。

4）签订租赁合同。完成设备采购以后，承租企业要与租赁公司签订设备租赁的合同，它是租赁业务的重要文件，具有法律效力。融资租赁合同的内容可分为一般条款和特殊条款两部分。

5）交货验收。承租企业收到设备供应厂商的设备后，要进行验收，验收合格后将签发的交货及验收证书提交给租赁公司。租赁公司据此给设备供应商支付货款。

6）定期交付租金。承租企业按租赁合同规定，分期交付租金。

7）合同期满处理设备。承租企业根据合同约定，对设备续租、退租或留购。

2. 融资租赁的基本形式

1）直接租赁。直接租赁是融资租赁的主要形式，承租方提出租赁申请时，出租方按照承租方的要求选购，然后再出租给承租方。

2）售后回租。售后回租是指承租方先将自己拥有的资产出售给出租公司，然后从出租公司租回资产的使用权。在这种租赁方式下，除资产所有者的名义改变之外，其他情况均无变化。采用售后回租的企业，既获得了企业急需的资金，又保留了资产的使用权。

3）杠杆租赁。杠杆租赁一般要涉及承租人、出租人和资金出借人三方。从承租人的角度来说，与一般的融资租赁相同，按合同约定在租期内取得资产使用权，按时支付租金。对出租人来说，当所涉及的资产价值昂贵而出租人自己没有足够的资金支付设备全额价款时，出租人只支付一部分资金，通常为资产价值的20%～40%，其余部分则通过资产抵押担保向第三方（资金出借方）申请贷款解决。在杠杆租赁方式下，出租人一方面将购进的设备出租给承租方收取租金，另一方面要偿还贷款，出租人既是债权人也是债务人。当然，出租人收取的租金一般要大于借款成本支出，所以会获得财务杠杆收益。

（三）融资租赁租金的计算

融资租赁的租金一般采用等额年金法来计算。这种方法主要是运用了年金现值的计算原理，来确定每期应支付的租金。通常要根据利息率和租赁手续费率确定一个租费率，作为折现率。

在每年年末支付租金方式下，其租金的计算公式为

$$A=\frac{P_A}{(\mathrm{P/A},\ i,\ n)}$$

式中，A——每年企业支付的租金；

P_A——租赁设备的成本；

$(\mathrm{P/A},\ i,\ n)$——年金现值系数；

i——折现率；

n——租赁期。

【例 4-4】　某企业于 2010 年 1 月 1 日从租赁公司融资租赁一套设备，价值 200 万元，租期 10 年，无残值，折现率为 15%，租金每年末支付一次。要求：计算企业每年支付的租金。

解：

$$\begin{aligned}A&=\frac{P_A}{(\mathrm{P/A},\ i,\ n)}\\&=\frac{200}{(\mathrm{P/A},\ 15\%,\ 10)}\\&\approx 39.85\ (\text{万元})\end{aligned}$$

（四）融资租赁筹资的特点

融资租赁筹资具有以下特点。

1）能迅速获得所需资产。借款、发行债券、发行股票等筹资方式都是先筹集资金，再购买所需设备投入生产，而融资租赁能够更迅速地获得所需设备，更快地转化为企业生产经营能力。

2）财务风险相对较小。融资租赁设备与购买设备的一次性支出相比，租金支出是未来的、分期的，能够避免一次性大量现金支付的负担。

3）融资租赁筹资的限制条件较少。企业运用股票、债券、长期借款等筹资方式，都受到许多资格条件的限制，相比之下，租赁筹资的限制条件很少。

4）免遭设备陈旧过时的风险。多数租赁协议中都会规定，设备陈旧过时的风险由出租人承担，承租企业可免受这种风险。

5）资本成本高。融资租赁的租金，通常比其他负债融资方式如银行借款或发行债券负担的利息高得多，租金总额通常要高于设备价值的30%，这可能成为企业较重的财务负担。

第五节 其他融资方式

一、可转换债券

（一）可转换债券的性质及基本要素

1. 可转换债券的性质

从可转换公司债券的概念可以看出，可转换公司债券具有债权和期权双重属性。

（1）债权性质

可转换公司债券首先是一种公司债券，是固定收益证券，具有确定的债券期限和定期利率，并为可转换公司债券投资者提供了稳定利息收入和还本保证，因此可转换公司债券具有较充分的债权性质。也就是说，可转换公司债券持有人不是企业的拥有者，不能获取股票红利，不能参与企业决策。在转换成股票之前，可转换公司债券仍然属于企业的负债资产，只有在可转换公司债券转换成股票以后，投资可转换公司债券才等同于投资股票。

（2）股票期权性质

可转换债券给予债券持有者未来的选择权，在事先约定的期限内，投资者可以选择将债券转换为普通股票，也可以放弃转换权利继续持有至债券到期还本付息。也就是说，可转换公司债券包含了股票买入期权的特征。在债券的转换期间，持有人没有将其转换为股票，发行企业到期必须无条件地支付本金和利息。

转换成股票后，债券持有人成为企业的股权投资者。资本双重性的转换，取决于投资者是否行权。

2. 可转换债券的基本要素

可转换债券除了一般债券的基本要素外，还有一些特定的基本要素。

（1）标的股票

可转换公司债券可转换期权的标的物，就是可转换成的公司股票。一般是发行公司自己的普通股票，不过也有可能是其他公司（如发债公司的上市子公司）的普通股。可转换公司债券的价格依赖于标的股票价格的变动情况，并与标的股票的价格同向变动。

（2）票面利率

在其他条件相同的情况下，可转换公司债券的票面利率通常要比不可转换债券的票面利率低。可转换公司债券的票面利率之所以低，是因为可转换公司债券的价值除了利息之外，还有股票买入期权即转换股票的选择权这一部分。一般情况下，设计合理的可转换债券，可以使股票期权的收益足以弥补利息的损失。

（3）转换价格

转换价格是指可转换债券在有效期间可以转换成的标的股票的每股价格。如在可转换债券发售时确定其标的股票的转换价格为 50 元，那么 10 000 元的可转换债券在转换期可以以 50 元每股的价格转换 200 张股票。一般来说，可转换债券发售时确定的股票转换价格要比当时的标的股票的市场价格高出一定比例。

（4）转换比率

转换比率指一份可转换公司债券在既定的转换价格下能够转换为公司标的股票的数量。在债券面值和转换价格确定的前提下，转换比率为债券面值与转换价格之商，用公式可表示为

$$\text{转换比率} = \text{债券面值} \div \text{转换价格}$$

若一份可转换债券的面值为 1000 元，转换价格为 20 元，则转换比率为 50。

（5）转换期

转换期指可转换债券的发售公司规定的可转换债券持有人能够行使转换权的有效期间。转换期间的设定通常有四种情况：债券发行日至到期日；发行日至到期前；发行后某日至到期日；发行后某日至到期前。由于转换价格高于公司发债时股价，投资者一般不会在发行后立即行使转换权。一般在发售可转换债券时，转换期已经确定。

（6）赎回条件

赎回条件是公司按事先约定的价格买回未转股的可转换公司债券的条件。发行公司设立赎回条件的主要目的是降低发行成本，避免因市场利率下降而给自己造成过大的利率损失。同时，公司股票价格在一段时期内连续高于转股价格达到

某一幅度时也有利于加速转股过程，减轻企业的财务压力。

一旦公司发出赎回通知，可转换公司债券持有者必须立即在转股或卖出可转换公司债券之间作出选择，正常情况下，可转换公司债券持有者会选择转股。可见，赎回条款最主要的功能是强制可转换公司债券持有者行使其转股权，从而加速转换，因此它又被称为加速条款。

赎回实质上是买权，是赋予发行公司的一种权利，发行公司可以根据市场的变化而选择是否行使这种权利。

（7）回售条款

回售条款是为投资者提供的一项安全性保障，是指债券持有人有权按照事前约定的价格将债券卖回给发债公司的条件规定。当可转换公司债券的转换价值远低于债券面值时，持有人必定不会行使转换权，此时投资人依据一定的条件可以要求发行公司以合理的价格收回可转换公司债券。回售实质上是一种卖权，是赋予投资者的一种权利，投资者可以根据市场的变化而选择是否行使这种权利。

（8）强制性转股条款

强制性转股是指某些条件具备之后，发行公司可以强制尚未转股的可转换公司债券持有人按照预先制定好的转股价进行转股。该条款虽然可以保证可转换公司债券到期时全部完全转为股本，消除发售公司到期还本付息的财务负担，但是由于转股限定在同一时间，有可能会对标的股票价格造成相当大的影响。

（二）可转换债券的发行条件

1）最近3年连续盈利，且最近3年净资产收益率平均在10%以上。属于能源、原材料、基础设施类的公司可以略低，但是不得低于7%。

2）可转换债券发行后，公司资产负债率不高于70%。

3）累计债券余额不超过公司净资产额的40%。

4）上市公司发行可转换债券，还应当符合关于公开发行股票的条件。

上市公司存在下列情形之一的，不得公开发行可转换公司债券。

1）本次发行申请文件有虚假记载、误导性陈述或重大遗漏。

2）擅自改变前次公开发行证券募集资金的用途而未纠正。

3）上市公司最近12个月内受到过证券交易所的公开谴责。

4）上市公司及其控股股东或实际控制人最近12个月内存在并履行向投资者作出的公开承诺的行为。

5）上市公司或者其现任董事、高级管理人员因涉嫌犯罪被司法机关立案侦查或涉嫌违法违规被证监会立案调查。

6）严重损害投资者的合法利益和社会公共利益的其他情形。

（三）可转换债券的筹资特点

1）资本成本较低。由于可转换债券附带了公司的股票期权，所以可转换债券的票面利率低于同一条件下普通债券的票面利率，在转换前降低了公司的利息负担。且可转换债券的投资人对公司股票的价格预期越高，可转换债券的利率水平可以相应更低。

2）筹资效率高。可转换债券发行时，其约定的转换价格一般会高于当时公司的股票市价，如果这些债券在转换期都能成功转化为股权，那么相当于企业在发行债券时，就以高于股票市价的价格发行了股票且无筹资费用，使企业筹集到了更多的资金。

3）给企业资本结构带来不确定性。可转换债券发行时，会增加企业的债务资本权重，如果到了转换期，成功转换为股票，资本结构中债务资本权重便会下降，权益资本权重上升。但是当转换期的股价低迷时，投资者就会放弃转换权，宁愿要求还本付息。这样会导致企业的财务负担过重，负债资金比重过高，资本结构不合理，财务风险过大。

4）适用于股价波动相对不大的企业。如果公司的股价波动性较大，发行可转换债券会给企业带来不利影响。若在转换期公司股价处于恶化性的地位，持券人都不行使转化权，会给企业带来集中兑付本金的财务压力。若转换期公司股价大幅上扬，持券人将全部行使转换权，意味着企业以较低的价格换出股票，降低了公司的股权筹资额。

二、认股权证

认股权证，全称为股票认购授权证，是一种由上市公司发行的权利凭证，授予持有人在一定时间内以约定价格认购一定数量该公司的股票的权利。

（一）认股权证的基本性质

1）证券期权性。认股权证本质上是一种股票期权，属于衍生金融工具，具有实现融资和股票期权激励的双重功能。它作为一项买入期权，持有者并不像股票和证券持有人那样拥有股票和证券所代表的权利。

2）认股权证是一种投资工具。认股权证的投资者可以通过认购价购买股票，再以市场价卖出，赚取差价收益，因此它是一种具有内在价值的投资工具。

（二）认股权证的种类

根据不同的标准或依据，认股权证主要可以分为以下几类。

1）美式认股证与欧式认股证。美式认股证，指权证持有人在到期日前，可以随时提出履约要求，买进约定数量的标的股票；欧式认股证，则是指权证持有人只能于到期日当天，才可提出履约要求买进标的股票。无论股证属欧式或美式，投资者均可在到期日前在市场出售转让其持有的认股权证。事实上，只有小部分权证持有人会选择行权，大部分投资者均会在到期前沽出权证。

2）长期认股权证与短期认股权证。短期认股权证的认股期限一般在 90 天以内，认股期限超过 90 天的，为长期认股权证。

3）公司认股证与备兑认股证。公司认股权证，是由权证标的资产的发行人（一般为上市公司）自行发行，通常伴随企业股票或公司债发行，以增加相关资产对投资人的吸引力。公司认股权证的履约期限通常较长，如 3 年、5 年甚至 10 年。备兑权证，则是由权证标的资产发行人以外的第三人（银行或券商等资信良好的专业投资机构）发行，以非第三人自身的资产为标的的认股证。备兑权证的权利期间多在 1 年以下。二者最大差别在于，股本权证是由上市公司发行，而备兑权证是由证券公司等金融机构发行。

（三）认股权证筹资的特点

1）认股权证作为股票的认购权证，当持有者行使权利购买股票时公司能够在规定的期限内顺利完成股票的发行任务，实现融资目的。

2）有助于改善上市公司的治理结构。采用认股权证进行融资，融资的实现是缓期分批实现的，上市公司及其大股东的利益和投资者是否在到期之前执行认股权证密切相关。因此，在认股权证有效期间，上市公司管理层及其大股东任何有损公司价值的行为，都可能降低上市公司的股价，从而降低投资者执行认股权证的可能性，这将损害上市公司管理层及其大股东的利益。因此，认股权证将有效约束上市公司的败德行为，并激励他们更加努力地提升上市公司的市场价值。

3）有利于推进上市公司的股权激励机制。通过授予公司高层管理者和重要员工一定的认股权证，可以把管理者和员工的自身利益与企业的利益统一起来，建立一个管理者与员工通过提升企业价值再实现自身财富增值的利益驱动机制。

小　　结

筹资是指企业根据自身经济活动对资金的需要，采取适当的筹资方式，获取所需资金的一种行为。筹集资金是企业资金运动的起点，它会影响乃至决定企业资金运动的规模及效果。企业出于新建、扩建、调整或混合型动机来进行筹资活动。

企业筹资首先要确定筹资的数量，筹资数量的确定有多种方法，其中最常用的是销售百分比法。销售百分比法是指根据销售收入与资产负债表和利润表有关项目之间存在的比例关系，预测企业未来资金需要量的方法。销售百分比法的基本思路是借助基期的利润表和资产负债表来预测预测期的利润表和资产负债表即预计利润表和预计资产负债表，通过预计利润表预测企业留存收益这种内部资本来源的增加额，通过预计资产负债表预测企业未来资金需要总量和需要外部筹资的数额。

在明确了企业在一定期间需要筹资的数量后，就要考虑企业的筹资方式。按照企业取得资金的权益性质不同，筹资可分为权益筹资和债务筹资。权益筹资和债务筹资各有其优势和缺陷。

权益资金在企业存续期间没有固定的到期日，无需偿还本金，可供企业长期使用，是企业的永久性资本。权益资金作为企业最基本的资本，代表了公司的资本实力，为债务筹资提供信用保障。相对于债务资金而言，权益资金不存在还本付息的财务风险，而且资本成本负担比较灵活，权益资金筹资的限制少，使用上也无特别限制。

但是，权益资金也有其不足之处。一般而言，首先，权益资金的资本成本要高于债务资金，这主要是由于股权投资者投资于股票的风险较高相应要求得到较高的报酬率。其次，利用股权筹资，由于引进了新的投资者或出售了新的股票，必然会导致企业控制权结构的改变，分散了企业的控制权。此外，对于上市公司，股东众多而分散，只能通过公司的公开信息披露了解公司状况，信息沟通与披露成本较大。

债务筹资筹集的是债务资本，债务资金是企业向债权人借入的资金。企业的债务资金通过借款、发行债券、融资租赁以及赊购商品或服务等方式取得，在规定期限内需要清偿本金和支付利息。

同权益资金相比，首先，债权人的风险一般低于股权投资者，所以债务筹资的资本成本较低；其次，债务资金的取得不需要经过复杂的审批手续和证券发行程序，筹资速度较快；再次，企业可以根据本身的经营情况和财务状况，灵活协商债务条件，控制筹资数量，安排取得资金的时间，筹资弹性较大；最后，债权人无权参加企业的经营管理，利用债务筹资不会改变公司的控制权。此外，债务资本还可以利用财务杠杆效应。而债务资金的缺陷主要体现在不能形成企业稳定的资本基础，财务风险较大，筹资数额有限。

企业权益筹资方式主要包括吸收直接投资、发行股票等，债务筹资方式（长期）主要包括银行借款、发行债券和融资租赁，除此之外还有可转换债券和认股权证等筹资方式。每一种具体的筹资方式都有其不同的筹资条件、程序和特点，企业通过权衡考虑，选择适合自身经济特点的筹资方式。

思　考　题

1. 简述筹资的概念和筹资动机。
2. 企业资本金制度的特征和内容有哪些？
3. 筹资的种类有哪几种？筹资有哪些原则？
4. 简述股权筹资的优缺点和包括的具体筹资方式。
5. 简述负债筹资的优缺点和包括的具体筹资方式。
6. 略述吸收直接投资的方式、程序和特点。
7. 股票的概念和种类有哪些？普通股的权利与义务分别是什么？
8. 概述普通股首次发行的条件和程序。

9. 简述普通股的发行方式和销售方式。

10. 简述股票上市的目的以及上市暂停和终止的条件。

11. 简述银行借款的种类、程序和特点。

12. 简述发行债券的条件、种类、程序和特点。

13. 简述租赁的分类，融资租赁的基本程序与形式。

14. 简述租赁融资租金的计算和租赁融资的特点。

15. 简述可转换债券的性质、程序和特点。

16. 简述认股权证的性质、种类和特点。

练 习 题

一、单项选择题

1. 企业在采用吸收直接投资方式筹集资金时，以下不能被投资者用于出资的是（　　）。

A. 股票　　B. 土地使用权　　C. 实物　　D. 无形资产

2. 以下属于普通股筹资特点的是（　　）。

A. 会降低公司的信誉　　B. 容易分散控制权

C. 筹资费用低　　D. 可以尽快形成生产能力

3. 债务筹资的三个基本形式是（　　）。

A. 发行债券、银行借款、经营租赁　　B. 发行债券、经营租赁、融资租赁

C. 发行债券、银行借款、商业信用　　D. 发行债券、银行借款、融资租赁

4. 下列关于可转换债券基本要素的说法中，错误的是（　　）。

A. 标的股票既可以是发行公司自己的股票，也可以是其他公司的股票

B. 票面利率一般会低于普通债券

C. 我国上市公司发行可转换公司债券，以市价作为转股价格

D. 赎回条款最主要的功能是强制债券持有者积极行使转股权

5. 若企业 2009 年的经营性资产为 500 万元，经营性负债为 200 万元，销售收入为 1000 万元，经营性资产、经营性负债占销售收入的百分比不变，销售净利率为 10%，股利支付率为 40%，预计 2010 年销售收入增加 50%，则需要从外部筹集的资金是（　　）万元。

A. 90　　B. 60　　C. 110　　D. 8

6. 下列权利中，不属于普通股股东权利的是（　　）。

A. 公司管理权　　B. 收益分享权　　C. 优先认股权　　D. 优先分配剩余财产权

7. 按照有无特定的财产担保，可将债券分为（　　）。

A. 记名债券和无记名债券　　B. 可转换债券和不可转换债券

C. 信用债券和担保债券　　D. 不动产抵押债券和证券信托抵押债券

8. 下列关于认股权证的说法不正确的是（　　）。

A. 在认股之前持有人对发行公司拥有股权

B. 它具有融资促进的作用

C. 它是一种具有内在价值的投资工具

D. 它是常用的员工激励机制

9. 下列（　　）可以为企业筹集自有资金。

A. 内部积累　B. 融资租赁　C. 发行债券　D. 向银行借款

10. 按照资金的来源不同可将筹资分为（　　）。

A. 内部筹资和外部筹资　B. 直接筹资和间接筹资

C. 权益筹资和负债筹资　D. 表内筹资和表外筹资

11. 下列各项中（　　）不属于吸收直接投资的优点。

A. 有利于增强企业信誉　B. 有利于尽快形成生产能力

C. 资金成本较低　D. 有利于降低财务风险

12. 与其他负债资金筹集方式相比，下列各项属于融资租赁缺点的是（　　）。

A. 资金成本较高　B. 财务风险大　C. 税收负担重　D. 筹资速度慢

二、多项选择题

1. 股权资本是指企业通过（　　）等方式取得的资本。

A. 发行债券　B. 发行股票　C. 吸收直接投资　D. 内部积累

2. 相对于银行借款而言，发行公司债券筹资的优点为（　　）。

A. 锁定资本成本　B. 募集资金的使用限制条件少

C. 一次筹资额度大　D. 资金成本低

3. 与股权筹资相比，债务筹资的缺点有（　　）。

A. 不能形成企业稳定的资本基础　B. 财务风险较大

C. 筹资数额有限　D. 筹资速度较慢

4. 可转换债券筹资的优点包括（　　）。

A. 有利于资本结构的稳定

B. 可以节约利息支出

C. 转换普通股时，无需另外支付筹资费用

D. 股价低迷时，公司财务负担重

5. 股票上市对公司的目的（　　）。

A. 提高公司知名度　B. 便于筹措新资金

C. 提高股票的变现力　D. 确定公司价值

6. 相对于股票投资来说，债券投资的缺点包括（　　）。

A. 市场流动性差　B. 购买力风险大　C. 没有经营管理权　D. 收入不稳定

7. 融资租赁筹资的优点包括（　　）。

A. 筹资速度快　B. 资金成本高　C. 限制条款少　D. 财务负担轻

8. 股权筹资的缺点主要有（　　）。

A. 资本成本负担较重　B. 财务风险比较大

C. 容易分散公司控制权　D. 信息沟通与披露成本较大

9. 相对于借款购置设备而言，融资租赁设备的主要优点有（　　）。

A. 能够迅速获得资产　B. 资金成本较低

C. 到期还本负担重　D. 免遭设备陈旧过时的风险

10. 与股权筹资相比，债务筹资的优点有（　　）。

A. 筹资弹性大　B. 资本成本负担较轻

C. 可以利用财务杠杆　　　　　　　　　　D. 稳定公司的控制权

11. 与非公开直接发行的股票发行方式相比，采用公开间接发行方式的优点有（　）。

A. 发行范围广　　B. 变现性强　　C. 发行成本高　　D. 易于足额筹集资本

12. 筹资的动机有（　）。

A. 设立性动机　　B. 扩张性动机　　C. 调整性动机　　D. 双重性动机

13. 下列（　）属于企业自留资金。

A. 法定公积金　　B. 任意公积金　　C. 资本公积金　　D. 未分配利润

14. 企业进行筹资需要遵循的基本原则包括（　）。

A. 遵循国家法律法规依法筹资　　　　　B. 合理确定筹资数量

C. 科学安排筹资时间　　　　　　　　　D. 深入研究筹资方式

15. 普通股股东的权利包括（　）。

A. 投票权　　B. 查账权　　C. 出让股份权　　D. 优先分配剩余财产权

16. 银行借款按照是否需要担保分为（　）。

A. 信用借款　　B. 直接借款　　C. 担保借款　　D. 票据贴现

17. 银行借款筹资的优点包括（　）。

A. 筹资速度快　　B. 筹资成本低　　C. 限制条款少　　D. 借款弹性好

18. 融资租赁形式包括（　）。

A. 售后租回　　B. 直接租赁　　C. 杠杆租赁　　D. 混合租赁

三、判断题

1. 从时效来看，资本金在任何时候均不得从企业收回，企业可以无限期地占用投资者的出资。（　）

2. 优先股股东在股东大会上无表决权，所以优先股股东无权参与企业经营管理。（　）

3. 发行债券融资的弹性比较大。（　）

4. 作为抵押贷款担保的抵押品可以是股票、债券等有价证券。（　）

5. 当票面利率等于市场利率时，公司债券一定以面值发行。（　）

四、计算分析题

1. 某公司2005年的财务数据如下：

项目	金额（万元）
流动资产	4000
长期资产	8000
流动负债	400
长期负债	6000
当年销售收入	4000
净利润	200
分配股利	60
留存收益	140

假设企业的流动资产和流动负债均随销售收入的变化同比例变化。

要求：

（1）2006 年预计销售收入达到 5000 万元，销售净利率和收益留存比率维持 2005 年水平，计算企业 2006 年需要筹集多少外部资金。

（2）如果留存收益比率为 100%，销售净利率提高到 6%，目标销售收入为 4800 万元，计算需要补充多少外部资金。

2. ABC 公司 2010 年销售收入为 5000 万元，销售净利率为 10%，股利支付率为 70%，2010 年 12 月 31 日的资产负债表（简表）如表 4.6 所示。

表 4.6 资产负债表

2010 年 12 月 31 日　　　　单位：万元

资产	期末数	负债及所有者权益	期末数
		应付账款	800
货币资金	800	应付票据	600
应收账款	700	长期借款	1200
存 货	1500	实收资本	1000
固定资产净值	2000	资本公积	1800
无形资产	1000	留存收益	600
资产总计	6000	负债及所有者权益总计	6000

2011 年计划销售收入达到 6000 万元，据历年财务数据分析，公司流动资产与流动负债随销售额同比率增减。假定 2011 年销售净利率和股利支付率与上年一致，适用的企业所得税税率为 40%。

要求：

（1）计算 2011 年需增加的资金数量。

（2）计算 2011 年需要对外筹集的资金量。

3. 某公司拟发行 8 年期债券进行筹资，债券票面金额为 1200 元，票面利率为 10%，当时市场利率为 10%，计算以下两种情况下该公司债券发行价格应为多少才是合适的。

（1）单利计息，到期一次还本付息。

（2）每年付息一次，到期一次还本。

（3）每年付息一次，到期一次还本，市场利率分别为 5%，15% 时，债券发行价格。

4. 某企业采用融资租赁的方式于 2005 年 1 月 1 日融资租入一台设备，设备价款为 60 000 元，租期为 10 年，到期后设备归企业所有，计算并回答下列问题。

（1）租赁双方商定采用的折现率为 20%，计算每年年末等额支付的租金额。

（2）租赁双方商定采用的折现率为 18%，计算每年年初等额支付的租金额。

（3）如果企业的资金成本为 16%，说明哪一种支付方式对企业有利。

第五章　筹资管理（下）

学习目标

1. 理解资本成本的概念及作用
2. 掌握个别资本成本、综合资本成本的估算方法
3. 理解财务风险的概念及种类
4. 掌握经营杠杆系数、财务杠杆系数及总杠杆系数的计算
5. 掌握最佳资本结构的含义及其决策方法
6. 了解资本结构的调整

第一节　资本成本

资本成本是衡量资本结构优化程度的标准，也是对投资获得经济效益的最低要求。企业筹得资金使用以后，只有投资报酬率高于资本成本率，才能表明所筹集的资本取得了较好的经济效益。

一、资本成本的概念及作用

（一）资本成本的概念

资本成本，也称为资金成本，是指企业为筹集和使用资金而付出的代价，包括筹资费用和用资费用两个部分。资本成本是资本所有权与资本使用权分离的结果。对出资者而言，由于让渡了资本使用权，必须要求取得一定的补偿，资本成本表现为让渡资本使用权所带来的投资报酬。对于筹资者而言，由于取得了资本使用权，必须支付一定的代价，资本成本表现为取得资本使用权所付出的代价。企业使用资金就要付出一定代价，所以，企业必须节约使用资金。

1. 筹资费用

筹资费用是指企业在资本筹集过程中为获取资本而付出的代价，如向银行支付的借款手续费用，因发行股票、公司债券而支付的发行费用。筹集费用在筹资时一次性发生，在资本使用过程中不再发生，因此，通常情况下，在筹资总额的相关范围内，筹资费用相对固定。

2. 用资费用

用资费用是企业在资金使用过程中付出的代价，如向投资者支付的报酬（股息或红利）、向债权人支付的利息等。这一部分费用是资金成本的基本内容。用资费用在资金使用过程中经常发生。通常情况下，在筹集资金的相关范围内，用资费用是变动的。

资本成本与资金的时间价值既有联系也有区别。资金的时间价值是资本成本的基础；资本成本既包括时间价值，也包括风险价值。因此，在有风险的情况下，资本成本也是投资者要求的必要报酬率。

资本成本根据用途不同可分为三类：一是个别资本成本，用于比较各种筹资方式资本成本的高低，主要包括借款资本成本率、债券资本成本率、普通股资本成本率、优先股资本成本率、留存收益资本成本率，是计算平均资本成本率的基础；二是平均资本成本率，主要用于资本结构优化的决策；三是边际资本成本率，主要用于追加投资的决策。

（二）资本成本的作用

资本成本是企业财务管理的一个重要概念和基本“财务标准”，它在企业财务管理中的重要作用有以下几方面。

1. 资本成本是选择筹资方式、进行资本结构决策和追加筹资决策的依据

（1）个别资本成本是选择筹资方式的基础和依据

企业通过多种渠道、多种方式筹集资金，但每一种筹资方式资本成本高低不同，在评价各种筹资方式时，一般会考虑的因素包括对企业控制权的影响、对投资者吸引力的大小、融资难度和风险、资本成本的高低等，而资本成本是其中的重要因素。在其他条件相同时，企业筹资应选择资本成本最低的方式。

（2）平均资本成本是进行资本结构决策的依据

通过不同渠道和方式所筹措的资本，将会形成不同的资本结构，由此产生不同的财务风险和资本成本水平。企业财务管理目标是使企业价值最大化，企业价值是企业资产带来的未来经济利益的现值。计算现值时采用的折现率通常会选择企业的平均资本成本，当平均资本成本率最低时，企业价值最大，此时的资本结构是企业理想的最佳资本结构。

（3）边际资本成本是选择追加筹资方案的依据

随着筹资数量的增加，资本成本将随之变化。当筹资数量增加到增资的成本大于增资的收益时，企业便不能再追加资本。因此，边际资本成本是限制企业筹资数额的一个重要因素。

2. 资本成本是评价投资项目、比较投资方案优劣和进行投资决策的经济标准

资本成本实际上是投资者应当取得的最低报酬水平。任何投资项目，只有在

它预期的投资报酬率超过该项目使用资金的资本成本率的情况下，该项目在经济上才是可行的。因此，资本成本率代表着一种“取舍率”，是评价和选择投资方案的主要经济标准。

3. 资本成本可以作为评价企业整个经营业绩的基本标准

企业的生产经营活动，实际上就是所筹集资本经过投放后形成的资产运营。如果一定时期的平均资本成本高于总资产报酬率，就说明企业资本的运用效益差，经营业绩不佳；反之，则说明资本的运用效益较好。

二、资本成本的估算

（一）个别资本成本的估算

个别资本成本是指单一融资方式的资本成本，包括银行借款资本成本、公司债券资本成本、优先股资本成本、普通股资本成本和留存收益资本成本等，其中前两类是债务资本成本，后三类是权益资本成本。

1. 资本成本估算的基本模式

根据是否考虑了资金的时间价值，资本成本的计算分为一般模式和折现模式两种。

（1）一般模式（没有考虑时间价值）

财务管理中，资金成本一般用相对数表示，资本成本的计算公式为

$$资本成本=\frac{年资本占用费}{筹资总额-筹资费用}=\frac{年资本占用费}{筹资总额\times（1-筹资费用率）}$$

$$=\frac{年资本占用费}{筹资净额}$$

即

$$K=\frac{D}{P-F}\times 100\% 或 K=\frac{D}{P-（1-f）}\times 100\%$$

式中，K——资本成本，以百分率表示；

D——年资本占用费；

P——筹资总额；

F——筹资费用；

f——筹资费用率，即筹资费用与筹资额的比率。

（2）折现模式（金额大、时间超过1年）

上述一般模式计算资本成本的方法比较简单，但缺点在于没有考虑货币的时间价值。在实务中，考虑时间价值资金成本率的计算原理，即将债务未来还本付息或股权未来股利分红的折现值与目前筹资净额相等时的折现率作为资本成本率。根据

筹资净额现值＝未来资本清偿额现金流量的现值

得

$$资本成本率 = 所采用的贴现率$$

$$P_0 = \sum_{t=1}^{n} \frac{C_t}{(1+K)^t}$$

式中，P_0——企业筹集的资金净额；

C_t——企业第 t 年向投资者支付的报酬和本金；

K——资本成本。

2. 银行借款的资本成本

一般模式下，银行借款的成本指借款利息和筹资费用。由于借款利息计入税前成本费用，可以起到抵税的作用，一般计算税后资本成本率。税后资本成本率与权益资本成本率具有可比性。因此银行借款资本成本的计算公式为

$$银行借款资本成本（K_b）= \frac{年利息率 \times （1-所得税税率）}{（1-银行借款筹资费率）} \times 100\% = \frac{i（1-T）}{1-f}$$

由于银行借款筹资费用很少，可略去不计。则

$$K_b = 年利息率 \times （1-所得税率）$$

折现模式下，有

$$M（1-f） = \sum_{t=1}^{n} \frac{I_t（1-T）}{(1+K_b)^t} + \frac{M}{(1+K_b)^n}$$

式中，M——债务面值。

【例 5-1】　某企业从银行取得长期借款 100 万元，年利率为 8%，期限为 2 年，每年付息一次，到期还本，假定筹资费率为 1%，企业所得税为 25%，则其借款的资本成本为

$$K_b = \frac{100 \times 8\% \times （1-25\%）}{100 \times （1-1\%）} = 6.06\%$$

如果不考虑筹资费用率，或者筹资费用率较小而忽略不计，则其成本计算可直接写成

$$K_b = 8\% \times （1-25\%） = 6\%$$

3. 债券筹资的成本

债券筹资成本中的利息在税前支付，具有减税效应。债券的筹资费用主要包括申请发行债券的手续费、债券注册费、印刷费、上市费以及推销费用等。如果为按期付息、到期一次还本债务，资本成本计算如下：

一般模式下，有

$$债券资本成本率（K_b）= \frac{年利息 \times （1-所得税税率）}{债券筹资总额 \times （1-债券筹资费率）} \times 100\%$$

$$= \frac{I（1-T）}{I（1-f）} \times 100\%$$

折现模式下，有

$$P_0(1-f)=I\times(1-T)(P/A, K_b, n)+M(P/F, K_b, n)$$

式中，P_0——债券发行价格；

M——债券面值；

I——年利息。

【例5-2】 某公司在筹资前根据市场预测，拟发行一种面值为1000元、票面利率为10%、10年期、每年付息一次的债券。预计其发行价格为1050元，发行费用占发行价格的4%，税率为25%，预计该债券的资本成本如下：

$$债券的资本成本率=\frac{1000\times10\%\times(1-25\%)}{1050\times(1-4\%)}=7.44\%$$

如果采用平价发行，则其债券的资本成本率为7.81%：

$$\frac{1000\times10\%\times(1-25\%)}{1000\times(1-4\%)}=7.81\%$$

如果采用折价发行，折价发行额为980元，则其债券资本成本应为7.97%：

$$\frac{1000\times10\%\times(1-25\%)}{980\times(1-4\%)}=7.97\%$$

与借款相比，由于债券利息率一般高于借款利率、债券发行成本高于借款筹资费用，因此债券成本相对要高于借款成本。

【例5-3】 某长期债券的总面值为100万元，平价发行，期限为3年，票面年利率为11%，每年付息，到期一次还本。假设手续费为借款金额100万元的2%，假设企业所得税率30%，则该债券的税后成本（折现模式）为：

$$100\times(1-2\%)=100\times11\%\times(1-30\%)\times(\mathrm{P/A}, K_b, 3)+100\times(\mathrm{P/F}, K_b, 3)$$

采用测试的方法，用内插法计算债券的成本率为：8.2811%。

4. 优先股成本

优先股成本包括优先股利和筹资费用，优先股的股利一般是固定的。优先股的资本成本计算公式为

$$K_p=\frac{D_p}{P_p(1-f)}$$

式中，K_P——优先股成本；

D_P——优先股年股息，等于优先股面额乘固定股息率；

P_P——优先股筹资总额，按预计的发行价格计算。

【例5-4】 某公司拟发行优先股，面值总额为100万元，固定股息率为10%，筹资费率预计为5%，该股票溢价发行，其筹资总额为150万元，则优先股的成本计算如下：

$$K_p=\frac{100\times10\%}{150(1-5\%)}\times100\%=7.02\%$$

5. 普通股资本成本

普通股的资本成本主要是向股东支付的各期股利。由于各期股利并不一定固定，而是随企业各期收益波动，因此普通资本成本计算比较困难，现假定各期股利的变化具有一定的规律性，即按照固定增长率增长，按照股利增长模型计算资本成本率。

（1）股利增长模型法

假定资本市场有效，股票市场价格与价值相等，某股票本期支付的股利为 D_0，未来各期股利按 g 速度增长。目前股票市场价格为 P_0，则普通股资本成本为

$$\text{普通股资本成本} = \frac{\text{第一年预期股利}}{\text{普通股筹资总额} \times (1 - \text{普通股筹资费率})} \times 100\% + \text{股利固定增长率}$$

$$K_S = \frac{D_0 (1+g)}{P_0 (1-f)} + g = \frac{D_1}{P_0 (1-f)} + g$$

式中，K_S——普通股资本成本；

D_0 和 D_1——刚发放和预计发放的股利；

f——筹资费用率；

g——股利固定增长率；

P_0——股票目前市场价格。

【例 5-5】 某公司发行面值为 1 元的普通股 500 万股，每股发行价格为 3 元，筹资总额为 1500 万元，筹资费率为 3%，已知第一年预计每股股利为 0.30 元，以后各年按 4% 的比率增长，则其成本应为

$$K_S = \frac{0.3}{3 \times (1 - 3\%)} + 4\% = 14.31\%$$

（2）资本资产定价模型

如果是上市公司，其资本成本还可以根据该公司股票收益率与市场收益率的相关性，按资本资产定价模型法估计。假定资本市场有效，股票市场价格与价值相等，普通股筹资的成本就是普通股投资的必要收益率：

$$K_S = R_S = R_f + \beta (R_m - R_f)$$

式中，K_S——普通股筹资成本；

R_f——无风险报酬率；

R_m——市场平均报酬率；

β——某公司股票收益率相对于市场投资组合收益率的变动幅度（股票贝塔系数)。

【例 5-6】 假设目前短期国债利率为 5%；历史数据分析表明，市场平均报酬率 12%，该公司股票的 β 系数为 1.5，则该普通股资本成本率为

股票的资本成本率 = 该股票必要收益率 = 5% + 1.5 × (12% − 5%) = 15.5%

由于公司终止清算时，普通股股东的求偿权又位于优先股股东之后，承担的风险要高于债权人和优先股股东，所以要求较高的报酬率，相应的资本成本又比较高。

6. 留存收益资本成本

留存收益是企业的税后利润扣除所分配的股利后形成的，包括盈余公积和未分配利润。其所有权属于普通股股东。从投资者角度看，留存收益可被要求作为股利分给投资者，而投资者再用这部分收益购买其他企业的股票，或用于证券市场再投资或存入银行从中取得收益，因此投资者同意将这部分利润再投资于企业内部，是期望从中获得更高的收益，这一收益期望即构成留存收益的资本成本。

留存收益资本成本的计算与普通股成本相同，也分为股利增长模型法和资本资产定价模型法，不同点在于不考虑筹资费用。

【例5-7】 承例5-5，该公司本年留存收益额为800万元，则留存收益资本成本率为

$$K_S = \frac{0.3}{3} + 4\% = 14\%$$

（二）平均资本成本的估算

在多元化融资方式下，为了衡量和评价企业筹资总体的经济性，需要计算企业的平均资本成本。平均资本成本用于衡量企业资本成本水平，确立企业理想的资本结构。

平均资本成本是以各项个别资本成本在企业总资本中的比重为权数，对各项个别资本成本进行加权平均而得到的总资本成本。计算公式可表示为

平均资本成本 = ∑（某种资本占总资本的比重 × 该种资本的个别资本成本）

$$K_W = \sum_{j=1}^{n} K_j W_j$$

式中，K_W、W_j 和 K_j 分别代表加权平均资金成本、第 j 种资金占总资金比重（也叫权数）和第 j 种资金的成本。

平均资本成本的计算，存在价值选择的问题，即各项个别资本按什么权数来确定资本的比重，可选择的价值形式有账面价值、市场价值和目标价值，分别称为账面价值权数、市场价值权数和目标价值权数。

1）账面价值权数是以各类资本的账面价值为基础计算各类资本占总资本的比重，并以此为权数计算全部资本的平均成本率。优点是资料容易取得确定；缺点是缺乏市场基础。

2）市场价值权数是以各类资本来源的市场价值为基础计算各类资本的市场价值占总资本市场价值的比重，并以此为权数计算全部资本的平均成本率。优点是有利于进行筹资管理决策；缺点是不易确定。

3）目标价值权数是指以个别资本预计的未来价值为基础来确定资本权数。

优点是有利于与企业未来目标相联系；缺点是难以确定。

【例5-8】　某公司共有长期资本（账面价值）1000万元，有关资料如表5.1所示。

表5.1　各种资本的权数和个别成本

资本来源	账面金额	权数（%）	个别资本成本（%）
公司债券	400	40	10
银行借款	200	20	6.7
普通股票	300	30	14.5
留存收益	100	10	15
合计	1000	100	

则其平均资本成本为

$$K_W = 10\% \times 40\% + 6.7\% \times 20\% + 14.5\% \times 30\% + 15\% \times 10\% = 11.19\%$$

（三）边际资本成本的估算

边际资本成本是企业追加筹资的成本。企业的个别资本成本和平均资本，是企业过去筹集的单项资本的成本和目前使用全部资本的成本。然而，企业在追加筹资时，不能仅仅考虑目前所使用资本的成本，还要考虑新筹集资金的成本，即边际资本成本。边际资本成本是企业进行追加筹资的决策依据。筹资方案组合时，边际资本成本的权数采用目标价值权数。

三、降低资本成本的途径

降低资本成本，既取决于企业自身筹资决策，也取决于市场环境。降低资本成本，要从以下几个方面着手。

1）合理安排筹资期限。原则上看，资本的筹集主要用于长期投资，筹资期限要服从于投资年限，服从于资本预算，投资年限越长，筹资期限也要求越长。但是，由于投资是分阶段、分时期进行的，因此，企业在筹资时，可按照投资的进度来合理安排筹资期限，这样既减少资本成本，又减少资金不必要的闲置。

2）合理利率预期。资本市场利率多变，因此，合理利率预期对债务筹资意义重大。

3）提高企业信誉，积极参与信用等级评估。要想提高信用等级，首先必须积极参与信用等级评估，让市场了解企业，也让企业走向市场。只有这样，才能为以后的资本市场筹资提供便利，才能增强投资者的投资信心，才能积极有效地取得资金，降低资本成本。

4）积极利用负债经营。在投资收益率大于债务成本率的前提下，积极利用负债经营，取得财务杠杆效益，降低资本成本，提高投资效益。

5）积极利用股票增值机制，降低股票筹资成本。对企业来说，要降低股票筹资成本，就应尽量用多种方式转移股利对投资者的吸引力，而使其转向市场实现其投资增值，要通过股票增值机制来降低企业实际的筹资成本。

第二节　财务风险与财务杠杆

自然科学中的杠杆原理，是指人们在杠杆的一端用较小的力量，在另一端便可以产生较大力量来移动较重物体的现象。在企业经营和财务活动中，这种杠杆现象同样存在。财务管理中的杠杆效应，是指由于特定固定支出或费用（如固定成本或固定财务费用）的存在，导致当某一财务变量以较小的幅度变动时，另一相关变量会以较大的幅度变动的现象。财务杠杆包括经营杠杆、财务杠杆和总杠杆三种效应形式。合理运用杠杆原理，有助于企业合理规避风险，提高资金营运效率。

一、财务风险的概念及种类

（一）财务风险的概念

企业面临的风险主要有两方面，经营风险和财务风险。其中，经营风险是指在企业不使用负债或不考虑投资来源中是否有负债的前提下，企业未来收益的不确定性，它与资产的经营效率直接相关，主要表现为资产报酬（息税前利润）的波动性。财务风险，又称筹资风险，是指由于负债筹资而引起的到期不能偿还负债的可能性及由此而形成的净资产收益率（每股收益）的波动。由于不同的筹资方式，表现为偿债的压力大小不同，股权资本属于企业长期占用的资金，是永久性资本，不需要偿还，不存在还本付息的压力，从而其偿债风险也不存在。而债务资本则需要还本付息，而且不同期限、不同金额的债务资本其偿债压力也不相同。因此，筹资管理的一项主要内容是如何确定不同债务筹资方式下的风险，并据此进行风险管理。

（二）财务风险的分类

针对债务资金偿付而言，引起筹资风险的原因可分为两大类。

1）现金性筹资风险。它是在某一特定时点上，因现金流出量超出现金流入量而产生的到期不能偿付债务本息的风险。其特征是一种个别风险，表现为某一项负债到期不能及时偿还，或者是某一时点的债务不能及时偿还；是一种支付风险，与企业是否盈余无直接的关系；它是由于理财不当引起，表现为现金预算与实际支出不符而导致的危机，或是由于资本结构安排不当而引起的某一时点出现债务高峰。

2）收支性筹资风险。它是指企业在收不抵支情况下，出现的不能偿还到期债务本息的风险。其特征是一种整体风险，与某一具体债务或某一时点的债务的偿付无关；它不仅仅是一种支付性风险，不是源于理财不当，而是由于企业经营不当，处于收不抵支的破产状态；是一种终极风险，一旦出现，企业债权人的权益将很难保障；出现此类风险，如果不加强管理，则再筹资将面临很大的困难。

二、杠杆效应与风险

（一）经营杠杆效应

1. 经营杠杆的含义

经营杠杆是指由于固定经营成本的存在而使得企业资产报酬（息税前利润）变动率大于业务量变动率的现象。当销售量变动时，虽然不会改变固定成本总额，但会降低或提高单位产品的固定成本，从而提高或降低单位产品利润，使息税前利润变动率大于销售量变动率。对固定经营成本的利用可以使企业带来额外利益，即可以获得一定的经营杠杆利益。同时，也会承受相应的经营风险。用息税前利润（EBIT）表示资产报酬，其公式为

$$\text{EBIT} = S - C - F$$

式中，S——销售额；

C——变动成本总额；

F——固定成本总额；

$S-C$——贡献毛益总额或边际贡献总额。

$$\text{EBIT} = Q\ (P - V)\ - F$$

式中，Q——销售量；

P——单位售价；

V——单位变动成本。

上式中，影响 EBIT 的因素包括产品售价、产品需求及产品成本等因素。

2. 经营杠杆的计量（经营杠杆系数）

测算经营杠杆效应程度，即对经营杠杆的计量，最常用的指标是经营杠杆系数或经营杠杆度。经营杠杆系数，是指息税前利润变动率相当于产销业务量变动率的倍数。

经营杠杆系数理论计算公式为

$$\text{经营杠杆系数（DOL）} = \frac{\text{息税前利润变动率}}{\text{产销量变动率}} = \frac{\Delta \text{EBIT}/\text{EBIT}}{\Delta Q/Q}$$

简化公式为

$$\text{经营杠杆系数（DOL）} = \frac{\text{基期边际贡献}}{\text{基期息税前利润}} = \frac{M_0}{\text{EBIT}_0}$$

$$= \frac{\text{基期边际贡献}}{\text{基期边际贡献} - \text{基期固定成本}} = \frac{M_0}{M_0 - F}$$

【例 5-9】 假设某企业基期和计划期有关销售与利润的资料如表 5.2 所示，计算其经营杠杆系数。

表 5.2 某企业基期和计划期有关销售与利润表

项 目	基期（万元）	计划期（万元）	变动额（万元）	变动率（%）
销售额	2000	2400	+400	+20
变动成本	1200	1440	+240	+20
边际贡献	800	960	+160	+20
固定成本	400	400	0	0
息税前利润	400	560	+160	+40

解：从表中可以看出，产销量变动 20%，息税前利润变动率为 40%，因此，根据经营杠杆系数理论计算公式计算杠杆系数为

$$经营杠杆系数=\frac{40\%}{20\%}=2$$

基期边际贡献为 800 万元，息税前利润为 400 万元，根据经营杠杆系数简化计算公式计算杠杆系数为

$$经营杠杆系数=\frac{800}{400}=2$$

3．经营杠杆与经营风险的关系

引起企业经营风险的主要原因，是市场需求和生产成本等因素的不确定性，经营杠杆本身并不是资产报酬不确定的根源。但是经营杠杆放大了市场和生产等不确定因素对利润变动的影响，而且经营杠杆系数越高，利润变动越剧烈，企业的经营风险就越大。一般来说，在其他因素一定的情况下，固定成本越高，经营杠杆系数越大，企业经营风险也就越大。

影响经营杠杆系数的因素包括企业成本结构中的固定成本比重和息税前利润水平，息税前利润又受到产品销售数量、产品销售价格、单位变动成本和固定成本总额等因素。经营杠杆系数将随固定成本的变化呈同方向变化，即在其他因素一定的情况下，固定成本越高，经营杠杆系数越大。同理，固定成本越高，企业经营风险也越大；如果固定成本为零，则经营杠杆系数等于 1。

从以上分析可知，企业控制经营风险的方法有：增加销售额、降低产品单位变动成本和降低固定成本比重等。

（二）财务杠杆效应

1．财务杠杆的概念

财务杠杆是指由于固定性资本成本的存在而使企业的普通股每股收益变动率大于息税前利润变动率的现象。在公司资本结构一定的条件下，公司从息税前利润中支付的固定筹资成本是相对固定的，当息税前利润发生增减变动时，每 1 元

息税前利润所负担的固定资本成本就会相应地减少或增加，从而给普通股股东带来一定的财务杠杆利益或损失。

当公司不存在优先股时，普通股的每股收益（盈余）为

$$每股收益（EPS）=\frac{(EBIT-I)\times(1-T)}{N}$$

2. 财务杠杆的计量

对财务杠杆效应程度的测量指标是财务杠杆系数。财务杠杆系数是指普通股利润的变动率相当于息税前利润变动率的倍数。计算公式为

$$财务杠杆系数（DFL）=\frac{普通股每股利润变动率}{息税前利润变动率}=\frac{\Delta EPS/EPS}{\Delta EBIT/EBIT}$$

简化公式为

$$财务杠杆系数（DFL）=\frac{基期息税前利润}{基期息税前利润-基期利息}=\frac{EBIT_0}{EBIT_0-I}$$

【例5-10】　甲、乙公司有关资料如表5.3所示。

表5.3　甲、乙公司的资本结构与普通股利润表

时　间	项　目	甲公司	乙公司
2009年	普通股发行在外股数（股）	2000	1000
	普通股股本（每股面值100元）	200 000	100 000
	债务（年利率8%）	0	100 000
	资金总额	200 000	200 000
	息税前利润	20 000	20 000
	债务利息	0	8000
	利润总额	20 000	12 000
	所得税（假设所得税率20%）	4000	2400
	净利润	16 000	9600
	每股收益	8	9.6
2010年	息税前利润增长率	20%	20%
	增长后的息税前利润	24 000	24 000
	债务利息	0	8000
	利润总额	24 000	16 000
	所得税（假设所得税率20%）	4800	3200
	净利润	19 200	12 800
	每股收益	9.6	12.80
	每股收益增加额	1.6	3.2
	普通股每股收益增长率	20%	33.3%

2009年甲公司财务杠杆系数 = 20 000/（20 000 - 0）= 1

2009年乙公司财务杠杆系数 = 20 000/（20 000 - 8000）= 1.67

2010年甲公司财务杠杆系数 = 24 000/（24 000 - 0）= 1

2010年乙公司财务杠杆系数=24 000/（24 000－8000）=1.5

【例5-11】 某公司资本总额2500万元，负债比率为45%，利息率为4%，该公司销售额为320万元，固定经营成本48万元，变动成本率为60%，分别计算该公司的经营杠杆系数和财务杠杆系数。

解：利息=2500×45%×4%=45（万元）

变动成本=320×60%=192（万元）

边际贡献=320－192=128（万元）

息税前利润=128－48=80（万元）

经营杠杆系数=边际贡献/息税前利润=128/80=1.6

财务杠杆系数=息税前利润/（息税前利润－利息）

=80/（80－45）=2.29

3. 财务杠杆与财务风险的关系

财务风险，亦称筹资风险，是指企业在经营活动过程中与筹资有关的风险，即企业由于筹资原因产生的资本成本负担而导致的普通股剩余收益波动的风险。由于财务杠杆的作用，当息税前利润下降时，普通股剩余收益下降得更快，财务杠杆放大了资产报酬的变化对普通股收益的影响，财务杠杆系数越高，表明普通股收益的波动程度越大，财务风险越大。

影响企业财务杠杆系数的因素包括债务资本比重、息税前利润、固定资本成本、所得税率等多个因素。财务杠杆系数将随固定财务费用的变化呈同方向变化，即在其他因素一定的情况下，固定财务费用越高，财务杠杆系数越大。同理，固定财务费用越高，企业财务风险也越大；如果企业固定财务费用为零，则财务杠杆系数为1。

企业控制财务风险的方法有：控制负债比率，即通过合理安排资本结构，适度负债使财务杠杆利益抵消风险增大所带来的不利影响。

（三）总杠杆效应

1. 总杠杆的概念

总杠杆是指由于固定经营成本和固定资本成本的共同存在而导致的普通股每股收益变动率大于产销量变动率的现象。

2. 总杠杆的计量

总杠杆计量的主要测算指标是总杠杆系数。总杠杆系数是指普通股每股利润变动率相当于产销量变动率的倍数。其计算公式为

$$\text{总杠杆系数（DCL）}=\frac{\text{普通股每股利润变动率}}{\text{产销量变动率}}$$

或

$$\mathrm{DCL}=\frac{\Delta \mathrm{EPS}/\mathrm{EPS}}{\Delta Q/Q}$$

或

$$总杠杆系数 = 经营杠杆系数 \times 财务杠杆系数 = DOL \times DFL$$

总杠杆系数可直接按简化公式计算：

$$总杠杆系数 = \frac{边际贡献}{息税前利润 - 利息} = \frac{M_0}{EBIT_0 - I}$$

【例5-12】 某公司本年度只经营一种产品，息税前利润总额90万元，变动成本率40%，债务筹资利息总额40万元，单位变动成本100元，销售数量10 000台，试求DOL、DFL、DTL。

解： 单价 = 100/40% = 250（元）

固定成本 =（250 - 100）×1 - 90 = 60（万元）

DOL =（250 - 100）×1/90 = 1.67

DFL = 90/（90 - 40）= 1.8

DTL = 1.67 × 1.8 = 3

3. 总杠杆与总风险

公司总风险包括企业的经营风险和财务风险，总杠杆系数反映了企业整体风险。总杠杆系数反映了经营杠杆和财务杠杆之间的关系，在总杠杆系数一定的情况下，经营杠杆系数与总杠杆系数此消彼长。根据财务管理的风险管理策略，即要保持一定的风险状况水平，需要维持一定的总杠杆系数。经营杠杆和财务杠杆可以有不同的组合，反向搭配。

第三节　资本结构及决策

资本结构是企业筹资决策的核心。在筹资管理过程中，采用适当的方法以确定最佳资本结构，是筹资管理的主要任务之一。

一、资本结构的含义

资本结构是指企业各种资本的构成及其比例关系。广义的资本结构是指全部资金的来源构成，不但包括长期资本，还包括短期负债，又称为财务结构；狭义的资本结构是指长期资本的构成及其比例关系，并将短期债务资本列入营运资本管理。

二、最佳资本结构决策

（一）最佳资本结构的含义

最佳资本结构，是指企业在一定时期内，使加权平均资本成本率最低、企业价值最大时的资本结构。其判断标准有三个：①有利于最大限度地增加所有者财富，使企业价值最大化；②企业加权平均资本成本最低；③资产保持适宜的流动性，并使资本结构具有弹性。

从理论上讲，最佳资本结构是存在的，但由于企业内部条件和外部环境的经常性变动，动态地保持最佳资本结构十分困难。因此在实践中，目标资本结构通常是企业结合自身实际进行适度负债经营所确立的资本结构。

（二）最佳资本结构决策方法

资本结构的决策方法基本上包括两种：一种是比较资本成本法；另一种是每股利润收益分析法。

1．比较资本成本法

比较资本成本法是通过计算不同资本结构的加权平均资本成本，并以此为标准，选择其中加权平均资本最低的资本结构。它以资本成本高低作为确定最佳资本结构时的唯一标准，简单实用。其程序包括以下几点。

1）拟定几个筹资方案。

2）确定各方案的资本结构。

3）计算各方案的加权资本成本。

4）通过比较，选择加权平均资本成本最低的结构为最优资本结构。

【例5-13】 某公司需要筹集100万元的长期资本，可以从贷款、发行债券、发行普通股三种方式筹集，其个别资本成本率已分别测定，有关资料如表5.4所示。

表5.4 某公司资本成本及资本结构表

筹资方式	资本结构			个别资本成本
	A方案	B方案	C方案	
银行借款	40%	30%	20%	6%
发行债券	10%	15%	20%	8%
普通股	50%	55%	60%	9%
合计	100%	100%	100%	

首先，分别计算三个方案加权平均资本成本。

A方案：$K=40\%\times6\%+10\%\times8\%+50\%\times9\%=7.7\%$

B方案：$K=30\%\times6\%+15\%\times8\%+55\%\times9\%=7.95\%$

C方案：$K=20\%\times6\%+20\%\times8\%+60\%\times9\%=8.2\%$

其次，选择其中成本最低的A方案为最优方案。

2．每股利润收益分析法（又称息税前利润—每股利润分析法，即EBIT—EPS分析法、每股收益无差别点分析法）

该方法认为，资本结构是否合理可以通过分析每股利润的变化来衡量，能提高每股利润的资本结构是合理的，每股收益最大的资本结构为最优资本结构。

该方法是通过计算各种筹资方案的每股利润无差别点进行的。所谓每股利润无差别点，是指每股利润不受融资方式影响的息税前利润（或业务量）。

每股收益无差别点的息税前利润的计算公式为

$$\frac{(\overline{\text{EBIT}}-I_1)\times(1-T)}{N_1}=\frac{(\overline{\text{EBIT}}-I_2)\times(1-T)}{N_2}$$

式中，I_1，I_2——两种筹资方式下的年利息；

N_1，N_2——两种筹资方式下的流通在外的普通股数；

T——所得税税率。

进行每股收益分析时，在每股收益无差别点上，无论是采取债权还是股权融资，每股收益都是相等的；当预计息税前利润或业务量大于每股无差别点时，财务杠杆效应较大的筹资方式较好；反之，当预计的息税前利润（或业务量）小于每股收益无差别点时，财务杠杆效应较小的筹资方式较好。

【例 5-14】　甲公司目前有资金 75 000 万元，现因生产发展需要，准备再筹集 25 000 万元资金上马一条生产线，从而可使息税前利润达到 20 000 万元。这些资金可以利用发行股票来筹集，也可以利用发行债券来筹集。有关资料如表 5.5 所示。

表 5.5　甲公司资本结构变化情况　　单位：万元

筹资方式	原资本结构	增加筹资后资本结构	
		增发普通股（A 方案）	增发公司债券（B 方案）
公司债券（8%）	10 000	10 000	35 000
普通股（面值 10 元）	20 000	30 000	20 000
资本公积	25 000	40 000	25 000
留存收益	20 000	20 000	20 000
资金总额合计	75 000	100 000	100 000
普通股股数（股）	2000	3000	2000

注：发行股票时，每股发行价格为 25 元，筹资 25 000 万元须发行 1000 万股，普通股股本增加 1000 万元，资本公积增加 15 000 万元。

经过计算，甲公司不同资本结构下的每股收益如表 5.6 所示。

表 5.6　甲公司不同资本结构下的每股收益　　单位：万元

项　目	增发股票	增发债券
预计息税前利润	20 000	20 000
利息	800	2800
利润总额	19 200	17 200
所得税（公司所得税率 20%）	3840	3440

续表

项　目	增发股票	增发债券
净利润	15 360	13 760
普通股股数（股）	3000	2000
每股收益（元）	5.12	6.88

增发债券每股收益（6.88）大于增发股票每股收益（5.12），所以，采用发行债券的形式筹集资金能使每股收益上升较多，这可能更有利于股票价格上涨，更符合理财目标。

那么，究竟息税前利润为多少时发行普通股有利，息税前利润为多少时发行公司债券有利呢？这就要测算每股收益无差别点处的息税前利润。现将甲公司的资料代入公式计算：

$$\frac{(\overline{EBIT}-800)\times(1-20\%)}{2000+1000}=\frac{(\overline{EBIT}-2800)\times(1-20\%)}{2000}$$

解得：$\overline{EBIT}=6800$（万元）

当息税前利润为 6800 万元时，发行普通股票和发行债券的每股收益相等，如图 5.1 所示。

$$\frac{(6800-800)\times(1-20\%)}{2000+1000}=\frac{(6800-2800)\times(1-20\%)}{2000}=1.6\text{（元）}$$

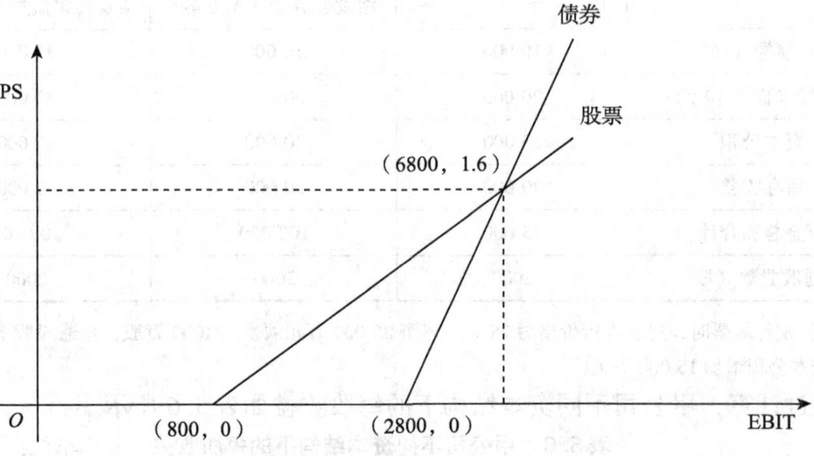

图 5.1　甲公司每股收益无差别点分析示意

这就是说，当息税前利润等于 6800 万元时，每股收益为 1.6 元。如图 5.1 所示，当息税前利润大于 6800 万元时，增发债券的每股收益大于增发股票的每股收益，利用负债筹资较为有利；当息税前利润小于 6800 万元时，增发债券的每股收益小于增发股票的每股收益，利用股票筹资较为有利；当息税前利润等于 6800 万元时，采用两种方式没有差别。甲公司预计息税前利润为 20 000 万元，故采用发行公司债券的方式较为有利。

应当说明的是，这种分析方法只考虑了资本结构对每股收益的影响，并假定每股收益最大，股票价格也最高。但把资本结构对风险的影响置于视野之外，是不全面的。因为随着负债的增加，投资者的风险加大，股票价格和企业价值也会有下降的趋势，所以单纯地用每股收益分析法有时会作出错误的决策。但是在资金市场不完善的时候，投资者主要根据每股收益的多少来作出投资决策，每股收益的增加也的确有利于股票价格的上升。

每股收益分析法的原理比较容易理解，测算过程较为简单。它是以普通股每股收益最高为标准，也没有考虑财务风险因素，其决策目标实际上是每股收益最大化而不是公司价值最大化，可用于资本规模不大、资本结构不太复杂的股份有限公司。

三、资本结构的调整

资本结构的变动，除受资本成本、财务风险等因素影响外，还受企业的因素和外部环境因素的影响，当企业的资本结构不合理时，要进行优化调整。

（一）资本结构调整的原因及时机

1. 资本结构调整的原因

尽管影响资本结构变动的因素很多，但就某一具体企业来说，资本结构变动或调整有其直接的原因。这些原因归纳起来主要有：原有资本结构的成本过高、风险过大、弹性不足、约束过严。

2. 资本结构调整的时机

当企业能满足以下条件时，均可对现有资本结构进行调整。

1）现有资本结构弹性较好。

2）在增加投资或减少投资。

3）企业盈利较多。

4）债务重整时。

（二）资本结构调整的方法

当企业现有资本结构与目标资本结构存在较大差异时，企业需要进行资本结构的调整。资本结构调整的方法有以下几种。

1）存量调整。在不改变现有资产规模的基础上，根据目标资本结构要求，对现有资本结构进行必要的调整。存量调整的方法有四种。

第一，债转股、股转债。

第二，增发新股偿还债务。

第三，调整现有负债结构，如与债权人协商，将短期负债转为长期负债，或将长期负债列入短期负债。

第四，调整权益资金结构，如优先股转为普通股，以资本公积转增股本。

2）增量调整。即通过追加筹资量，从增加总资产的方式来调整资本结构。其主要途径是从外部取得增量资本，如发行新债、举借贷款、进行筹资租赁、发行新股票等。

3）减量调整。即通过减少资产总额的方式来调整资本结构。如收回发行在外的可提前收回债券，股票回购减少公司股东，进行企业分立等。

小　结

资本成本，也称为资金成本，是指企业为筹集和使用资金而付出的代价。资本成本的构成一般包括筹资费用和用资费用两个部分。资本成本分为三类：个别资本成本、平均资本成本、边际资本成本。资本成本的估算主要包括个别资本成本、加权平均资本成本和边际资本成本的估算。个别资本成本的估算包括银行借款、债券、优先股、普通股、留存收益等筹资方式的资本成本的计算。根据是否考虑了资金的时间价值，资本成本的计算分为一般模式和折现模式两种。加权平均资本成本是以各项个别资本成本在企业总资本中的比重为权数，对各项个别资本成本进行加权平均而得到的总资本成本。边际资本成本采用加权平均法计算。

企业面临的风险主要有两方面，一是经营风险；二是财务风险。财务风险是指由于负债筹资而引起的到期不能偿还负债的可能性及由此而形成的净资产收益率的波动。财务管理中的杠杆效应是指由于特定固定支出或费用（如固定成本或固定财务费用）的存在，导致当某一财务变量以较小的幅度变动时，另一相关变量会以较大的幅度变动的现象，包括经营杠杆、财务杠杆和总杠杆三种效应形式。经营杠杆是指由于固定经营成本存在，使企业资产报酬（息税前利润）变动率大于业务量变动率的现象。经营杠杆系数（DOL）＝息税前利润变动率/产销变动率。财务杠杆是指由于固定性资本成本的存在而使企业的普通股每股收益变动率大于息税前利润变动率的现象。财务杠杆系数（DFL）＝普通股盈余变动率/息税前利润变动率。总杠杆是指由于固定经营成本和固定资本成本的共同存在而导致的普通股每股收益变动率大于产销量变动率的现象。总杠杆系数（DTL）＝经营杠杆系数（DOL）×财务杠杆系数（DFL）。

资本结构是企业筹资决策的核心。筹资管理过程中，采用适当的方法以确定最佳资本结构，是筹资管理的主要任务之一。资本结构是指企业各种资本的构成及其比例关系。广义的资本结构是指全部资金的来源构成，不但包括长期资本，还包括短期负债，又称为财务结构。狭义的资本结构是指长期资本的构成及其比例关系，而将短期债务资本列入营运资本管理。最佳资本结构是指企业在一定时期内，使加权平均资本成本率最低、企业价值最大时的资本结构。最优资本结构的决策方法包括两种：一是比较资本成本法；另一种是无差别点分析法。当目前的资本结构与目标资本结构有差异时要进行调整。

思　考　题

1. 简述资本成本的作用。
2. 简述企业控制经营风险和财务风险的措施。
3. 简述资本结构优化的方法。
4. 简述资本结构调整的方法。
5. 简述降低资本成本的途径。
6. 什么是财务风险？按其成因可分为哪几类？
7. 何谓资本结构？什么是最佳资本结构？最佳资本结构的判别标准是什么？

练　习　题

一、单项选择题

1. 企业财务人员在进行追加筹资决策时，所使用的资本成本是（　　）。

A. 个别资本成本　B. 综合资本成本　C. 边际资本成本　D. 所有者权益资本成本

2. 依据投资于股票其收益率将不断增长的理论，进行留存收益成本估算的方法是（　　）。

A. 资本资产定价模型法　B. 股利增长模型法

C. 风险溢价法　D. 风险收益率调整法

3. 在个别资本成本计算时，无需考虑筹资费用影响因素的是（　　）。

A. 长期借款成本　B. 长期债券成本　C. 普通股成本　D. 留存收益成本

4. 如果企业只生产一种产品，且不存在固定经营成本，则此时企业的经营杠杆系数（　　）。

A. 等于1　B. 等于零　C. 小于1且大于零　D. 趋近于无穷大

5. 如果企业的资金来源全部为自有资金，且没有优先股存在，则企业财务杠杆系数（　　）。

A. 等于0　B. 等于1　C. 大于1　D. 小于1

6. 如果企业一定期间内的固定生产成本和固定财务费用均不为零，则由上述因素共同作用而导致的杠杆效应属于（　　）。

A. 经营杠杆效应　B. 财务杠杆效应　C. 总杠杆效应　D. 风险杠杆效应

7. 在计算优先股成本时，下列各因素中，不需要考虑的是（　　）。

A. 发行优先股总额　B. 优先股筹资费率

C. 优先股的优先权　D. 优先股每年的股利

8. 下列各项中，运用普通股每股利润（每股收益）无差别点确定最佳资金结构时，需计算的指标是（　　）。

A. 息税前利润　B. 营业利润　C. 净利润　D. 利润总额

9. 下列说法错误的是（　　）。

A. 在其他因素不变的情况下，固定财务费用越小，财务杠杆系数也就越小，财务风险

越小

B. 在一定的业务量范围内，单位变动成本是固定不变的

C. 单位变动成本越大，财务杠杆系数越小，财务风险越小

D. 当企业的财务杠杆系数等于 1 时，则企业的固定财务费用为零，企业没有财务风险

10. 公司增发的普通股的市价为 10 元/股，筹资费用率为市价的 6%，最近刚发放的股利为每股 0.6 元，已知该股票的资金成本率为 11%，则该股票的股利年增长率为（　　）。

A. 5%　　B. 4.34%　　C. 5.685%　　D. 10.34%

11. 某公司的经营杠杆系数为 5，预计息税前利润将增长 20%，在其他条件不变的情况下，销售量将增长（　　）。

A. 5%　　B. 4%　　C. 20%　　D. 40%

12. 如果企业的全部资本中权益资本占 80%，则下列关于企业相关风险的叙述正确的是（　　）。

A. 只存在经营风险　　B. 只存在财务风险

C. 同时存在经营风险和财务风险　　D. 财务风险和经营风险相互抵消

13. 债券成本通常（　　）优先股成本。

A. 低于　　B. 等于　　C. 高于　　D. 不高于

14. 在下列各种资金来源中，通常（　　）的成本最低。

A. 普通股　　B. 优先股　　C. 债券　　D. 银行借款

15. 某公司的经营杠杆系数为 2，财务杠杆系数为 1.5，预计销售将增长 10%，在其他条件不变的情况下，每股利润将增长（　　）。

A. 50%　　B. 10%　　C. 30%　　D. 60%

16. 大华公司按面值发行 100 万元的优先股，筹资费用率为 2%，每年支付 10% 的股利，若该公司的所得税率为 30%，则优先股的成本为（　　）。

A. 7.37%　　B. 10%　　C. 10.20%　　D. 15%

17. 下列因素不影响企业边际贡献的是（　　）。

A. 固定成本　　B. 销售单价　　C. 单位变动成本　　D. 产销量

二、多项选择题

1. 在计算加权平均资本成本时，企业个别资本占全部资本的比重可按资本的（　　）计算。

A. 账面价值　　B. 账面净值　　C. 市场价值　　D. 目标价值

2. 总杠杆作用是财务杠杆与经营杠杆的连动作用，了解总杠杆构成的意义在于（　　）。

A. 估计销售量（额）变动对息税前利润的影响

B. 估计销售量（额）变动对每股收益的影响

C. 估计息税前利润变动对每股收益的影响

D. 估计息税前利润变动对销售量（额）的影响

E. 掌握经营杠杆与财务杠杆之间的相互关系，有效地利用它们的组合

3. 下列关于财务杠杆的表述正确的有（　　）。

A. 财务杠杆是负债与主权资金的比率

B. 财务杠杆系数越大，筹资风险越大

C. 财务杠杆与财务风险无关

D. 财务杠杆系数越大，经营杠杆系数越小

E. 在资本总额及负债比率不变的情况下财务杠杆系数越高，投资者预期的收益就越大

4. 降低企业总风险，可采用（　）措施。

A. 降低固定成本　B. 降低负债比率　C. 降低变动成本　D. 提高单价

5. 在计算资本成本时，通常依据资金占用费用来计算，而把资金筹集费作为筹资金额的一项扣除，这是因为（　）。

A. 资金占用费数额大

B. 资金筹集费一次性发生

C. 资金筹集费在资金使用前发生，属于一种预先垫付的支出

D. 资金筹集费数额小，可不必计算在内

6. 关于财务杠杆系数，以下说法中正确的有（　）。

A. 资本总额、息税前利润不变的情况下，负债资本比率越高，财务杠杆系数越高

B. 财务杠杆系数表示的是息税前利润增长引起每股收益增长的幅度

C. 若企业负债资本为零，则财务杠杆系数为零

D. 任何企业的财务杠杆系数都必然大于1

E. 较高的财务杠杆系数既可能使每股收益得到较大幅度的提高，也能使每股收益得到较大幅度的下降

7. 企业降低经营风险可采取的措施有（　）。

A. 提高产品售价　B. 增加销售量

C. 降低单位变动成本　D. 增大固定成本比重

E. 增加自有资金

8. 在计算个别资金成本时，需要考虑所得税影响的是（　）。

A. 债券成本　B. 银行借款成本　C. 普通股成本　D. 优先股成本

三、判断题

1. 在个别资金成本一定的情况下，企业综合资金成本的高低取决于资金总额。（　）

2. 留存收益成本的计算与债券基本相同，但不用考虑筹资费用。（　）

3. 在其他因素不变的情况下，固定成本越小，经营杠杆系数也就越小，经营风险越小。（　）

4. 在其他条件不变的情况下，产销量的增加不会使固定成本总额增加，但会降低单位固定成本。（　）

5. 资金成本一般用相对数表示，即表示为用资费用与筹资费用的比率。（　）

6. 资金成本的本质是企业为筹集和使用资金而实际付出的代价。（　）

7. 经营杠杆不是经营风险的来源，只是放大了经营风险。（　）

8. 当企业的经营杠杆系数等于1时，则企业的固定成本为零，此时企业仍然存在经营风险。（　）

9. 一个公司只要负债筹资为零，就不会产生财务杠杆的作用。（　）

10. 资金成本是投资人对投入资金所要求的最低收益率，也可作为判断投资项目是否可行的取舍标准。（　）

四、计算分析题

1. 某企业资本总额为2000万元，负债和权益筹资额的比例为2∶3，债务利率为12%，当前销售额1000万元，息税前利润为200万元，求财务杠杆系数。

2. 某公司发行普通股600万元，预计第一年股利率为14%，以后每年增长2%，筹资费用率为3%，求该普通股的资本成本。

3. 某企业拟筹资4000万元。其中按面值发行债券1000万元，筹资费率2%，债券年利率为5%；优先股500万元，股息率6%，筹资费率为3%；普通股2500万元，发行价为10元/股，筹资费率为4%，第一年预期股利为1.2元/股，以后各年增长5%。所得税率为25%。计算该筹资方案的加权平均资本成本。

4. 某公司目前发行在外普通股100万股（每股1元），已发行利率5%的债券400万元。该公司打算为一个新的投资项目融资500万元，新项目投产后公司每年息税前利润增加到200万元。现有两个方案可供选择：按6%的利率发行债券（方案1）；按每股10元发行新股（方案2）。公司适用所得税税率为25%。

要求：

（1）计算两个方案的每股利润。

（2）计算两个方案的每股利润无差别点息税前利润。

（3）判断哪个方案更好（不考虑资金结构对风险的影响）。

第六章 投资管理

学习目标

1. 了解投资的种类及程序
2. 理解投资决策及影响因素
3. 掌握项目投资现金流量内容及估算
4. 掌握项目决策评价方法
5. 了解证券投资种类及评价方法

第一节 投资管理概述

一、投资的概念和种类

投资，广义说是指企业为了在未来取得收益而发生的投入人力、财力的行为，其对象包括实体资产和金融资产。实体资产是指具有物质形态的资产，例如，机器设备、厂房与建筑物、存货等，广义的实体资产还包括无形资产。金融资产的典型表现形式是所有权凭证，包括购买债券、股票等有价证券等。

投资可分为以下类型。

1）按照投资行为的介入程度，可分为直接投资和间接投资。直接投资是指不借助金融工具，由投资人直接将资金转移交付给被投资对象使用的投资，包括企业内部直接投资和对外直接投资，前者形成企业内部直接用于生产经营的各项资产，如各种货币资金、实物资产、无形资产等，后者形成企业持有的各种股权性资产，如持有子公司或联营企业股份等。间接投资是指通过购买被投资对象发行的金融工具而将资金间接转移交付给被投资对象使用的投资，如企业购买特定对象发行的股票、债券、基金等。

2）按照投入的领域不同，可分为生产性投资和非生产性投资。生产性投资是指将资金投入生产、建设等物质生产领域中，并能够形成生产能力或可以产出生产资料的一种投资，又称为生产资料投资。这种投资的最终成果将形成各种生产性资产，包括形成固定资产的投资、形成无形资产的投资、形成其他资产的投资和流动资金投资。其中，前三项属于垫支资本投资，后者属于周转资本投资。

非生产性投资是指将资金投入非物质生产领域，它虽然不能形成生产能力，但能形成社会消费或服务能力、满足人民的物质文化生活需要。这种投资的最终成果是形成各种生产性资产。

3）按照投资的方向不同，可分为对内投资和对外投资。从企业的角度看，对内投资就是项目投资，是指企业将资金投放于为取得供本企业生产经营使用的固定资产、无形资产、其他资产和垫支流动资金而形成的一种投资。对外投资是指企业为购买国家及其他企业发行的有价证券或其他金融产品（包括：期货与期权、信托、保险），或以货币资金、实物资产、无形资产向其他企业（如联营企业、子公司等）注入资金而发生的投资。

4）按照投资的内容不同，分为固定资产投资、无形资产投资、流动资金投资、房地产投资、有价证券投资、期货与期权投资、信托投资和保险投资等多种形式。

二、投资决策的程序

企业投资一般风险大、周期长、环节多，需考虑的因素也相对较多。因此，企业投资是一项复杂的系统工程，其投资的程序主要包括以下环节。

（一）投资方案的设计

投资方案的设计应根据企业的长远发展目标、中长期投资计划和投资环境的变化来确定。一般投资规模较大、所需资金较多的战略性项目，应由董事会提议、由各部门专家组成专家小组提出方案并进行可行性研究。对投资规模较小、投资金额不大的战术性项目，由主管部门提议，并由有关部门组织人员提出方案并进行可行性研究。

（二）投资方案的评价与决策

首先应在分析和评价投资方案经济、技术可行性的基础上，对投资方案财务上的可行性做出总体评价；其次应对可供选择的多个方案进行比较和优选。

（三）投资方案的执行

对已作出可行决策的投资方案，企业管理部门要编制资金预算、筹措所需要的资金并制定投资行为的具体实施方案。在投资项目实施过程中，要进行控制和监督，一旦出现新的情况，要随时根据变化的情况做出新的评价和调整。

第二节　项目投资管理

一、项目投资的特点及意义

项目投资是一种以特定建设项目为对象、直接与新建项目或更新改造项目有关的长期投资行为。项目投资主要分为新建项目投资和更新改造项目投资。新建项目是以新建生产能力为目的的外延式扩大再生产，其涉及内容又可细分为单纯固定资产投资和完整工业项目投资；更新改造项目是指以恢复或改善生产能力为目的的内涵式扩大再生产。

与其他形式的投资相比，项目投资具有投资内容独特、投资数额大、影响时间长、发生频率低、变现能力差和投资风险高的特点。

项目投资对企业的生存和发展具有重要意义，是企业开展正常经营活动的必要前提，是扩大社会再生产和促进社会经济发展的重要基础，是增强投资者经济实力、提高投资者创新能力和提升投资者市场竞争能力的重要手段。

二、投资决策及影响因素

投资决策是指特定投资主体根据其经营战略和方针，由相关管理人员作出的有关投资目标、拟投资方向或投资领域的确定和投资实施方案的选择的过程。

一般而言，项目投资决策主要考虑以下因素。

（一）需求因素

需求情况可以通过考察投资项目建成投产后预计产品的各种营业收入的水平来反映。如果项目的产品不适销对路，或质量不符合要求，或产能不足，都会直接影响其未来的市场销路和价格水平。其中，产品是否符合市场需求、质量应达到什么标准，取决于对未来市场的需求分析和工艺技术所达到水平的分析；而产能情况则直接取决于工厂布局是否合理、原材料供应是否有保证，以及生产和运输能力。

（二）时期和时间价值因素

1）时期因素是由项目计算期的构成情况决定的。项目计算期是指投资项目从投资建设开始到最终清理结束整个过程的全部时间，包括建设期和运营期。其中建设期是指项目资金正式投入开始到项目建成投产为止所需要的时间，建设期第一年的年初称为建设起点，建设期最后一年的年末称为投产日。在实践中，通常应参照项目建设的合理工期或项目的建设进度计划合理确定建设期。项目计算期最后一年的年末称为终结点，假定项目最终报废或清理均发生在终结点（但更新改造除外）。从投产日到终结点之间的时间间隔称为运营期，又包括试产期和达产期（完全达到设计生产能力期）两个阶段。试产期是指项目投入生产，但生产能力尚未完全达到设计能力时的过渡阶段。达产期是指生产运营达到设计预期水平后的时间。运营期一般应根据项目主要设备的经济使用寿命期确定。

项目计算期、建设期和运营期之间有以下关系：

$$项目计算期（n）=建设期（s）+运营期（p）$$

项目计算期的构成示意图，如图6.1所示。

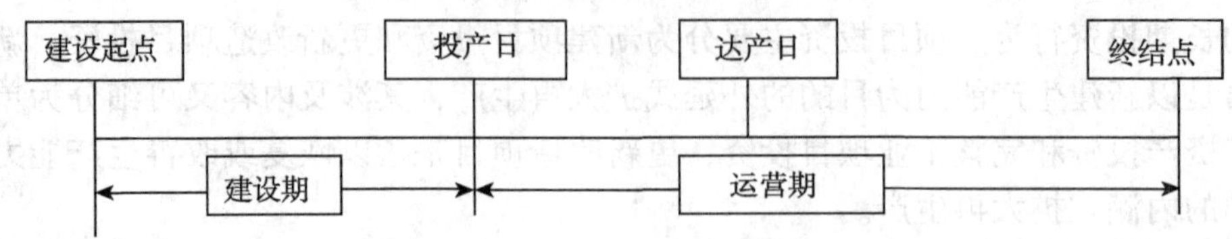

图 6.1 项目计算期构成示意图

【例 6-1】 某公司拟投资新建一个项目，在建设起点开始投资，历经 1 年后投产，试产期为 1 年，主要固定资产预计使用寿命为 9 年。根据上述资料，估算该项目各项指标如下。

建设期为 1 年，营运期为 9 年。

达产期 =9 - 1 =8（年）

项目计算期 =1 +9 =10（年）

2）考虑时间价值因素，是指根据项目计算期不同时点上价值数据的特征，按照一定的折现率对其进行折算，从而计算出相关的动态项目评价指标。因此，科学地选择适当的折现率，对于正确开展投资决策至关重要。

（三）成本因素

成本因素包括投入和产出两个阶段的广义成本费用。

1）投入阶段的成本。它是由建设期和运营期前期所发生的原始投资所决定的。从项目投资的角度看，原始投资（又称初始投资）等于企业为使该项目完全达到设计生产能力、开展正常经营而投入的全部现实资金，包括建设投资和流动资金投资两项内容。建设投资是指在建设期内按一定生产经营规模和建设内容进行的投资；流动资金是指投产前后分次或一次投放于营运资金项目的投资增加额，又称垫支流动资金或营运资金投资。

在财务可行性评价中，原始投资与建设期资本化利息之和为项目总投资，这是一个反映项目投资总体规模的指标。

2）产出阶段的成本。它是由运营期发生的经营成本、营业税金及附加和企业所得税三个因素所决定的。经营成本又称为付现的营运成本（或简称付现成本），是指在运营期内为满足正常生产经营而动用货币资金支付的成本费用。从企业投资者的角度看，营业税金及附加和企业所得税都属于成本费用的范畴，因此，在投资决策中需要考虑这些因素。

三、投资项目现金流量的内容及估算

（一）投资项目现金流量的含义

所谓现金流量，是指与投资决策有关的在未来不同时期所发生的现金流入与流出的数量。也就是说，一个投资项目从筹建、设计、施工、正式投产使用直至报废（中途转让）为止的整个期间内形成的现金流入与流出增加的数量。这里的“现金”是广义的现金，它不仅包括各种货币资金，而且还包括项目需要投入企业所拥有的非货币资源的变现价值（或重置成本）。现金流量是评价投资方案是否可行时必须事先计算的一个基础性指标。

（二）投资项目现金流量的内容

投资决策中的现金流量，一般包括以下三方面内容。

1．现金流入量

现金流入量是指能够使投资方案的现实货币资金增加的项目。一般包括以下几个部分。

1）营业收入。它是指项目投产后每年实现的全部销售收入或业务收入，它是经营期主要的现金流入量项目。

2）回收固定资产余值。它是指投资项目的固定资产在终结点报废清理或中途变价转让处理时所回收的价值。

3）回收流动资金。它主要是指新建项目在计算期完全终止时因不再发生新的替代投资而回收的原垫付的全部流动资金投资额。

4）处置旧固定资产的变现净收入。它是指在更新改造时因处置旧设备、厂房等而发生的变价收入与清理费用之差。

5）其他现金流入量。它是指除以上指标外的现金流入量项目。

2．现金流出量

现金流出量是指能够使投资方案的现实货币资金减少或需要动用现金的项目。一般包括以下几个部分。

1）建设投资。它是指在建设期内按一定生产经营规模和建设内容进行的固定资产投资、无形资产投资和开办费投资等项投资的总称，它是建设期发生的主要现金流出量。

2）流动资金投资。它是指有关项目所发生的用于生产经营期周转使用的营运资金投资，又称为垫支流动资金。

3）经营成本。它是指在经营期内为满足正常生产经营而动用现实货币资金支付的成本费用，又称为付现的营运成本，它是生产经营阶段最主要的现金流出量项目。

4）各项税款。它是指项目投产后依法缴纳的、单独列示的各项税款，包括营业税、所得税、城市维护建设税和教育费附加等。

5）其他现金流出。它是指不包括以上内容的现金流出项目。

3．现金净流量

一定时期内现金流入量减去包括税金在内的现金流出量以后的差额，称为现金净流量。

(三) 投资项目现金流量估计假设

由于项目投资现金流量的确定是一项很复杂的工作，为克服确定现金流量的困难，简化现金流量的计算过程，本章特作以下假设。

1. 全投资假设

假设确定现金流量时，站在企业投资者的立场上，考虑全部投资的运行情况，而不区分自有资金和借入资金等具体形式的现金流量。即使存在借入资金也将其作为自有资金对待。

2. 建设期投入全部资金假设

假设项目的原始总投资不论是一次性投入还是分批次投入，均是在建设期内投入的，进入生产经营期不再进行追加投资。

3. 项目投资的经营期与折旧年限一致假设

假设项目主要固定资产的折旧年限或使用年限与其经营期相同。

4. 时点指标假设

假设现金流量的具体内容所涉及的价值指标，不论是时点指标还是时期指标，均假设按照年初或年末的时点指标处理。其中，建设投资在建设期内有关年度的年初发生；垫支的流动资金在建设期的最后一年年末即经营期的第一年年初发生；经营期内各年的营业收入、付现成本（经营成本）、折旧（摊销等）、利润、所得税等项目的确认均在年末发生；项目最终报废或清理（中途销售项目除外），回收流动资金均发生在经营期最后一年年末。

5. 确定性假设

假设与项目现金流量估算有关的价格、产销量、成本水平、所得税税率等因素均为已知常数。

(四) 投资现金流量的估算

1. 投资项目现金流入量的估算

1）营业收入的估算。营业收入按项目在运营期内有关产品的各种预计单价（不含增值税）和预测销售量（假定运营期每期可以自动实现产销平衡）进行估算。营业收入属于时期指标，为简化计算，假定营业收入发生于运营期各年的年末。在项目只生产经营一种产品的条件下，营业收入的估算公式为

$$年营业收入=该年产品不含税单价\times该年产品的产销量$$

2）终结点回收额的估算。在进行财务可行性评价时，将在终结点回收的固定资产余值和流动资金统称为回收额。假定主要固定资产的折旧年限等于运营期，则终结点回收的固定资产余值等于该主要固定资产的原值与其法定净残值率的乘积，或按事先确定的净残值估算；在运营期内，因更新改造而提前回收的固定资产余值等于其折余价值与预计可变现净收入之差。当项目终结时，所有垫付的流动资金也都将退出周转，假定运营期内不存在因加速周转而提前回收流动资

金的前提下，终结点一次回收的流动资金必然等于各年垫支的流动资金投资额的合计数。

2. 投资项目现金流出量的估算

1）建设投资的估算。建设投资主要包括固定资产投资、无形资产投资和其他投资。其中，固定资产投资应按项目规模和投资计划所确定的各项建筑工程费用、设备购置费用、安装工程费用和其他费用来估算；无形资产和其他资产投资，应根据需要和可能，逐项按有关资产评估方法和计算标准进行评估。

2）流动资金投资的估算。流动资金投资估算一般采用分项详细估算法，即根据项目在运营期内主要流动资产和流动负债要素的最低周转天数和预计周转额分别估算每一项流动项目的占用额，进而确定流动资金投资总额。为简化计算，流动资金投资所引起的现金流出量，一般假设为每期的期初流出。

3）经营成本的估算。营业成本的估算应首先根据项目的产销业务量及成本水平，估算项目运营期内的变动成本和固定成本总额，然后确定项目运营期内对应的折旧和摊销等非付现成本，最后根据运营期内总成本与非付现成本的差额估算项目各期的营业付现成本。营业成本属于时期指标，为简化计算，假定营业成本发生于运营期各年的年末。营业成本简易估算公式为

营业付现成本 = 变动成本 + 付现的固定成本

= 总成本 - 折旧额及摊销额

4）各项税款及其他现金流出的估算。各项税款及其他现金流出的估算，应依据相关法律法规和项目预计的营运状况分别进行。

3. 净现金流量的估算

因为项目运营期内，每一年的现金净流量表现为该年项目所引起的现金流入与流出量的差额，所以净现金流量理论的计算公式为

某年净现金流量（NCF_t）= 该年现金流入量 - 该年现金流出量

$= CI_t - CO_t \ (t = 0, 1, 2, \cdots, n)$

项目运营期不同阶段上的现金流入量和现金流出量发生的可能性不同，使得各阶段上的净现金流量在数值上表现出不同的特点，如建设期内的净现金流量一般小于零或等于零；在运营期内的净现金流量则多为正值。

除更新改造项目外，新建设投资项目的建设期净现金流量可直接按以下简化公式计算：

建设期某年净现金流量（NCF_t）= - 该年投资额

投资项目的运营期净现金流量（NCF_t），在不考虑借入资金利息的情况下，可按以下简化公式计算：

运营期某年的净现金流量（NCF_t）=净利润+折旧或摊销

另外，在计算项目运营期终结点当年的净现金流量时，还需考虑回收的流动资金和固定资产的余值。

【例6-2】 某项目投资总额为210万元，其中固定资产投资160万元，建设期为1年，于建设起点一次投入。无形资产投资30万元，于建设起点投入。流动资金投资20万元，于投产开始垫付。该项目经营期10年，固定资产按直线法计提折旧，期满有10万元净残值；无形资产于投产开始分5年平均摊销。预计项目投产后，前5年每年可获得100万元的营业收入，并发生50万元的总成本和8万元营业税金及附加；后5年每年可获得110万元的营业收入，发生55万元的总成本和10万元营业税金及附加。

要求：假设所得税税率为25%，计算该项目投资在项目计算期内各年的现金净流量。

解：1）建设期现金净流量：

$NCF_0=-160-30=-190$（万元）

$NCF_1=-20$（万元）

2）经营期现金净流量：

固定资产年折旧额$=\frac{160-10}{10}=15$（万元）

无形资产年摊销额$=\frac{30}{5}=6$（万元）

$NCF_{2-6}=(100-50-8)\times(1-25\%)+15+6=52.5$（万元）

$NCF_{7-10}=(110-54-10)\times(1-25\%)+15=49.5$（万元）

3）经营期终结点现金净流量：

$NCF_{11}=49.5+10+20=79.5$（万元）

四、项目投资决策评价方法

为了客观、科学地分析评价各种投资方案，一般应使用不同的指标，采用不同方法，从不同的侧面或角度反映投资项目的内涵。项目投资决策评价的方法根据是否考虑时间价值，可分为非贴现投资决策评价法和贴现投资决策评价法。

（一）非贴现投资决策评价方法

非贴现投资决策评价方法，即决策评价过程中不考虑时间价值因素的决策评价方法，主要包括静态投资回收期法和投资收益率法。由于未考虑资金的时间价值因素，该类评价方法一般只适用于方案的初选，或者投资后各项目间经济效益的比较，相应指标为项目投资决策的次要指标或辅助指标。

1. 静态投资回收期法

静态投资回收期法是根据回收初始投资所需要时间的长短来判定该方案是否可行的方法。投资者总是希望尽快地收回投资，投资回收期越短，资金回收的速度越快，未来时期内的投资风险就越小，投资效益也就越好，对投资者越有利。一般只有静态投资回收期指标小于或等于基准投资回收期的项目，才具备财务上的可行性。

静态投资回收期是回收投资项目上的初始投资额所需的以年表示的时间长度，分为两种形式：包括建设期的投资回收期（PP）和不包括建设期的投资回收期（PP′）。

确定静态投资回收期可分别采用公式法和列表法。

1）公式法。如果一项长期投资决策方案满足以下特殊条件，即投资均集中发生在建设期内，投产后前若干年每年经营净现金流量相等，则可按以下简化公式直接求出不包括建设期的投资回收期：

$$\text{不包括建设期的投资回收期}=\frac{\text{原始投资额}}{\text{投产后前若干年每年相等现金流量}}$$

包括建设期的投资回收期 = 建设期 + 不包括建设期的投资回收期

2）列表法。如果投产后每年经营现金流量不相等，可以通过列表计算“累计净现金流量”的方式，来确定包括建设期的投资回收期，进而再推算不包括建设期的投资回收期。该方法的原理是：按照回收定义，包括建设期的投资回收期PP满足以下关系式，即

$$\sum_{t=0}^{PP}\mathrm{NCF}_t=0$$

这表明，在财务现金流量表的“累计净现金流量”一栏中，包括建设期的投资回收期PP恰好是累计净现金流量的年限。在计算时有两种可能。

第一，在累计净现金流量栏上可以直接找到零，那么读出零所在列的 t 值即为所求的包括建设期的投资回收期PP。否则，应按第二种情况处理。

第二，由于无法在“累计净现金流量”栏上找到零，可按下式计算包括建设期的投资回收期PP，即

$$\mathrm{PP}=m'+\frac{\left|\sum_{t=0}^{m'}\mathrm{NCF}_t\right|}{\mathrm{NCF}_{(m'+1)}}$$

式中，m'——净现金流量由负变正的前一年，即现金流量表的“累计现金流量”栏中最后一项负值所对应的年数；

$\left|\sum_{t=0}^{m'}\mathrm{NCF}_t\right|$——第 m′ 年末尚未回收的投资额；

$\mathrm{NCF}_{(m'+1)}$——第（$m'+1$）年的净现金流量。

【例6-3】 根据表6.1资料，分别计算A、B方案的投资回收期。

表 6.1 投资方案有关资料 单位：元

项目计算期	0	1	2	3	4	5
A 方案现金净流量	-100 000	32 000	32 000	32 000	32 000	32 000
B 方案现金净流量	-100 000	30 000	32 000	35 000	35 000	38 000

解：甲方案投资回收期 $=\dfrac{100\ 000}{32\ 000}=3.125$（年）

列表计算乙方案累计现金净流量，如表 6.2 所示。

表 6.2 乙方案累计现金净流量计算表 单位：元

项目计算期	0	1	2	3	4	5
现金净流量	-100 000	30 000	32 000	35 000	35 000	38 000
累计现金净流量	-100 000	-70 000	-38 000	-3000	32 000	70 000

从上表可得出，乙方案的投资回收期在第 3 与第 4 之间，用列表法可计算出：

乙方案投资回收期 $=3+\dfrac{|-3000|}{35\ 000}=3.086$（年）

静态投资回收期法的优点是能够直接反映原始总投资的返本期限，便于理解，计算也比较简单，可以直接利用现金流量信息。缺点是没有考虑资金时间价值因素和回收期满后继续发生的现金流量，不能反映投资方式不同对项目的影响。

2. 投资利润率法

投资利润率法是根据项目投资利润率高低来判定投资方案是否可行的方法。投资利润率又称投资报酬率，是指项目投资方案的年平均利润额占投资总额的百分比。只有投资收益率指标大于或等于无风险投资利润率的方案才具备财务上的可行性。

投资利润率的计算公式为

$$投资利润率=\frac{年平均利润额}{项目投资总额}\times 100\%$$

【例 6-4】 已知 A、B 两个投资项目的投资总额均为 100 000 元，投产后各年的利润如表 6.3 所示。

表 6.3 投资方案有关资料 单位：元

项目计算期	1	2	3	4	5
A 方案利润额	28 000	28 000	28 000	28 000	28 000
B 方案利润额	30 000	32 000	35 000	35 000	38 000

要求：计算 A、B 两个投资项目的投资利润率。

解：甲方案投资利润率 $= \frac{28\ 000}{100\ 000} \times 100\% = 28\%$

乙方案投资利润率 $= \frac{(30\ 000 + 32\ 000 + 35\ 000 + 35\ 000 + 38\ 000) \div 5}{100\ 000} \times 100\%$

$= 34\%$

投资利润法的优点是计算公式简单，容易理解。缺点是没有考虑资金的时间价值，不能正确反映建设期及投资方式和投资额不同对项目的影响，没有考虑折旧的回收，即没有完整反映现金净流量，无法直接利用现金净流量的信息。

（二）贴现投资决策评价方法

贴现投资决策评价方法，即评价决策过程中考虑资金时间价值因素的决策评价方法，主要包括净现值法、现值指数法和内含报酬率法。由于考虑了资金的时间价值因素，该类评价决策方法决策的结果更为科学和准确，相应指标为项目投资决策的主要指标。

1．净现值法

净现值法是借助净现值指标对投资方案进行评价的一种方法。净现值是指按一定贴现率计算的各年现金净流量现值的代数和。所用的贴现率可以是企业的资本成本，也可以是企业所要求的最低报酬率水平。一般只有现值大于或等于零投资方案才具备财务上的可行性。

净现值的理论计算公式为

$$NPV = \sum_{t=0}^{n} NCF_t \times (P/F,\ i,\ t)$$

式中，n——项目计算期（包括建设期与经营期）；

NCF_t——第 t 年的现金净流量；

$(P/F,\ i,\ t)$——第 t 年、贴现率为 i 的复利现值系数。

为简化净现值的计算，其具体计算过程，可视待决策方案具体现金流量状况的不同，分成以下两种情况。

(1) 经营期内各年现金净流量相等，且建设期为零

净现值的计算公式为

净现值 = 经营期每年相等的现金净流量 × 年金现值系数 − 投资现值

【例 6-5】 某企业购入设备一台，价值为 50 000 元，按直线法计提折旧，使用寿命 5 年，期末无残值。预计投产后每年可获得利润 5000 元，假定贴现率为 10%。

要求：计算该项目的净现值。

解：$NCF_0 = -50\ 000$（元）

$NCF_{1-6} = 5000 + \frac{50\ 000}{5} = 15\ 000$（元）

$NPV = 15\,000 \times (P/A, 10\%, 5) - 50\,000 = 15\,000 \times 3.7908 - 50\,000$
$= 6\,862$（元）

（2）经营期内各年现金净流量不相等

净现值的计算公式为

净现值 = Σ（经营期各年的现金净流量 × 各年的现值系数） - 投资现值

【例6-6】 在例6-5中，投产后每年可获得的净利润分别为4000元、5000元、6000元、6000元、7000元、8000元，其他资料不变。

要求：计算该项目的净现值。

解：$NCF_0 = -50\,000$（元）

年折旧额 $= \dfrac{50\,000}{5} = 10\,000$（元）

$NCF_1 = 4000 + 10\,000 = 14\,000$（元）

$NCF_2 = 5000 + 10\,000 = 15\,000$（元）

$NCF_3 = 6000 + 10\,000 = 16\,000$（元）

$NCF_4 = 6000 + 10\,000 = 16\,000$（元）

$NCF_5 = 7000 + 10\,000 = 17\,000$（元）

$NCF_6 = 8000 + 10\,000 = 18\,000$（元）

$NPV = 14\,000 \times (P/F, 10\%, 1) + 15\,000 \times (P/F, 10\%, 2) + 16\,000 \times (P/F, 10\%, 3) + 16\,000 \times (P/F, 10\%, 4) + 17\,000 \times (P/F, 10\%, 5) - 50\,000$

$= 14\,000 \times 0.9091 + 15\,000 \times 0.8264 + 16\,000 \times 0.7513 + 16\,000 \times 0.6830 + 17\,000 \times 0.6209 - 50\,000$

$= 8\,627$（元）

【例6-7】 某企业拟建一固定资产，需投资55万元，投资额分别于年初投入30万元，年末投入25万元。该工程建设期为1年，固定资产按直线法计提折旧，使用寿命10年，期末有5万元净残值。预计项目投产后每年可增加营业收入15万元，发生总成本9万元，营业税金及附加为1万元，不考虑所得税税率因素，企业要求的报酬率为10%。

要求：计算该投资项目的净现值。

解：1）建设期现金净流量：

$NCF_0 = -30$（万元）

$NCF_1 = -25$（万元）

2）经营期营业现金净流量：

$NCF_{2-10} = (15 - 9 - 1) + \dfrac{55 - 5}{10} = 10$（万元）

3）经营期终结现金净流量：

$NCF_{11}=10+5=15$（万元）

4）$NPV=10\times[(P/A, 10\%, 10)-(P/A, 10\%, 1)]+15\times(P/F, 10\%, 11)-[30+25\times(P/F, 10\%, 1)]$
$=10\times(6.1446-0.9091)+15\times0.3505-(30+25\times0.9091)$
$=4.885$（万元）

净现值法的优点包括：综合考虑了资金时间价值，能较合理地反映投资项目的真正经济价值；考虑了项目计算期的全部现金净流量，体现了流动性与收益性的统一；考虑了投资风险性，因为贴现率的大小与风险大小有关，风险越大，贴现率就越高。缺点是无法直接反映投资项目的实际投资收益率水平，而且计算比较烦琐。

2．现值指数法

现值指数法是通过比较项目投资的资金投入与总产出之间的比例来评价投资方案可行与否的一种方法。现值指数又称获利指数，是指项目未来现金流量按行业基准收益率或设定的折现率折算现值合计与原合计投资的现值合计之比（记作PI）。只有现值指数大于或等于1的投资方案才具有财务上的可行性。

现值指数的计算公式为

$$现值指数=\frac{\sum 经营期各年现金净现量现值}{投资现值}$$

【例6-8】　根据例6－5的资料，计算现值指数。

解：$现值指数=\frac{15\,000\times(P/A, 10\%, 6)}{50\,000}=1.307$

现值指数法的优点是考虑了资金的时间价值，可以从动态角度反映项目投资的资金投入与总产出的关系；缺点是仍无法直接反映项目的实际收益水平，且计算也相对复杂。

3．内含报酬率法

内含报酬率法是通过项目实际可望达到的收益水平来评价投资方案可行与否的一种方法。内含报酬率（IRR）又称内部收益率，是指投资项目在项目计算期内各年现金净流量现值合计数等于零时的贴现率，其表达式为

$$\sum_{t=0}^{n} NCF_t\times(P/F, IRR, t)=0$$

运用内含报酬率进行投资方案的评价与决策时，只有内含报酬率指标大于或等于基准收益率或资金成本的投资方案才具备财务上的可行性。

为简化内含报酬率的计算，其具体计算过程，可视待决策方案具体现金流量状况的不同，分成以下两种情况。

1）若经营期内各年现金净流量相等，且全部投资均于建设起点一次投入，建设期为零，若符合上述条件，项目内含报酬率的表达式可写成

经营期每年相等的现金净流量（NCF）×年金现值系数（P/A，IRR，t）－投资总额＝0

此时内含报酬率可按以下步骤计算：

第一步：计算年金现值系数（P/A，IRR，t）。

$$年金现值系数（P/A，IRR，t）=\frac{投资总额}{经营期每年相等的现金净流量}=a$$

第二步：查年金现值系数表，若能从表中 t 行上直接找到对应的年金现值系数 a，则 a 对应的贴现率 r 即为要求的内部收益率；若无法找到恰好等于 a 的系数值，就应在表中 t 行上找与 a 最接近的两个左右临界系数值，设为 a_1、a_2 $(a_1>a_2)$，读出 a_1、a_2 分别对应的两个临界利率 r_1、r_2。

第三步：利用内插法公式计算近似的内含报酬率 IRR：

$$IRR=r_1+\frac{a_1-0}{a_1-a_2}\times(r_2-r_1)$$

【例 6-9】 根据例 6－5 的资料，计算内含报酬率。

解：$（P/A，IRR，6）=\frac{50\ 000}{15\ 000}=3.3333$

查表可知，当贴现率为 18% 时，对应的年金现值系数为 3.4976；当贴现率为 20% 时，对应的年金现值系数为 3.3255。则利用内插法公式可得项目的内含报酬率为

$$IRR=18\%+\frac{3.4976-3.3333}{3.4976-3.3255}\times(20\%-18\%)=19.91\%$$

2）经营期内各年现金净流量不相等。若投资项目在经营期内各年现金净流量不相等，或建设期不为零，且投资额是在建设期内分次投入的情况下，则无法应用上述的简便方法，必须按定义采用逐次测试的方法，计算内含报酬率。具体计算步骤如下。

第一步：先自行设定一个贴现率 r_1，代入计算净现值的公式，求出贴现率的净现值 NPV_1，并进行下面的判断。

第二步：若净现值 $NPV_1=0$，则内含报酬率 $IRR=r_1$，计算结束；若净现值 $NPV_1>0$，则内含报酬率 $IRR>r_1$，应重新设定 $r_2>r_1$，再将 r_2 代入有关计算净现值的公式，求出 r_2 为贴现率的净现值 NPV_2，继续进行下一轮的判断；若净现值 $NPV_1<0$，则内含报酬率 $IRR<r_1$，应重新设定 $r_2<r_1$，再将 r_2 代入有关计算净现值的公式，求出 r_2 为贴现率的净现值 NPV_2，继续进行下一轮的判断。

3）经过逐次测试判断，有可能直接找到 $NPV_1=0$ 所对应的内含报酬率 IRR。若经过有限次测试，仍未求得内含报酬率 IRR，则可利用测试结果中最为接近零的两个正负临界净现值 NPV_m、NPV_{m+1} 及其相应的贴现率 r_m、r_{m+1} 四个数据，应用内插法计算近似的内含报酬率。

具体公式为

$$IRR = r_m + \frac{NPV_m - 0}{NPV_m - NPV_{m+1}} \times (r_{m+1} - r_m)$$

【例6-10】　根据例6－6的资料，计算项目的内含报酬率。

解：先设定贴现率为18%，代入项目的净现值计算公式，得净现值为4726.3元，大于零。再把贴现率提高到20%进行试算，得净现值为1923.8元，仍大于零。再把贴现率提高到24%重新测试，净现值为－3042.5，小于零，说明该项目的内含报酬率在20%～24%之间。有关测试计算如6.4表所示。

表6.4　内含报酬率计算表　　单位：元

年　份	现金净流量（NCF）	贴现率＝18%		贴现率＝20%		贴现率＝24%	
		现值系数	现值	现值系数	现值	现值系数	现值
0	－50 000	1	－50 000	1	－50 000	1	－50 000
1	14 000	0.8475	11865	0.8621	11666.2	0.8065	11291
2	15 000	0.7182	10773	0.7432	10416	0.6504	9756
3	16000	0.6086	9737.6	0.6407	9259.2	0.5245	8392
4	16 000	0.5158	8252.8	0.5523	7731.2	0.4230	6768
5	17000	0.4371	7430.7	0.4762	6832.3	0.3411	5798.7
6	18000	0.3704	6667.2	0.4104	6028.2	0.2751	4951.8
净现值			4726.3		1923.8		－3042.5

然后用插入法计算近似内含报酬率：

$$IRR = 20\% + \frac{1923.8 - 0}{1923.8 - (-3042.5)} \times (24\% - 20\%) = 21.55\%$$

内含报酬率法的优点是考虑了资金的时间价值，从动态的角度直接反映投资项目的实际报酬率，且不受贴现率高低的影响，比较客观；缺点是内部报酬率指标的计算过程比较复杂。

第三节　证券投资管理

证券投资是指投资者将资金投资于股票、债券、基金及衍生证券等资产，从而获取收益的一种投资行为。相对于实物投资而言，证券投资流动性明显高于实物资产，且证券交易过程快速、简捷，成本较低；另外，证券投资受人为因素影响较大，且没有相对的实物作保证，其价值受政治、经济环境等各种因素的影响较大，具有价值不稳定、投资风险较大的特点。

金融市场上的证券很多，其中可供企业投资的证券主要有国债、短期融资券、可转让存单、企业股票与债券、投资基金以及期权、期货等衍生证券。本节主要介绍债券及股票投资的决策与管理。

一、债券投资

（一）债券投资的目的和特点

债券是债务人发行的约定在一定时期内还本付息的一种有价证券。企业债券投资按其投资时间长短的不同，可以分为短期债券投资和长期债券投资。短期证券投资的投资期限在1年以内，长期证券投资的投资期限超过1年。企业进行短期债券投资的目的主要是为了合理利用暂时闲置资金，调节资金余额，获得收益。当企业现金余额太多时，便投资于债券，使现金余额降低；反之，当现金余额太少时，则出售原来的债券，收回现金，使现金余额提高。企业进行长期债券投资的目的主要是为了获得稳定的收益。

与其他证券投资相比较，债券投资都有到期日，债券到期应当收回本金，投资应考虑期限的影响；从投资权利来看，在各种投资方式中，债券投资者的权利最小，无权参与被投资企业经营管理，只有按约定取得利息、到期收回本金的权利；另外，债券投资收益通常是事前预定的，收益率通常不及股票高，但具有较强的稳定性，投资风险较小。

（二）债券内在价值的估计

根据资产的收入资本化定价理论，任何资产的内在价值都是在投资者预期的资产可获得的现金收入的基础上进行贴现决定的。运用到债券上，债券的价值是指进行债券投资时投资者预期可获得的现金流入的现值。债券的现金流入主要包括利息和到期收回的本金或出售时获得的现金两部分。当债券的购买价格小于或等于债券价值时，该债券才值得投资。

1．债券估价的基本模型

典型的债券类型有固定的票面利率、每期支付利息、到期归还本金，这种债券模式下债券价值计量的基本模型为

$$V=\frac{I_1}{(1+K)^1}+\frac{I_2}{(1+K)^2}+\cdots+\frac{I_n}{(1+K)^n}+\frac{F}{(1+K)^n}$$

或

$$V=I\cdot(P/A,\ K,\ n)+F\cdot(P/F,\ K,\ n)$$

式中，V——债券价值；

I——每年利息；

F——债券面值；

K——市场利率或投资人要求的必要收益率；

n——付息总期数。

【例6-11】 某公司拟投资面值为1000元、票面利率为6%、期限为3年、

按期付息、到期还本的债券。已知当前的市场利率为8%，则债券价格为多少元时该公司才能进行投资？

解：$V=1000\times6\%\times$（P/A，8%，3）$+1000\times$（P/F，8%，3）

$=60\times2.5771+1000\times0.7938$

$=948.43$（元）

上面计算表明，该债券的价格必须小于或等于948.43元时才能进行投资。

2. 一次还本付息的单利债券的估价模型

我国很多债券属于一次还本付息、单利计算的存单式债券，其价值估算模型为

$$V=(F+I\cdot n)\cdot(\mathrm{P/F},K,n)$$

公式中符号含义同前。

【例6-12】 某公司拟投资面值为1000元、期限3年、票面利率5%、单利计息、到期一次还本付息的债券。已知当前市场利率为6%，则债券发行价格为多少元时该公司才能进行投资？

解：$V=1000\times(1+5\%\times3)\times$（P/F，6%，3）

$=1000\times1.15\times0.8396$

$=965.54$（元）

上面计算表明，该债券的价格必须小于或等于965.54元时才适宜购买。

3. 零息债券的估价模型

零息债券与一般债权相比较，没有票面利率，期内不计息，到期只能按面值偿还。其价值模型为

$$P=F\times(\mathrm{P/F},K,n)$$

公式中的符号含义同前。

【例6-13】 某债券面值1000元，期限4年，期内不计息，到期按面值偿还，市场利率8%。则计算价格为多少元时，企业才能进行投资？

解：$V=1000\times$（P/F，8%，4）$=1000\times0.7350=735$（元）

上面计算表明，该债券的价格只有小于或等于735元时，企业才能进行投资。

（三）债券收益率的计算

债券的投资收益是投资于债券所获得的全部投资报酬，是债券投资时选购债券的重要依据。债券的收益来源于债券的利息收益、利息的再投资收益以及中途转让的价差收益三个方面。只有债券的收益率高于投资人要求的必要报酬率时，该债券才值得投资。

1. 短期债券收益率的计算

短期债券由于期限较短，一般不用考虑货币时间价值因素，只需考虑差价收

益及利息收益，将其与投资额相比，即可求出短期债券收益率。其基本计算公式为

$$K=\frac{S_1-S_0+I}{S_0}\times 100\%$$

式中，S_0——债券购买价格；

S_1——债券出售价格；

I——债券利息；

K——债券投资收益率。

【例6-14】 甲公司于2009年10月8日拟以900元购进一张面值1000元、票面利率8%、每年付息一次的债券，并于2010年10月8日以950元的市价出售。

要求：计算该债券的投资收益率。

解：$K=(950-900+80)\div 900\times 100\%=14.44\%$

即债券的投资收益率为14.44%。

2. *长期债券收益率的计算*

长期债券由于涉及时间较长，需要考虑货币时间价值，其投资收益率一般是指购进债券后一直持有至到期日可获得的收益率，它是使债券利息的年金现值和债券到期收回本金的复利现值之和等于债券购买价格时的贴现率。

若债券有固定的票面利率，每期支付利息，到期归还本金，根据长期债券收益率的概念，其收益率估算的模型为

$$P=I\cdot(\mathrm{P/A},K,n)+F\cdot(\mathrm{P/F},K,n)$$

式中，P——债券的购买价格；

I——每年获得的固定利息；

F——债券到期收回的本金或中途出售收回的资金；

K——债券的投资收益率；

n——投资期限。

按上述公式计算债券的收益率，可以比照本章第二节项目投资评价决策指标“内含报酬率”的计算方法计算，即逐次测试法。

【例6-15】 某公司2010年1月1日购买了一张面值为1000元、票面利率8%、5年期、每年1月1日付息一次的债券。假设债券发行价格为1100元，则债券的到期收益率为多少？

解：先试算，首先取$K_1=6\%$，此时

$P_1=80\times(\mathrm{P/A},6\%,5)+1000\times(\mathrm{P/F},6\%,5)$

$=80\times 4.2124+1000\times 0.7473$

$=1084.29$（元）

因为试算的结果 P_1 小于发行价格 1100 元，说明试算的贴现率 K_1 大于债券的到期收益率，因此应取较小的贴现率进行测算。

取 $K_2=5\%$，此时

$$
\begin{aligned}
P_2 &= 80\times(P/A,\ 5\%,\ 5)+1000\times(P/F,\ 5\%,\ 5)\\
&= 80\times 4.3295+1000\times 0.7835\\
&= 1129.86\ (\text{元})
\end{aligned}
$$

因为试算的结果 P_2 大于发行价格 1100 元，说明试算的贴现率 K_2 小于债券的到期收益率。此时可根据测算结果 K_1、K_2、P_1、P_2，利用内插法公式计算债券的到期收益率，即

$$
K=5\%+\frac{1129.86-1100}{1129.86-1084.29}\times(6\%-5\%)=5.66\%
$$

所以，如果债券的购买价格为 1100 元时，债券的收益率为 5.66%。

若债券为到期一次还本付息的单利债券，根据长期债券收益率的概念，其收益率估算的模型为

$$
P=F\ (1+i\cdot n)\ \cdot\ (P/F,\ K,\ n)
$$

公式中的符号含义同前。

按上述公式计算债券的收益率，也可比照本章第二节项目投资评价决策指标“内含报酬率”的计算方法计算，即先求复利现值系数值，然后查表内插即可。

二、普通股票投资

（一）普通股票投资的目的和特点

普通股票投资是企业通过购买股票而获取收益的一种投资行为。企业进行股票投资的目的包括获取股利收入、股票买卖差价以及购买某一企业大量股票达到控制该企业等。

股票投资和债券投资都属于证券投资。但相对于债券投资而言，股票投资是权益性投资，股票是代表所有权的凭证，持有人作为发行公司的股东，有权参与公司的经营决策；股票投资者购买股票后，不能要求股份公司偿还本金，因此股票投资的风险较大；另外，由于股票投资的收益主要来源于公司发放的股利和股票转让的价差收益，而股票价格和股利收益既受发行公司经营状况影响，又受股市投机等因素的影响，波动性极大，因此相对于债券而言，其收益的稳定性较差。

（二）普通股票内在价值的估计

股票的内在价值即股票的价值，是进行股票投资所获得的现金流入的现值。股票带给投资者的现金流入包括两部分，即股利收入和股票出售时的资本利得。因此，股票的内在价值由一系列的股利和将来出售股票时售价的现值所构成。通

常当购买价格小于或等于内在价值的股票，是值得投资者购买的股票。

1. 股票估价的基本模型

从理论上说，如果股东不中途转让股票，股票投资没有到期日，投资于股票所得到的未来现金流量是各期的股利。假定某股票未来各期股利为 D_t（t 为期数），K_t 为估价所采用的贴现率即所期望的最低收益率，则股票价值的股价模型为

$$V=\frac{D_1}{(1+K)^1}+\frac{D_2}{(1+K)^2}+\cdots+\frac{D_n}{(1+K)^n}+\cdots$$

$$=\sum_{i=1}^{\infty}\frac{D_t}{(1+K)^t}$$

2. 常见的股票估价模型

（1）股利固定不变模型

$$V=D\div K$$

式中，V——股票内在价值；

D——每年固定股利；

K——投资人要求的资金收益率。

【例 6-16】 甲企业拟投资购买并长期持有某公司股票，该股票每年分配股利为 5 元，企业要求的报酬率为 10%。

要求：计算该股票价格为多少元时企业才可以投资。

解：拟投资股票的价值为

$V=D\div K=5\div 10\%=50$（元）

所以股票价格低于或等于 50 元时企业才可以投资。

（2）股利固定成长模型

$$V=D_0\times(1+g)/(K-g)$$

$$=D_1/(K-g)$$

式中，D_0——上年股利；

D_1——本年股利；

g——每年股利增长率。

【例 6-17】 某企业拟投资某公司股票，该股票上年每股股利为 5 元，预计以后股利每年以 4% 的速度增长。企业要求的报酬率为 7%。

要求：计算该股票价格为多少元时企业可以投资。

解：拟投资股票的价值为

$V=D_0\times(1+g)\div(K-g)=5\times(1+4\%)\div(9\%-4\%)=104$（元）

所以股票价格低于或等于 104 元时企业才可以投资。

（三）股票投资收益率的计算

股票的投资收益是投资于股票所获得的全部投资报酬，是股票投资时选购股

票的重要依据。股票投资的收益来源于股利收益、股利的再投资收益以及中途转让的价差收益三个方面。只有股票的收益率高于投资人要求的必要报酬率时，该股票才值得投资。

1. 短期股票投资收益率的计算

短期股票是指在购买后准备在1年内出售的股票。由于持有时间较短，货币的时间价值对收益的影响不大，因此为简化计算，短期股票投资收益率的计算一般不需考虑货币时间价值，其收益率计算公式如下：

$$K=\left(S_1-S_0+D\right)\div S_0\times 100\%$$

式中，K——短期股票收益率；

S_1——股票出售价格；

S_0——股票购买价格；

D——股利。

【例6-18】 A公司2010年5月10日以市价10元/股购入某公司股票。2011年1月10日，A公司收取每股0.2元的现金股利。2010年5月10日，A公司将该股票以16元/股的价格出售。

要求：计算投资收益率应为多少。

解：该股票的收益率为

$K=(16-10+0.2)\div 10\times 100\%=62\%$

2. 长期股票投资收益率的计算

当企业购买股票以后，准备持有时间超过1年时，称为长期股票投资。由于长期股票投资期限较长，投资收益率的计算应考虑资金时间价值。股票投资的收益率是使各期股利及未来股票售价的复利现值等于股票买价时的贴现率。其投资收益率估算的具体模型为

$$P=\sum_{t=1}^{n}\frac{D_t}{(1+K)^t}+\frac{P_n}{(1+K)^n}$$

式中，P——股票买价；

D_t——第t期股利；

K——股票出售价格；

n——持有股票的期数。

具体按上述公式计算股票投资的收益率时，可以比照本章第二节项目投资评价决策指标“内含报酬率”的计算方法计算，即逐次测试法。

【例6-19】 甲公司于2006年7月1日以600万元从股票市场上购得A公司股票100万股，2007年、2008年和2009年的7月1日分别收到A公司发放的现金股利60万元、80万元和90万元。甲公司于2009年7月1日以每股8元的价格将购买的A公司股票全部抛售。试计算甲公司该项股票投资的收益率。

解：先试算，首先取 $K_1=20\%$，此时

$P_1=60\times$（P/F，20%，1）$+80\times$（P/F，20%，2）+（90+80）×（P/F，20%，3）

$=60\times0.8333+80\times0.6944+890\times0.5787$

$=620.59$（万元）

因为试算的结果 P_1 大于发行价格600万元，说明试算的贴现率 K_1 小于该股票投资的收益率，因此应取较大的贴现率进行测算。

取 $K_2=24\%$，此时

$P_2=60\times$（P/F，24%，1）$+80\times$（P/F，24%，2）$+890\times$（P/F，24%，3）

$=60\times0.8065+80\times0.6504+890\times0.5245$

$=567.23$（万元）

因为试算的结果 P_2 小于发行价格600万元，说明试算的贴现率 K_2 大于该股票投资的到期收益率。此时可根据测算结果 K_1、K_2、P_1、P_2，利用内插法公式计算股票投资的收益率，即

$K=20\%+(620.59-600)\div(620.59-567.23)\times4\%=21.54\%$

此外，对准备长期持有的股利固定增长的股票的收益率的计算，可利用该类股票的价值估价模型 $V=D_1/(K-g)$，倒推公式中的收益率 K 值，以确定股票投资的收益率。

小 结

投资管理是财务管理的重要内容，在投资管理中又以项目投资为重点。项目投资是一种以特定项目为对象，直接与新建项目或更新改造项目相关的长期投资行为。

影响项目投资决策的主要因素是需求因素、时期和时间价值因素、广义的成本因素。需求因素主要通过投资项目建成后预计产品的各年营业收入的水平来反映，时期因素是由项目计算期构成情况决定的。在计算出相关动态评价指标时，要考虑时间价值因素，但选择适当折现率至关重要，广义成本费用包括投入阶段和产出阶段的成本，投入阶段的成本由原始投资所决定，产出阶段的成本是由运营期发生的经营成本、营业税金及附加和企业所得税三个因素所决定的。

计算项目投资评价指标的基础是现金流量，现金流量的计算要以一定的假设为前提。现金净流量是现金流入量与同期现金流出量的差额，要根据现金流入量和现金流出量的内容进行估算，建设期现金净流量一般为负值或零，运营期现金净流量一般大于零，各期现金流量可以按照简化公式计算。

项目投资决策评价的方法，根据是否考虑时间价值，可分为非贴现投资决策评价法和贴现投资决策法。非贴现投资决策评价方法分为静态投资回收期法和投资利润率法。贴现投资决策法包括净现值法、现值指数法和内部收益率法。

证券投资是指投资者将资金投资于股票、债券、基金及衍生证券等资产，从而获取收益的一种投资行为。证券投资主要有债券投资和普通股票投资，其评价指标主要有内在价值和收益率。

思 考 题

1. 简述影响投资决策的主要因素。
2. 简述项目投资的决策程序。
3. 简述投资项目现金流量估计假设条件。
4. 简述净现值指标的优缺点。
5. 简述净现值和内部收益率评价指标的区别与联系。

练 习 题

一、单项选择题

1. 下列各项中不属于项目投资现金流出量内容的是（　　）。

A. 建设投资　B. 固定资产投资　C. 无形资产投资　D. 无形资产摊销

2. 已知某投资项目按 14% 折现率计算的净现值大于零，按 16% 折现率计算的净现值小于零，则该项目的内含报酬率肯定（　　）。

A. 大于 14%，小于 16%　B. 小于 14%

C. 等于 15%　D. 大于 16%

3. 下列评价指标中，属于非折现指标的是（　　）。

A. 净现值　B. 投资利润率　C. 内含报酬率　D. 现值指数

4. 在只有一个投资项目可供选择时，通常认为该项目不可行的情况是（　　）。

A. 净现值 >0　B. 现值指数 <1

C. 现值指数 >1　D. 内部收益率 > 基准折现率

5. 对投资项目内部收益率的大小不产生影响的因素是（　　）。

A. 投资项目的原始投资　B. 投资项目的现金流入量

C. 投资项目的计算期　D. 投资项目的预期报酬率

6. 一般来说当新建项目的建设期不为 0 时，建设期内各年的净现金流量（　　）。

A. 小于或等于 0　B. 大于或等于 0　C. 等于 0　D. 无法判断

7. 某企业投资方案 A 的年销售收入为 180 万元，年成本和费用的总额为 120 万元，其中折旧为 10 万元，无形资产摊销为 10 万元，所得税率为 30%，则该投资现金净流量为（　　）。

A. 42 万元　B. 62 万元　C. 60 万元　D. 48 万元

8. 已知甲项目的原始投资额为 500 万元，建设期为 2 年，投产后 1 ~5 年的每年净现金流量为90万元，第6～10年的每年净现金流量为80万元，则该项目包括建设期的静态投资回收期为（ ）年。

A. 7.5　　B. 5　　C. 8　　D. 7.625

9. 面值为60元的普通股股票，预计年固定股利收入为6元，如果折现率为7%，那么，准备长期持有该股票的投资者能接受的最高购买价格为（ ）元。

A. 62.88　　B. 80　　C. 85.71　　D. 65.23

10. 证券投资收益不包括（ ）。

A. 证券出售现价与原价的价差　　B. 定期的股利

C. 利息收益　　D. 出售时的售价

11. 长期债券投资的主要目的是（ ）。

A. 合理利用暂时闲置资金　　B. 调节现金余额

C. 获得稳定的收益　　D. 获得企业的控制权

12. 甲公司以10元的价格购入某股票，假设持有1年之后以10.5元的价格售出，在持有期间获得1.5元的现金股利，则该股票的持有期收益率是（ ）。

A. 5%　　B. 15%　　C. 20%　　D. 10%

二、多项选择题

1. 在长期投资决策中，下列各项属于建设投资的有（ ）。

A. 固定资产投资　　B. 开办费　　C. 经营成本　　D. 无形资产投资

2. 净现值法的优点有（ ）。

A. 考虑了资金时间价值　　B. 考虑了项目计算的全部净现金流量

C. 考虑了投资风险　　D. 可从动态上反映项目的实际投资收益率

3. 在其他条件不变的情况下，若企业提高折现率，下列（ ）指标的大小会因此受到影响。

A. 净现值　　B. 现值指数　　C. 投资利润率　　D. 内含报酬率

4. 项目投资决策中，完整的项目计算期不是指（ ）。

A. 建设期　　B. 运营期　　C. 建设期＋达产期　　D. 建设期＋运营期

5. 下列属于投资项目的现金流出量的是（ ）。

A. 建设投资　　B. 流动资金投资　　C. 付现经营成本　　D. 各项税款

6. 下列各项中，属于投资项目决策非贴现评价指标的是（ ）。

A. 内含报酬率　　B. 静态投资回收期　　C. 现值指数　　D. 投资利润率

7. 下列关于投资利润率指标的表述，正确的是（ ）。

A. 没有考虑时间价值　　B. 没有考虑折旧的回收

C. 没有完整反映现金流量　　D. 没有反映建设期及投资方式对项目的影响

8. 与长期持有股利固定增长的股票内在价值呈同方向变化的因素有（ ）。

A. 预期第1年的股利　　B. 股利年增长率（g）

C. 投资人要求的资金收益率（K）　　D. 股票持有的期限

三、计算分析题

1. 某长期投资项目累计的净现金流量资料如

年份	0	1	2	3	…	6	7	…	15
ΣNCF	－100	－200	－200	－180	…	－20	20	…	500

要求：计算该项目的静态投资回收期。

2．某企业拟进行一项固定资产投资，该项目的现金流量表（部分）如下表所示。

现金流量表（部分）　　　　价值单位：万元

项　目	建设期（年）		经营期（年）					合　计
	0	1	2	3	4	5	6	
净现金流量	－1000	－1000	100	1000	B	1000	1000	2900
累计净现金流量	－1000	－2000	－1900	A	900	1900	2900	－
折现净现金流量	－1000	－943.4	89	839.6	1425.8	747.3	705	1863.3

要求：

（1）计算上表中用英文字母表示的项目的数值。

（2）计算或确定下列指标：①静态投资回收期；②净现值；③原始投资现值；④现值指数。

（3）评价该项目的财务可行性。

3．某企业拟建造一项生产设备。预计建设期为1年，所需原始投资310万元于建设起点一次投入。该设备预计使用寿命为5年，使用期满报废清理时残值收入10万元。该设备折旧方法采用直线法。该设备投产后每年增加净利润40万元。假定适用的行业基准折现率为10%。

要求：

（1）计算项目计算期内各年净现金流量。

（2）计算项目净现值，并评价其财务可行性。

4．甲公司以1030元的价格购入债券A，债券A的面值为1000元，票面利率为10%。如果该债券为按年付息，两年后到期，计算该债券的到期收益率。

5．ABC企业计划利用一笔长期资金购买股票。现有X公司股票和Y公司股票可供选择，ABC企业只准备投资一家公司股票。已知X公司股票现行市价为每股8元，上年每股股利为0.10元，预计以后每年以6%的增长率增长。Y公司股票现行市价为每股6元，上年每股股利为0.50元，股利政策将一贯坚持固定股利政策。ABC企业所要求的投资必要报酬率为8%。

要求：

（1）利用股票估价模型，分别计算X、Y公司股票价值。

（2）代ABC企业作出股票投资决策。

第七章 营运资本管理

学习目标

1. 了解营运资本的特点及周转
2. 理解营运资本的含义及存货 ABC 分类法
3. 掌握现金、应收账款和存货的概念、成本及决策方法
4. 掌握短期借款的利息支付方法、信用政策决策及短期融资券筹资的优缺点

第一节 营运资本管理概述

一、营运资本的含义

营运资本是指企业生产经营活动过程中占用在流动资产上的资金。营运资本有广义和狭义之分。广义营运资本又叫总营运资本，是指一个企业的流动资产总额；狭义的营运资本又叫净营运资本，是指流动资产减去流动负债后的差额。用公式表示为

$$营运资本 = 流动资产 - 流动负债$$

我们通常所说的营运资本一般是指净营运资本，所以营运资本的管理一般包括流动资产管理和流动负债管理两部分。

二、营运资本的特点

营运资本的特点主要体现在流动资产的特点和流动负债的特点上。

（一）流动资产的特点

流动资产是指可以在一年或超过一年的一个营运周期内变现的资产，主要包括货币资金、交易性金融资产、应收账款、存货等。流动资产与固定资产相比具有以下特点。

1）周转速度快，投资回收期短。流动资产在使用过程中，在一年或超过一年的一个营业周期内就能完成一次甚至几次周转，所以流动资产的周转速度比较快，投资回收期较短，对企业影响的时间比较短。因此，占用在流动资产上的资

金一般用短期资金来满足。

2）变现能力强。流动资产相对于固定资产等长期资产来说具有较强的流动性，能够在较短的时间内出售和变卖，变现能力强，这对于财务上满足临时性资金需求具有重要意义。

3）数量波动大。流动资产的需求量受企业内外条件的影响，随着企业内外部条件的变化而变化，波动性较大。同时，流动资产需求量的波动也会引起流动负债数量的波动。企业财务人员应该能够有效地预测和控制这种波动，以保证企业生产经营活动的顺利进行。

4）形态多样化。企业流动资产的形态是经常变化的，一般在现金、原材料、在产品、产成品、库存商品、应收账款和现金之间进行转换。企业为了保证生产的顺利进行需要筹集一定量的资金，这时流动资产以现金的形式存在，之后通过购买一定数量的原材料进行加工生产而形成在产品、半成品和产成品，产成品入库即形成库存商品，库存商品销售出去而形成应收账款（赊销）或现金（现销）。总之，企业在生产经营过程中，流动资产分别表现为现金、原材料、在产品、产成品、库存商品、应收账款等，各种不同形态的流动资产在空间上并存，在时间上依次继起。

（二）流动负债的特点

流动负债是指需要在1年或超过1年的一个营业周期内偿还的债务，又称短期负债，主要包括短期借款、应缴税金、应付账款、应付股利、应付职工薪酬、交易性金融负债等，与长期负债相比，流动负债具有以下特点。

1）筹资速度快，便于取得。短期负债在较短时期内即可归还，对于债权人而言，短期负债的风险要小于长期负债的风险，所以债权人的顾虑较少，便于取得。

2）筹资弹性大。相对于长期负债而言，债权人对于短期负债资金的限制较少，使得筹资企业对所筹资金的使用较为灵活、弹性比较大。

3）筹资成本较低。对于债权人而言，短期负债的风险要低于长期负债的风险，所以债权人对于短期借款要求的报酬也就低于长期借款的报酬，而债权人的报酬也就是债务人付出的成本，所以短期负债的利率通常低于长期负债的利率，也就是短期负债的资金成本低于长期借款的资金成本。

4）筹资风险高。短期负债的到期日较短，需要在很短的时间内偿还本息，这就要求筹资企业在短期内拿出足够的资金偿还债务，如果企业没有足够的资金用以偿还债务，则企业就会陷入财务危机。所以短期负债的筹资风险较高。

第二节 营运资本投资管理

一、现金管理

现金是流动性最强、盈利能力最差的一项资产。现金的概念有狭义和广义之分，狭义的现金是指单位为了满足经营过程中零星支付需要而保留的现金，也就是通常意义上所说的库存现金；广义的现金是指在生产过程中暂时停留在货币形态的资金，包括库存现金、银行存款、银行本票和银行汇票等。在我国广义的现金又称之为货币资金，本书所谓的现金为广义的现金，即货币资金。

（一）现金持有的动机及意义

1．现金的持有动机

虽然现金的盈利能力最差，但从企业生产经营的实际情况来看，企业往往要保持一定量的现金。既然现金的盈利能力最差，那么企业为什么要持有一定量的现金呢？从理论上来讲，主要是基于以下三个动机。

（1）交易动机

在生产经营过程中，企业的现金流入和现金流出往往不同步，所以企业为了保证生产经营的顺利进行，必须保持一定数量的现金，用于购买原材料、支付工资、缴纳税金、偿还债务等。交易动机是企业持有现金的主要动机。企业为了满足以上各种日常生产经营中的交易而需要保持的现金支付能力即为交易性动机需求。在生产经营过程中，如果能够保证现金流入和现金流出在时间和数量上同步，也就是说当企业需要支付一定量的现金时，正好可以收回相同数量的现金，则企业为满足交易动机而持有的现金可以减少到最少，但是这一点在企业实际生产经营中，却很难做到。所以企业为了应付交易动机，必须持有一定量的现金。一般来说，企业为满足交易动机所保持的现金持有量的多少主要取决于企业的销售水平。企业销售水平提高，销售额增加，企业所需的现金就会增加。

（2）预防动机

由于市场行情的瞬息万变和各种不确定因素的存在，使得企业很难对未来的现金流入量和现金流出量进行准确估计，一旦预期与实际发生偏离，必然会对企业正常的生产经营造成影响，为了应对未来现金流量的不确定性给企业带来的影响，企业往往在正常生产经营业务现金需求量的基础上，追加一定的现金持有量，这种为了应付紧急情况而需要保持的现金支付能力即为企业持有现金的预防动机。为满足预防动机而需要持有的现金量的多少主要取决于以下三个因素：首先是企业对现金流量预测的准确程度。现金流量预测的准确度越高，预防动机现金需求量就越少；反之，预测的准确度越低，实际偏离预期的程度就越高，企业就需要保持更多的现金。其次是企业临时举债能力的强弱。企业遇到紧急情况时，临时举债能力越强，则企业需要保持的现金量就会越少；反之，企业需要保持的现金量就会越多。最后是企业愿意承担风险的程度。如果企业承担风险的能力很强，而且企业愿意承担风险，则企业可以持有较少的现金，否则，企业应该持有较多的现金。

(3) 投机动机

投机动机，即是企业为了抓住市场上稍纵即逝的机会，从事投资活动获取较大的投资收益而需要保持的现金余额。这里的投机实际上也就是短期投资。比如，遇有廉价的原材料或其他资产供应的机会，可以用手头现金大量购入，以降低成本。再比如，在适当机购入低价有价证券等。然而在实际中，除了金融和投资公司外，很少有企业为投机目的而专门积存现金。

2. 现金管理的意义

现金是企业的血液所在，为了满足各种现金需求必须要持有一定量的现金。从理论上来讲，企业持有的现金越少越好，因为这样可以提高企业的收益能力，实现企业财务管理的目标，但同时，企业的流动性将会受到影响，流动性的降低又可能影响企业正常的生产经营活动。所以企业现金管理的主要目标就是实现现金的流动性和收益性的权衡，这样既能保证生产经营的顺利进行，又能降低企业现金持有量，提高资金的收益能力。总之，企业现金管理的目的就是在保证正常的生产经营活动现金需要的同时，降低企业现金持有量，提高资金的收益率。

（二）持有现金的成本

企业为了保证生产经营的顺利进行，必须持有一定数量的现金，企业持有现金通常是有成本的，其成本主要由管理成本、机会成本、转换成本和短缺成本组成。

1. 管理成本

现金的管理成本是指企业因持有现金而发生的一些管理费用，如管理人员的工资、安全措施费等。现金的管理成本具有固定成本的性质，它在一定范围内与现金持有量无明显的比例关系，属于决策的无关成本。

2. 机会成本

持有现金的机会成本是指企业持有一定量的现金而失去的再投资收益。再投资收益是企业持有一定量的现金而不能用该现金进行有价证券投资所产生的收益，所以现金的机会成本的大小一般用有价证券的收益或资金成本来表示。机会成本属于变动成本的范畴，它与现金持有量成正相关关系，即现金持有量越多，机会成本越高，二者之间的关系可用如下公式表示：

$$机会成本=现金持有量\times有价证券利率（或报酬率）$$

3. 转换成本

企业为了在保证流动性的前提下，提高收益，往往将现金投资于短期有价证券来获取一定的收益。当企业需要现金时，可以通过出售有价证券获取所需现金。转换成本即为企业用现金购入有价证券以及出售有价证券换取现金时付出的交易费用，也就是现金与有价证券之间的转换成本。假定每次的转换成本是固定的，那么，转换成本与现金持有量呈反向变动关系。

4. 短缺成本

现金的短缺成本，是指企业因现金的缺乏而又无法及时通过出售有价证券加以补充时给企业造成的损失或因此而付出的代价。现金持有量越大，企业发生现金短缺的可能性就越小，现金的短缺成本就越小；反之，现金持有量越小，企业发生现金短缺的可能性就越大，现金的短缺成本就越大。

现金成本与现金持有量之间的关系可用图 7.1 描述。

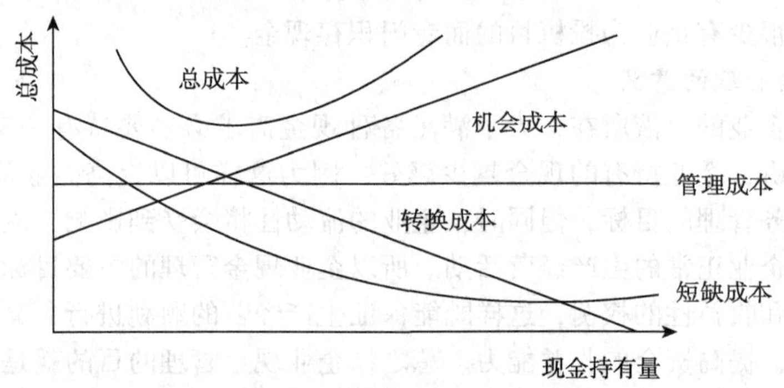

图 7.1 现金成本与现金持有量的关系

（三）最佳现金持有量的确定

如前所述，现金是流动性最强收益性最差的一项资产，如果企业为了保证其收益能力而持有较少的现金，则难以保证即刻的支付需要，有可能会使企业因此而蒙受损失；相反，如果为了保证企业资产的流动性而持有过多的现金，则会降低企业的收益能力，与企业管理的目标相背离，所以对现金的管理主要是在现金的流动性和收益性之间进行权衡，也就是确定一个最佳现金持有量，在此持有量基础上既能满足现金支付的需要又能保证一定的收益率能力。

所谓最佳现金持有量，是指使持有现金的相关总成本最低的现金余额。目前比较常用的现金持有量确定方法有成本分析模式、存货模式、随机模式和现金周转模式等。

1. 成本分析模式

成本分析模式是指通过分析比较现金的持有成本，分析预测其相关总成本最低时现金持有量的一种方法。管理成本属于固定成本，其大小与现金持有量无关，属于决策的无关成本；在成本分析模式下，不存在现金与有价证券的转换，转换成本为零。所以，在成本分析模式下，现金的相关成本为机会成本和短缺成本，在成本分析模式下的最佳现金持有量，也就是使机会成本和短缺成本之和最小的持有量。成本分析模式下，持有现金的成本和现金持有量的关系，可通过图7.2描述。

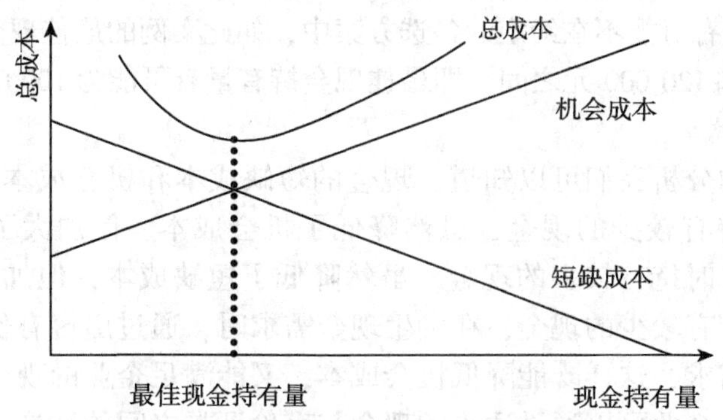

图7.2　成本分析模式示意图

从上图可以看出，机会成本与现金持有量呈正向变动关系，即现金持有量越大，机会成本就越高；短缺成本与现金持有量呈反向变动关系，即现金持有量越大，短缺成本就越小；而总成本是一条抛物线，抛物线的最低点也就是总成本最低点对应的现金持有量，即为成本分析模式下的最佳现金持有量。

【例7-1】　某企业现有甲、乙、丙、丁四种现金持有量备选方案（如表7.1所示），试运用成本分析模式确定最佳现金持有量。

表7.1　某企业现金持有量的备选方案　单位：元

方　案	甲	乙	丙	丁
平均现金持有量	40 000	60 000	90 000	120 000
机会成本率	15%	15%	15%	15%
短缺成本	18 500	15 000	10 000	9000

解：成本分析模式下四种备选方案成本计算如表7.2所示。

表7.2　成本分析模式下备选方案成本计算　单位：元

项　目	甲	乙	丙	丁
平均现金持有量	40 000	60 000	90 000	120 000
机会成本率	15%	15%	15%	15%
机会成本	6000	9000	13 500	18 000
短缺成本	18 500	15 000	10 000	9000
相关总成本	24 500	24 000	23 500	27 000
最佳现金持有量	90 000			

通过对比以上各方案可知，丙方案的相关总成本最低，也就是说当企业持有90 000元现金时，其付出的总代价最小，此时能够给企业带来最大的收益，所以，90 000元是企业的最佳现金持有量。

该方法计算较为简单，其准确性主要依赖于对各项成本预测的准确程度。即使是各项成本预测较为准确，所确定的现金持有量也不一定是最佳现金持有量，因为最佳现金持有量有可能不在给定的备选方案中，如此案例的最佳现金持有量有可能介于90 000元和120 000元之间，即最佳现金持有量有可能为100 000元。

2．存货模式

通过上面的分析我们可以知道，现金的短缺成本和机会成本是此消彼长的，如果企业平时持有较少的现金，虽然降低了机会成本，但加大了短缺成本；相反，如果企业平时持有较多的现金，虽然降低了短缺成本，但加大了机会成本。如果企业平时持有较少的现金，在发生现金需求时，通过出售有价证券或银行借款来满足现金需求，这样既能降低机会成本，又能满足企业的现金需求，降低短缺成本。所以，企业可以通过适当的现金与有价证券之间的转换，来提高企业资金的使用效率。那么，如何确定每次现金和有价证券的转换量，就成为现金管理的关键问题。此时，可以通过最佳现金持有量的存货模式来解决这个问题。

鲍曼最早注意到现金余额与存货有许多相似之处，所以此模型又叫鲍曼模型。该模型主要是从现金的机会成本和有价证券之间的转换成本入手，分析最佳现金持有量。运用存货模式确定最佳现金持有量是建立在以下假定基础上的。

1）企业所需要的现金可通过证券变现取得，且证券变现的不确定性很小。

2）企业预算期内现金需要总量可以预测。

3）现金的支出过程比较稳定、波动较小，而且每当现金余额降至零时，均通过部分证券变现得以补足。

4）证券的利率或报酬率以及每次固定性交易费用可以获悉。

在以上假设基础上，我们可以看出，存货模式下现金的相关成本为机会成本和转换成本。因为，在存货模式下，不允许出现缺货，所以短缺成本为零；而管理成本为固定成本，属于决策的无关成本。所以在存货模式下，现金成本与现金持有量关系可用图7.3描述。

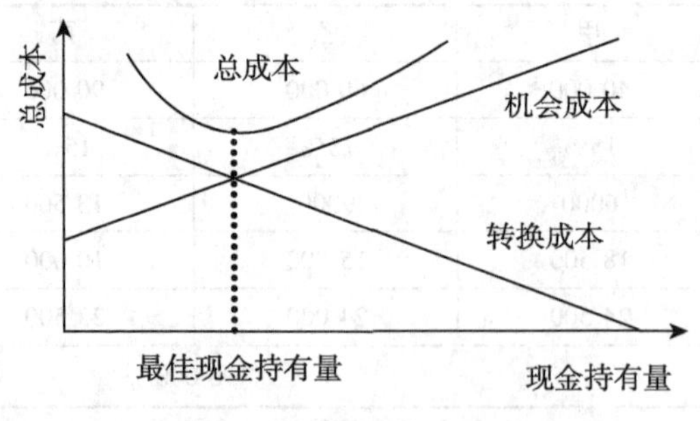

图7.3 存货模式示意图

另外，通过假设条件3）可以看出，企业的现金流量状况是均衡的，而且，每当现金余额将要降至零时，即可通过出售有价证券补足，则企业的现金流量状况可通过图 7.4 来描述。

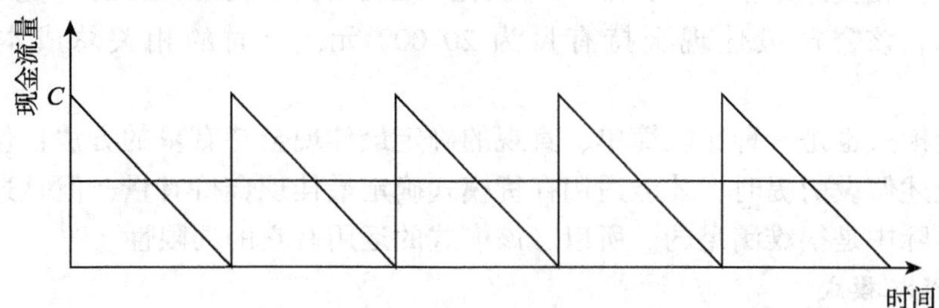

图 7.4　存货模式下现金流量示意图

假设用 T 表示一定时期内现金需求总量；C 表示最佳现金持有量；F 表示现金和有价证券之间每次固定的转换费用；K 表示机会成本率或资金成本，那么有

$$\text{平均现金持有量} = \frac{C}{2}$$

$$\text{机会成本} = \frac{C}{2} \times K$$

$$\text{转换成本} = \frac{T}{C} \times F$$

$$\text{相关总成本} = \text{机会成本} + \text{转换成本}$$

$$= \frac{C}{2} \times K + \frac{T}{C} \times F$$

由图 7.3 可以看出，在机会成本 = 转换成本时，相关总成本最低，即此时的现金持有量为最佳现金持有量。所以，此时的最佳现金持有量 C^* 应该满足以下等式：

$$\text{机会成本} = \text{交易成本}$$

即

$$\frac{C}{2} \times K = \frac{T}{C} \times F$$

所以

$$C^* = \sqrt{\frac{2TF}{K}}$$

此时

$$\text{相关总成本} = \sqrt{2TKF}$$

【例 7-2】　根据预算资料可知，某公司现金流量比较均衡，2010 年全年现金需求总量为 20 万元，现金和有价证券之间每次固定的交易费用为 100 元，资金成本率为 10%，试确定该公司最佳现金持有量。

解：最佳现金持有量 $C^* = \sqrt{\frac{2TF}{K}} = \sqrt{\frac{2 \times 200\ 000 \times 100}{10\%}} = 20\ 000$（元）

此时，相关总成本 = $\sqrt{2TKF} = \sqrt{2 \times 200\ 000 \times 100 \times 0.1} = 2000$（元）

所以，该公司最佳现金持有量为 20 000 元，此时的相关总成本最低为 2000 元。

存货模式也是一种比较简单、直观的确定最佳现金持有量的方法；但是，只有满足上述假设前提时，才能适用存货模式确定最佳现金持有量，但是这些假设前提在实际中是很难满足的。所以，该模式的运用有它的局限性。

3．随机模式

如果，企业现金流量发生均衡，而且，在一定时期内现金需求总量可以预知的情况下，可以运用存货模式来确定企业最佳现金持有量。但是，实际中，企业现金需求量往往波动很大，而且难以准确预测，那么，该如何进行现金持有量的控制呢？这种情况下，可以运用随机模式，进行现金持有量的控制。

随机模式又称为统计模式，是指在现金需求总量难以预知的情况下，进行现金持有量控制的一种方法。该种方法的原理是，假设企业的现金支出量是随机的，无法具体确定，但是企业可以根据以往历史经验和现实需求，测算出一个现金持有量的控制范围。企业在日常生产经营过程中，使企业现金保持在该范围之内，如果企业现金量达到控制上限，则可以用现金购入有价证券，使得现金持有量下降；如果现金持有量达到控制下限，则可以通过出售有价证券补足现金，使得现金持有量回升；如果现金持有量在控制上下限之内，则可以不用进行现金与有价证券的转换。随机模式下，现金流量的变化可通过图 7.5 描述。

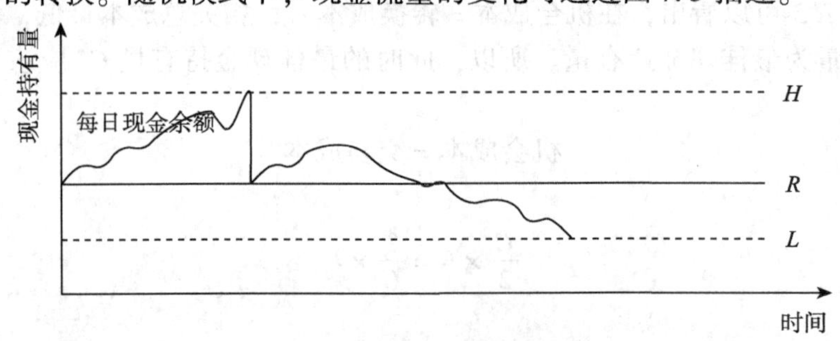

图 7.5　随机模式下现金流量示意图

图中，H 是指现金存量的上限；L 是指现金存量的下限；R 是指最优现金返回线。从上图可以看出，当现金量达到 H 时，即可以通过购入有价证券使现金返回到 R；当现金达到 L 时，即可以通过出售有价证券使现金达到 R；当现金在 H 和 L 之间时，是合理的，不用过多关注。

因为随机模式的计算比较复杂，这里就不再赘述。

上述现金持有量的各种确定方法，各有其优缺点。企业可以根据自身的特点及现金管理的规律性，来选择不同的方法确定最佳现金持有量。

二、应收账款管理

应收账款是指企业因销售商品、材料或提供劳务等，而应向购货单位或接受劳务单位收取的款项。应收账款的产生通常是由于以下两种原因：首先是由于商业竞争引起的，这是产生应收账款的主要原因。在市场竞争日益激烈的市场经济条件下，企业为了提高竞争力，不得不采用赊销，此时产生的应收账款即为商业竞争引起的，它是一种商业信用。其次是由于销售和收款的时间差引起的应收账款。即便是现销时，收入的确认和款项的回收也可能会产生时间差，此时产生的应收账款，不属于商业信用，也不属于应收账款的主要内容，这部分应收账款不属于我们要研究的主要内容。所以本部分主要讨论的应收账款是指由商业竞争引起的商业信用。

（一）应收账款的成本

企业持有应收账款是要付出一定代价的，主要包括机会成本、管理成本和坏账成本。

1．机会成本

应收账款的机会成本是指因资金占用在应收账款上而失去的其他再投资收益。如投资于有价证券的利息收入即为应收账款的机会成本。机会成本的大小与应收账款持有量呈正向变动关系，一般情况下，应收账款的持有量越大，机会成本就会越大；反之，机会成本就越小。机会成本的大小可以通过以下公式计算：

$$\text{机会成本}=\text{维持赊销业务所需的资金}\times\text{资金成本率}$$

上式中，资金成本率通常用有价证券利率表示，维持赊销业务所需的资金可以通过以下步骤计算：

$$\text{维持赊销业务所需的资金}=\text{应收账款平均余额}\times\text{变动成本率}$$

$$\text{应收账款平均余额}=\text{平均日赊销额}\times\text{平均收账期}=\frac{\text{年赊销额}}{360}\times\text{平均收账期}$$

【例7-3】　某公司2009年应收账款平均收账期为35天，年赊销收入净额为3 600 000元，变动成本率50%，资金成本率为10%，试计算应收账款的机会成本。

解：应收账款平均余额 $=\frac{3\ 600\ 000}{360}\times 35=350\ 000$（元）

维持赊销业务所需的资金 $=350\ 000\times 50\%=175\ 000$（元）

机会成本 $=175\ 000\times 10\%=17\ 500$（元）

2．管理成本

应收账款的管理成本是指对应收账款进行日常管理而耗费的开支。主要包括对客户的资信调查费用、搜集各种信息发生的费用、应收账款账簿记录费用、收账费用以及在应收账款管理过程中发生的其他管理费用。管理成本一般具有固定成本的性质，其大小与应收账款的持有量无关。

3. 坏账成本

坏账成本，是指因应收账款无法收回而给企业带来的损失。这一成本一般与应收账款的持有量呈正向变动关系，即应收账款数量越多，坏账成本就越大；反之，坏账成本就越小。坏账成本的大小通常用坏账损失率来表示。

通过上述分析，可以看出应收账款的成本和应收账款持有量之间的关系。它们之间的关系可以用图 7.6 描述。

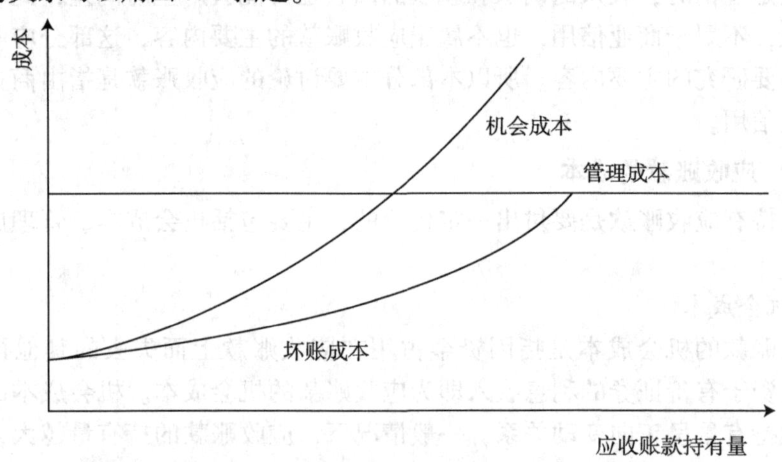

图 7.6 应收账款的成本与应收账款持有量的关系

(二) 应收账款的管理

采用赊销时，可以促进销售，减少存货的占用，但同时也会增加企业的应收账款。而应收账款的存在是要付出一定代价的，主要包括机会成本、管理成本和坏账成本，所以应收账款管理的目标在于在增加销量带来的收益和增加应收账款带来的成本之间进行权衡，制定比较合理的信用政策。

信用政策是指应收账款管理政策，它是指在特定的市场环境下，企业权衡了与应收账款有关的收益与成本，为指导企业信用管理部门处理应收账款的发生与收账措施所制定的一系列的配套政策。

1. 信用标准

信用标准是指顾客获得企业的交易信用所应具备的最低条件，通常以坏账损失率来表示。设置适当的信用标准是企业信用管理政策的基本要求和重要环节，它不仅会直接影响企业市场赊销的规模和发展潜力，而且也在很大程度上决定了企业客户群的规模和水平。在市场赊销模式下，企业执行过严或过宽的信用标准都不是明智之举，而应该充分考虑所处行业的市场状况、主要竞争对手的信用政策以及企业自身的市场战略、产品特性、生产和库存水平等因素的影响，在经过认真比较权衡的基础上，制定一个合乎企业自身情况的科学适宜的信用标准，并随着企业经营条件和市场环境的变化而不断进行调整，以便其更加符合企业经营目标和信用政策的总体要求。

企业在设定某一客户的信用标准时，往往先评估其信用品质。我们可以通过5C系统对顾客的信用品质进行评价。所谓的5C是指品德（character）、能力（capacity）、资本（capital）、抵押品（collateral）和条件（conditions）。

1）品德，也就是指客户的信誉，即客户履行偿债义务的可能性。企业在赊销之前必须想办法了解顾客过去的付款记录，如果客户一直信用不良，无诚意付款，则企业的信用风险是非常大的。所以这一点是评价顾客信用状况的首要因素。

2）能力，也就是指客户的偿债能力。客户偿债能力的强弱，主要是看其流动资产与流动负债的比例关系。如果客户的流动资产的流动性越强，其偿债能力越强，反之，其偿债能力就越差。

3）资本，主要是指客户的财务实力和财务状况，资本的多少主要是反映客户偿还债务的背景。

4）抵押品，是指客户拒付款项或无力支付款项时能被用做抵押的资产，一旦收不到客户的款项，便以抵押品抵补。这些对于不知底细或信用状况有争议的客户尤为重要。

5）条件，是指可能影响客户付款能力的经济环境。比如，一旦出现经济不景气，会对客户的付款有什么影响，客户会做出什么反应等。这些都需要通过了解客户在困难时期的付款情况得知。

2. 信用期间

信用期间是指企业许可客户从购货到付款之间的时间，也就是说企业同意授予客户的付款期间。延长信用期间，会使销售收入增加；与此同时应收账款、收账费用和坏账损失等也增加。缩短信用期间，则可能会失去部分客户，企业销售额下降；决策时可计算在各种信用期间下，收入与成本费用配比后的净增加额，然后采用净增加额最大的信用期。即通过比较信用成本后收益的大小进行决策。信用成本后收益的计算过程如下。

（1）计算出不同信用条件下的信用成本前收益

信用成本前收益＝年赊销额－变动成本－现金折扣

＝年赊销额×（1－变动成本率）－现金折扣

（2）计算出不同信用条件下的应收账款机会成本

应收账款机会成本＝维持赊销业务所需资金×资金成本率

维持赊销业务所需资金＝应收账款平均余额×变动成本率

应收账款平均余额＝平均日赊销额×平均收账天数

(3) 计算不同信用条件下的坏账损失

坏账损失 = 年赊销额 × 坏账损失率

(4) 计算出不同信用条件下的信用成本后收益

信用成本后收益 = 信用成本前收益 − 应收账款机会成本 − 坏账损失 − 收账费用

最后比较不同信用条件下的信用成本后收益，信用成本后收益最大的信用条件即为最佳的信用条件。

【例7-4】　某公司目前采用的信用条件为 $n/20$，现公司拟将信用条件放宽为 $n/30$。公司没有任何现金折扣，目前公司的资金成本率为10%，其他资料如表7.3所示。

表7.3　改变信用条件前后的数据资料　　单位：元

项目 \ 信用条件	$n/20$	$n/30$
销售额	400 000	500 000
变动成本率	50%	50%
坏账损失率	1%	1.5%
可能发生的收账费用	3500	4000

要求：根据计算分析确定企业是否应该改变现行信用条件。

解：首先，计算现行方案的信用成本后收益。

信用成本前收益 = 年赊销额 − 变动成本 − 现金折扣

$$= 400\ 000 \times (1 - 50\%) = 200\ 000 \text{（元）}$$

机会成本 = 平均日赊销额 × 平均收账期 × 变动成本率 × 资金成本率

$$= \frac{400\ 000}{360} \times 20 \times 50\% \times 10\% = 1111 \text{（元）}$$

坏账损失 = 400 000 × 1% = 4000（元）

信用成本后收益 = 信用成本前收益 − 机会成本 − 坏账损失 − 收账费用

$$= 200\ 000 - 1111 - 4000 - 3500 = 191\ 389 \text{（元）}$$

然后，计算新方案的信用成本后收益。

信用成本前收益 = 年赊销额 − 变动成本 − 现金折扣

$$= 500\ 000 \times (1 - 50\%) = 250\ 000 \text{（元）}$$

机会成本 = 平均日赊销额 × 平均收账期 × 变动成本率 × 资金成本率

$$= \frac{500\ 000}{360} \times 30 \times 50\% \times 10\% = 2083 \text{（元）}$$

坏账损失 = 500 000 × 1.5% = 7500（元）

信用成本后收益 = 信用成本前收益 − 机会成本 − 坏账损失 − 收账费用

$$= 250\ 000 - 2083 - 7500 - 4000 = 236\ 417 \text{（元）}$$

通过比较可以看出，新方案的信用成本后收益大于现行方案的信用成本后收益，所以应该改变信用条件。

3. 收账政策

收账政策，又称收账方针，是指客户违反信用条件，拖延甚至拒绝付款时企业所采取的收账策略与措施，包括电话催收、上门催讨、求助专门收款机构直至诉诸法律等。收账政策一般是基于理想的收账效果而制定的。所谓理想的收账效果，可以这样来描述：每个被选定的客户都是信用良好或有实力的客户，在公司所持有的应收账款到期以前，经过一定的提示和催收，能够全部被收回，保证公司运转在良好的现金流量之下。同时，又能够让客户满意，让客户理解销货企业的账款催收工作是信用管理水平比较高的表现，使它们继续同管理素质高的公司做生意，而不去选择企业的竞争对手。因此，公司的收账政策应该是给信用管理部门的一种授权，使具有丰富经验的信用管理人员能够在政策允许的范围内灵活行事，取得上述令人满意的收账效果。由于客户取得企业为赊销而授予的信用额度是经过严格审批的，在正常情况下，客户会按照信用条件规定的期限及时付款，履行其购货时承诺的付款责任。但是，由于种种原因，有的客户在期满后仍不能付清欠款。此时应针对不同的客户，采取不同的收账政策，比如，对过期较短的客户，不过多地打扰，以免将来失去这一市场；对过期稍长的客户，可以措辞婉转地写信催款；对过期较长的客户，频繁地信件催收并电话催询；对过期很长的客户，可以在催款时措辞严厉，必要时提请有关部门仲裁或提请起讼等。

三、存货管理

存货，是指企业在日常活动中持有以备出售的产成品或商品、处在生产过程中的在产品、在生产过程或提供劳务过程中耗用的材料和物料等。如果企业在需要时能够随时购入所需原材料、商品等，就没有必要保持存货。但实际上，企业为了保证生产经营的顺利进行，节约采购费用与生产时间，或者为了满足客户各种订货的需要，有必要保持一定数量的存货。然而，存货的增加必然要占用更多的资金，使得企业持有存货的成本增加。另外，企业存货的储存成本和管理费用也会增加，从而影响企业的获利能力。所以企业进行存货管理的主要目标是在保证生产经营顺利进行的前提条件下，尽量降低存货数量，降低存货成本，提高企业收益。

（一）存货的成本

通过上述分析可以看出，企业为了保证生产经营的顺利进行必须要保持一定数量的存货，但企业持有存货也是要付出一定代价的，即企业持有存货是有成本的，其成本主要包括取得成本、储存成本和短缺成本。

1. 取得成本

存货的取得成本主要由存货的进价和进货费用构成。存货的进价又称购置成本，是指存货本身的价值，等于存货的采购单价和采购数量的乘积。在一定时期进货总量一定的情况下，如果不存在数量折扣，无论企业采购次数如何变化，存货的进价是不变的，所以在进货总量一定、不存在数量折扣的条件下，存货的进价成本是固定成本，属于决策的无关成本。存货的进货费用又称订货成本，是指企业为组织进货而发生的支出，如进货发生的差旅费、搬运费、运输费、保险费等。进货费用中一部分与订货次数无关，这类费用具有固定费用的性质，属于决策的无关成本；而其中一部分费用和订货次数有关，这类费用属于决策的相关成本。在进货总量一定的前提下，每次订货数量越大、进货次数越少，进货费用就会越小；反之，进货费用就会越大。

2. 储存成本

储存成本，是指企业为持有存货而发生的费用，如存货管理人员的工资、存货占用资金的利息、存货的损失费用等。按照储存成本与存货数量的关系，储存成本可以分为变动性储存成本和固定性储存成本两类。变动性储存成本与存货数量有关，属于决策的相关成本；而固定性储存成本与存货数量无关，属于决策的无关成本。在进货总量一定的前提下，每次进货量越大、平均存货越多，储存成本就越大；反之，储存成本就越小。

3. 短缺成本

短缺成本，是指因为存货的短缺给企业带来的损失，包括停产损失、延误发货的信誉损失以及丧失的销售机会等。短缺成本是否为决策的相关成本要视情况而定。如果企业不允许出现缺货，那么短缺成本为零，此时短缺成本为决策的无关成本；如果企业允许出现缺货，那么短缺成本为决策的相关成本。在全年需求总量一定的情况下，如果每次进货越多、平均存货越多，短缺成本就越小；反之，短缺成本就越大。

通过上述分析，存货成本与每次订货数量有一定的关系，它们之间的关系可用图 7.7 描述。

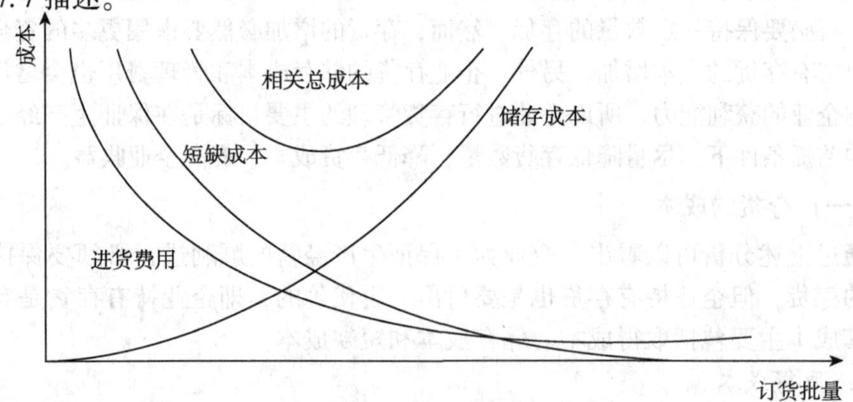

图 7.7 存货相关成本示意图

（二）存货的控制方法

1. 经济订货批量模型

从上述分析可知，企业有必要保持存货，但随着进货数量的变化，存货成本也会发生相应的变化。每次进货数量越大，短缺成本、进货费用越小，但储存成本越大；每次进货数量越小，储存成本变小，但同时进货费用和短缺成本加大，那么如何确定一个最佳的订货批量，使得相关总成本最小呢？比较常用的模型有基本模型和扩展模型。扩展模型有存在数量折扣、允许缺货、陆续供应和订货提前期等集中形式。本章主要对基本模型进行介绍。

影响存货总成本的因素很多，但为了解决比较复杂的问题，有必要简化一些变量，先研究简单的问题，然后再扩展到复杂的问题。这样就必要做出一些假设，经济订货批量基本模型需建立在以下假设基础上。

1）企业在一定时期的进货总量可以较为准确地予以预测，即一定时期进货总量 D 已知。

2）存货的耗用或者销售比较均衡。

3）存货的价格稳定，不存在数量折扣，即单价 U 已知。

4）储藏条件及所需资金不受限制。

5）不出现缺货情形，且存货能够及时补充，即短缺成本为零，这是因为良好的存货管理本来就不应该出现缺货。

在经济订货批量基本模型假设前提下，可知此时的相关成本为进货费用和储存成本，而进价成本和短缺成本为决策的无关成本。基本模型下，存货成本与订货批量之间的关系可通过图 7.8 描述。

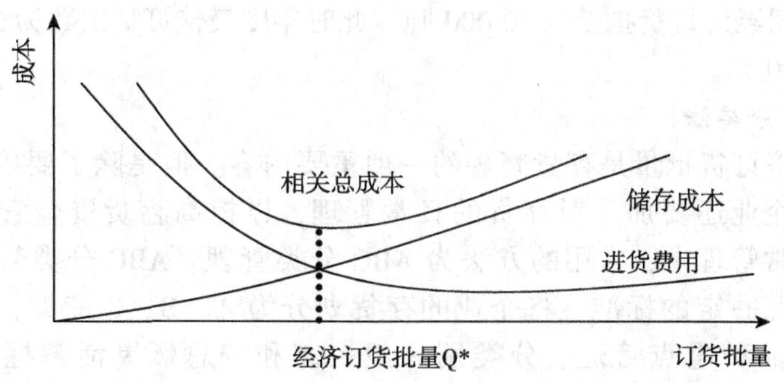

图 7.8　存货成本示意图

根据上述假设条件，假设用 K 表示每次固定的进货费用；K_C 表示单位存货年储存费用；Q^* 表示订货批量；那么

$$进货费用 = \frac{D}{Q^*}K$$

$$储存成本 = \frac{Q^*}{2}K_C$$

$$相关总成本\ T_C = 进货费用 + 储存成本 = \frac{D}{Q^*}K + \frac{Q^*}{2}K_C$$

在 D、K、K_C 已知的情况下，计算 T_C 的最小值，可以对上式进行求导，得出

$$Q^* = \sqrt{\frac{2KD}{K_C}}$$

此时，相关总成本 $T_C = \sqrt{2DKK_C}$

计算出的 Q^* 即为最佳经济订货批量，按此批量订货时的相关总成本最小。

【例 7-5】 某公司存货需求比较稳定，且不会出现存货；年存货需求总量为 240 000 吨，进货单价为 10 元，且不存在数量折扣；每次固定的进货费用为 1000 元，单位存货年储存成本为 0.3 元，试确定最佳经济订货批量、最佳订货次数、存货占用资金及此时的相关总成本。

解：根据上述条件，可以判断该公司适用经济订货批量基本模型，所以

$$Q^* = \sqrt{\frac{2KD}{K_C}} = \sqrt{\frac{2 \times 1000 \times 240\ 000}{0.3}} = 40\ 000\ （吨）$$

$$年度最佳订货次数 = \frac{240\ 000}{40\ 000} = 6\ （次）$$

$$存货占用资金 = \frac{PQ^*}{2} = \frac{10 \times 40\ 000}{2} = 800\ 000\ （元）$$

$$相关总成本 = \sqrt{2DKK_C} = \sqrt{2 \times 240\ 000 \times 1000 \times 0.3} = 12\ 000\ （元）$$

即该公司经济订货批量为 40 000 吨，此时年度最佳订货次数为 6 次，相关总成本为 12 000 元。

2. *ABC 分类法*

确定经济订货批量是存货管理的一项重要内容。但是除了要确定合理的订货批量外，企业还要加强对存货的日常管理，以提高存货资金管理的整体效果。存货日常管理中，常用的方法为 ABC 分类管理。ABC 分类管理的基本理念就是：按照一定的标准，将企业的存货划分为 A、B、C 三类，分别对三类存货实行分品种重点管理、分类别一般控制和按总额灵活掌握的存货管理方法。

实际中，企业的存货种类繁多、价值不一。所以企业在进行存货管理时，需要进行重点管理。比如：有些存货虽然数量较少，但是价值巨大，如果管理不善，很容易给企业造成极大的损失，所以企业对这类存货可以进行重点管理；而有些存货虽然数量繁多，但由于价值较小，即使管理中出现一些问题，也不至于给企业造成很大的影响，对于这类存货不必投入过多成本进行管理。正是基于这

种理念，一些学者提出了 ABC 分类管理的方法。

运用 ABC 分类管理时，其划分标准主要有两个：一是按照金额划分；二是按存货数量划分；并且，以金额为主，数量为辅。划分结果如下。

1）A 类存货：数量较少，价值金额巨大。其中，数量仅占全部存货数量的 10%，而价值金额占全部存货价值的 70%。

2）B 类存货：数量相对较多，价值金额一般。其中，数量占全部存货数量的 20%，价值金额占全部存货价值的 20%。

3）C 类存货：数量繁多，价值金额很小。其中，数量占全部存货数量的 70%，但其价值金额仅占全部存货价值的 10%。

也就是说，ABC 三类存货的数量比为：A: B: C = 1∶2∶7；金额之比为：A: B: C = 7∶2∶1。由于三类存货的重要程度不同，数量、金额也不相同，所以企业可以对三类存货分别进行管理。由于 A 类存货占用着企业绝大多数的资金，而且 A 类存货的品种数量较少，所以企业可以对 A 类存货按品种管理；对于 B 类存货金额相对较小，企业没有必要像对待 A 类存货那样对 B 类存货进行管理，但是由于 B 类存货的数量相对也较少，所以企业可以对 B 类存货进行类别管理；而 C 类存货尽管数量繁多，但是价值却很小，所以对 C 类存货不必进行细致管理，企业只要把握一个总金额即可。

通过上述分析，可以看出企业对存货实施 ABC 分类管理，可以使企业分清主次，采取相应的对策对存货进行有效的管理和控制，提高存货管理的效率和效益。

第三节　营运资本筹资管理

流动负债的种类较多，主要包括自发性负债筹资、短期借款、商业信用筹资和短期融资券四大类，其中自发性负债的筹资水平、使用期限等不是企业所能控制的，对于这部分负债不需要进行专门管理。所以，短期借款、商业信用筹资和短期融资券是企业最主要的短期资金来源，是流动负债管理的重点。

一、短期借款管理

短期借款是指企业向银行或其他非银行类的金融机构借入的期限在 1 年以内的借款。

（一）短期借款的种类

根据不同的分类标准可以将短期借款分为不同的类别。常见的分类标准有以下几种：按照借款的目的和用途可以将短期借款分为生产周转借款、临时借款、结算借款等；按照借款的偿还方式可以分为到期一次偿还和分期偿还；按照利息的支付方式分为收款法、贴现法和加息法；按照担保条件分为信用借款、担保借款和票据贴现。

（二）短期借款的信用条件

银行在发放短期借款时，往往附加一些信用条件，主要有信用额度、周转信贷协议和补偿性余额。

1）信用额度。亦即信贷限额，是借款人与银行在协议中规定的允许借款人借款的最高限额。一般来讲，企业在批准的信贷限额内，可以随时使用借款。但是，在企业信誉恶化时，银行可以拒绝提供借款，也就是说银行并不承担必须提供全部贷款的义务。

2）周转信贷协议。是指银行从法律上承诺向企业提供不超过某一最高限额的贷款协议。在协议的有效期内，只要企业的借款金额没有超过规定的最高限额，银行必须无条件满足企业提出的借款要求。而企业往往要就贷款限额未使用的部分支付一定的承诺费。

【例 7-6】 某周转信贷协议规定的最高限额为 100 万元整，承诺费率为 1%，借款企业在年度内借款金额为 80 万元，未使用的余额为 20 万元，企业需要就未使用的 20 万元支付的承诺费为：20 万元 ×1% =2000 元。

3）补偿性余额。补偿性余额是指银行要求的借款人在银行中保持按贷款限额或实际借用额的一定百分比计算的最低存款余额。银行要求补偿性余额的主要目的是降低银行风险。而对于借款企业来说，保留补偿性余额实际上是减少了企业实际可以使用的资金数量，提高了企业的实际借款利率。存在补偿性余额时，企业借款的实际利率为

$$\text{实际利率} = \text{利息} \div (\text{贷款额} - \text{补偿性余额})$$

或

$$\text{实际利率} = \text{名义利率} \div (1 - \text{补偿性余额比率})$$

【例 7-7】 某企业按年利率 5% 向银行借款 10 万元，银行要求维持贷款限额 10% 的补偿性余额，则企业实际可以使用的借款金额为 9 万元，该项借款的实际利率 $= \frac{10 \times 5\%}{9} = 5.56\%$。

（三）短期借款利息的支付方式

一般来说，短期借款利息的支付方式主要有收款法、贴现法和加息法三种。

1）收款法。又称利随本清法，是在借款到期时向银行支付利息的方法。采用这种方法，借款的名义利率（约定利率）等于其实际利率（有效利率）。

2）贴现法。是银行向企业发放贷款时，先从本金中扣除利息部分，而到期时借款企业再偿还全部本金的一种计息方法。采用这种方法时，企业实际可以使用的金额为实际借款金额减去利息后的余额，所以在此种方法下，实际利率高于

名义利率，即

$$贴现贷款实际利率 = 利息 \div (贷款金额 - 利息)$$

或

$$贴现贷款实际利率 = 名义利率 \div (1 - 名义利率)$$

【例7-8】 某企业从银行取得借款20 000元，期限1年，年利率为5%，银行要求企业采用贴现法支付利息。试计算此时企业的实际利率。

解：

$$实际利率 = \frac{20\,000 \times 5\%}{20\,000 - 20\,000 \times 5\%} = 5.26\%$$

3）加息法。是银行发放分期等额偿还贷款时所采用的利息收取方法。由于贷款分期等额偿还，借款企业实际上只平均使用了贷款本金的一半，所以此时企业负担的实际利率为名义利率的2倍。

二、商业信用管理

商业信用是指商品交易中的延期付款或延期交货所形成的借贷关系，是企业之间的一种直接信用关系。

商业信用筹资比较容易取得，而且在不存在现金折扣或使用不带息票据时，商业信用筹资是没有成本的。但是，如果存在现金折扣时，企业放弃现金折扣则需要较高的成本。商业信用筹资的形式主要有应付账款和预收账款两种形式。

（一）应付账款

应付账款是指因购买材料、商品或接受劳务供应等而发生的债务。这是买卖双方在购销活动中由于取得物资与支付货款在时间上不一致而产生的负债。应付账款按是否支付代价分为免费信用、有代价的信用和展期信用三种。免费信用主要包括两种，一种是不存在现金折扣时，买方在信用期限内付款而获得的信用；另外一种情况是在存在现金折扣时，买方在折扣期限内付款而获得信用；有代价的信用是指在存在现金折扣时，买方放弃现金折扣在信用期限内付款而获得信用；展期信用是指买方超过规定的信用期限推迟付款而强制获得的信用。

1．商业信用条件

指销货人对付款时间和现金折扣所作的具体规定。通常用“2/10，n/30”来表示。该信用条件的意思是指，如果买方在10天内付款，则可以享受2%的现金折扣，否则必须在30天内付全款。

2．放弃现金折扣的成本

在上述信用条件下，如果买方在10天内付款，则不需要付出任何代价，即属于免费信用。但是买方如果放弃现金折扣，即选择在第30天付款，则企业使

用商业信用筹资是需要付出代价的，此代价即为放弃现金折扣的成本。一般而言，放弃现金折扣的成本计算公式为

$$放弃现金折扣成本=\frac{折扣百分比}{1-折扣百分比}\times\frac{360}{信用期限-折扣期限}$$

上述公式表明，放弃现金折扣的成本与折扣百分比的大小、折扣期限的长短呈同方向变动，而与信用期限的长短呈反方向变动。

【例 7-9】 某企业按“2/10，n/50”的条件购入商品，价款 100 万元，试计算该企业放弃现金折扣的机会成本。

解： $$放弃现金折扣成本=\frac{2\%}{1-2\%}\times\frac{360}{50-10}=18.37\%$$

3. 利用现金折扣的决策

如果在附有信用条件的情况下，因为放弃现金折扣是需要付出代价的，而且获得不同的信用需要负担不同的代价，买方通常需要在利用哪种信用之间作出决策。一般来说，如果能够以低于放弃现金折扣成本的利率借入资金的话，就应该享受现金折扣，在折扣期限内付款；反之，则应该放弃现金折扣。

承上例，如果买方能够以 10% 的借款利率取得银行借款，则应该享受现金折扣，即在 10 天内付款；反之，则应该在 50 天内付款。

如果在折扣期限内将应付账款用于短期投资，所获得短期投资收益率高于放弃现金折扣成本，则应该放弃现金折扣，将资金用于投资以获得更高的收益；反之，则应该享受现金折扣。

承上例，如果买方将资金用于投资，可以获得 20% 的投资收益率，则应该放弃现金折扣，将资金用于投资；反之，则应该享受现金折扣。

（二）预收账款

预收账款是指卖方企业在交付货物之前向买方单位预先收取部分或全部货款的信用形式。对于卖方来说，预收账款相当于向买方借入资金后用货物抵偿。一般情况下，预收账款是不需要付出代价的，所以在这里不再赘述。

三、短期融资券管理

短期融资券是指具有法人资格的非金融企业，依照规定的条件和程序在银行间债券市场发行并约定在一定期限内还本付息的有价证券。短期融资券是由企业发行的无担保短期本票。在我国，短期融资券是指企业依照《短期融资券管理办法》的条件和程序在银行间债券市场发行（即由国内各家银行购买不向社会发行）和交易并约定在一定期限内还本付息的有价证券，是企业筹措短期（1 年以内）资金的直接融资方式。

（一）短期融资券的种类

按照不同的分类方式可以将短期融资券分为不同类别。其分类主要有以下

几种。

1）按发行方式分类，可将短期融资券分为经纪人代销的融资券和直接销售的融资券。经纪人代销的融资券，又称间接销售融资券，它是指先由发行人卖给经纪人，然后再由经纪人卖给投资者的融资券；直接销售的融资券，是指发行人直接销售给最终投资者的融资券。

2）按发行人的不同分类，可将短期融资券分为金融企业的融资券和非金融企业的融资券；金融企业的融资券主要是指由各大公司所属的财务公司、各种信托投资公司、银行控股公司等发行的融资券。这类融资券一般采用的是直接发行方式；非金融企业的融资券是指那些没有设立财务公司的工商企业所发行的融资券。这类融资券一般采用的是间接发行方式。

3）按融资券的发行和流通范围分类，可将短期融资券分为国内融资券和国际融资券。国内融资券是指一国发行者在其国内金融市场上发行的融资券；国际融资券是指一国发行者在其本国以外的金融市场上发行的融资券。

（二）短期融资券的成本

短期融资券的成本也就是利息，是在贴现的基础上支付的。短期融资券的成本计算公式为

$$i=\frac{r}{1-r\times\frac{n}{360}}$$

式中，i——实际利率；

r——票面利率；

n——票据期限。

【例 7-10】　某公司发行了为期 90 天的短期融资券，票面利率为 10%，则该短期融资券的成本是多少？

解：

$$i=\frac{10\%}{1-10\%\times\frac{90}{360}}=10.26\%$$

（三）短期融资券筹资的优缺点

1. 短期融资券筹资的优点

1）筹资成本低。在西方，短期融资券的成本一般是低于同期的贷款成本的。然而，由于我国短期融资券市场尚不成熟，因而有时会出现短期融资券成本高于同期贷款成本的情况。

2）筹资数额大。短期借款的数额一般不会太大，但是短期融资券的筹资数量一般是没有限制的，可以筹集更多的资金。

3）可以提高企业信誉和知名度。由于发行短期融资券具有较严格的条件限

制，所以一般企业很难发行短期融资券，而能够发行短期融资券的企业都是一些信誉比较好、实力比较强的企业，这样可以通过发行短期融资券大大提高企业的信誉和知名度。

2. 短期融资券筹资的缺点

1）筹资风险大。由于短期融资券的要求比较严格，到期必须归还，延期的可能性比较小。如果到期企业不能归还，那么企业信誉会受到较大影响，筹资风险比较大。

2）筹资弹性小。短期融资券的筹资数量太少时，会加大单位资金的筹资成本，所以一般短期融资券的筹资数量都是比较大的。另外，一般情况下，短期融资券不能提前偿还，即使企业有富余的资金，也需要到期偿还。

3）发行条件严格。一般而言，只有信誉好、实力强、效益高的企业才有资格发行短期融资券，并不是任何企业都可以发行的，发行条件比较严格。

小 结

本章主要介绍了企业营运资本管理的有关概念及流动资产和流动负债管理的相关内容。

营运资本是指企业生产经营活动过程中占用在流动资产上的资金。营运资本有广义和狭义之分，广义营运资本又叫总营运资本，是指一个企业的流动资产总额；狭义的营运资本又叫净营运资本，是指流动资产减去流动负债后的差额。对营运资本的管理包括对流动资产和流动负债的管理。流动资产一般具有周转速度快、投资回收期短、变现能力强、数量波动大、形态多样化等特点；流动负债一般具有筹资速度快、便于取得、筹资风险高、筹资成本较低、筹资弹性大等特点。

现金的持有动机主要有交易动机、预防动机和投机动机。而企业现金管理的目的就是在保证正常的生产经营活动现金需要的同时，降低企业现金持有量，提高资金的收益率。

企业持有现金是有成本的，其成本主要有管理成本、机会成本、转换成本和短缺成本。最佳现金持有量即是使现金相关总成本最低时的现金持有量，目前常用的最佳现金持有量的确定方法有成本分析模式、存货模式和随机模式。

应收账款是指企业因销售商品、材料或提供劳务等，而应向购货单位或接受劳务单位收取的款项。企业持有应收账款的成本主要包括机会成本、管理成本和坏账成本。应收账款的信用政策包括信用标准、信用条件和收账政策三部分内容。

存货的成本主要有取得成本、储存成本和短缺成本。存货的控制方法主要有经济订货批量模型和 ABC 分类法。

短期借款是指企业向银行或其他非银行类的金融机构借入的期限在一年以内的借款。银行在发放短期借款时，往往附加一些信用条件，主要有信贷额度、周转信贷协议和补偿性余额。一般来说，短期借款利息的支付方式主要有收款法、贴现法和加息法三种。

商业信用是指商品交易中的延期付款或延期交货所形成的借贷关系，是企业之间的一种直接信用关系。商业信用筹资主要有应付账款和预收账款两种形式。

应付账款按是否支付代价分为免费信用、有代价的信用和展期信用三种。免费信用主要包括两种，一种是不存在现金折扣时，买方在信用期限内付款而获得的信用。另外一种是在存在现金折扣时，买方在折扣期限内付款而获得的信用；有代价的信用是指在存在现金折扣时，买方放弃现金折扣在信用期限内付款而获得的信用。展期信用是指买方超过规定的信用期限推迟付款而强制获得的信用。

短期融资券是指具有法人资格的非金融企业，依照规定的条件和程序在银行间债券市场发行并约定在一定期限内还本付息的有价证券。按照不同的分类方式可以将短期融资券分为不同类别。按发行方式分类，可将短期融资券分为经纪人代销的融资券和直接销售的融资券；按发行人的不同分类，可将短期融资券分为金融企业的融资券和非金融企业的融资券；按融资券的发行和流通范围分类，可将短期融资券分为国内融资券和国际融资券。短期融资券筹资的优点：筹资成本低、筹资数额大、可以提高企业信誉和知名度；短期融资券筹资的缺点：筹资风险大、筹资弹性小、发行条件严格。

思　考　题

1. 什么是营运资本？它有哪些特点？
2. 简述最佳现金持有量确定的方法。
3. 简述应收账款的成本及管理目标。
4. 简述信用政策的主要内容。
5. 简述存货经济批量模型。
6. 什么是短期融资券？其优缺点有哪些？

练　习　题

一、单项选择题

1. 流动负债的特点不包括（　　）。

A. 速度快　　B. 弹性大　　C. 成本低　　D. 风险小

2. 利用存货模式确定最佳现金持有量时，不予考虑的因素是（　　）。

A. 机会成本　　B. 管理成本　　C. 转换成本　　D. 现金的平均持有量

3. 给定的信用条件为“1/10，n/20”的含义为（　　）。

A. 付款期限为 10 天，现金折扣为 10%，信用期限为 20 天

B. 信用期限为 20 天，现金折扣为 1/10

C. 表示赊销期限为 20 天，如果在 10 天内付款，可享受 10% 的现金折扣

D. 如果在 10 天内付款，可享受 1% 的现金折扣，否则应在 20 天内按全额付清

4. 下列说法不正确的是（ ）。

A. 现金持有量越大，持有现金的机会成本就越高

B. 在现金需要量既定的情况下，现金持有量越小，相应的现金转换成本就越大

C. 现金持有量与短缺成本之间呈反向变动关系

D. 现金持有量越多越好，越多越安全

5. 下列各项中与存货经济进货批量成本不相关的是（ ）。

A. 变动性进货费用 B. 变动性储存成本

C. 存货占用资金的机会成本 D. 固定性储存成本

6. 基本经济进货批量模式所依据的假设不包括（ ）。

A. 所需存货市场供应充足 B. 存货价格稳定

C. 仓储条件不受限制 D. 允许缺货

7. 下列说法错误的是（ ）。

A. 信用政策包括信用标准、信用条件及收账政策

B. 信用标准高，有利于企业市场竞争力的提高

C. 信用标准是客户获得企业商业信用所应具备的最低条件

D. 客户资信程度的高低通常决定于“5C”系统

8. 下列各项中正确的是（ ）。

A. 成本分析模式中机会成本和固定性转换成本之和最低的现金持有量就是最佳现金持有量

B. 存货模式中机会成本和短缺成本之和最低的现金持有量就是最佳现金持有量

C. 成本分析模式和存货模式中都需要考虑机会成本

D. 存货模式中机会成本和变动性转换成本之和最低的现金持有量就是最佳现金持有量

9. 下列各项中（ ）与现金持有量呈反向变动关系。

A. 机会成本 B. 短缺成本 C. 管理费用 D. 储存成本

10. 某企业的信用条件是“2/10，1/20，*n*/30”，某客户向该企业购买了原价为 500 万元的商品，并在第 15 天付款，则该客户实际支付的货款为（ ）万元。

A. 495 B. 500 C. 490 D. 480

11. 贴现法借款的实际利率（ ）。

A. 大于名义利率 B. 等于名义利率 C. 小于名义利率 D. 不确定

12. 贷款银行具有法律义务地承诺提供不超过某一最高限额的贷款保证，被称为（ ）。

A. 补偿性余额 B. 信用额度 C. 周转贷款协议 D. 承诺费

13. 某周转信贷额为 500 万元，承诺费率为 0.5%，借款企业年度内使用了 400 万元（使用期为 1 年），借款年利率为 6%，则该企业当年应向银行支付利息和承诺费共计（ ）万元。

A. 30.5 B. 32 C. 32.5 D. 24.5

14. 丧失现金折扣的机会成本的大小与（　　）。

A. 折扣百分比的大小呈反向变动

B. 信用期的长短呈同向变动

C. 折扣期的长短呈同向变动

D. 折扣百分比的大小及信用期的长短呈同向变动

二、多项选择题

1. 现金的交易动机主要指（　　）。

A. 购买原材料　B. 支付工资　C. 购买设备　D. 缴纳税款

2. 现金短缺成本在内容上应包括（　　）。

A. 丧失购买机会的损失　B. 造成信用损失

C. 得不到折扣好处　D. 生产中断造成的停工损失

3. 下列不属于应收账款管理成本的是（　　）。

A. 因投资应收账款而丧失的利息费用　B. 对客户的资信调查费用

C. 催收应收账款而发生的费用　D. 无法收回应收账款而发生的费用

4. 下列属于流动资产特点的是（　　）。

A. 风险大　B. 流动性强　C. 波动性大　D. 投资回收期短

5. 下列各项中，属于信用条件构成要素的是（　　）。

A. 信用期限　B. 现金折扣率　C. 折扣期限　D. 商业折扣

6. 一般来说，信用期限延长可能会引起（　　）。

A. 增加坏账　B. 减少坏账　C. 收账费用增加　D. 收账费用减少

7. 在确定经济订货批量时，下列表述正确的是（　　）。

A. 经济订货批量是指通过安排合理的进货批量和进货时间，使存货的相关总成本最低的采购批量

B. 随每次进货批量的变动，订货成本与储存成本呈反向变化

C. 进货成本的高低与每次批量成正比

D. 储存成本的高低与每次进货批量成正比

8. 下列项目中与存货经济批量无关的是（　　）。

A. 变动储存成本　B. 年度计划存货需求量

C. 存货单价　D. 存货的短缺成本

9. 银行借款筹资的缺点包括（　　）。

A. 筹资速度慢　B. 筹资成本高　C. 限制条件较多　D. 财务风险大

10. 下列各项中，属于商业信用的是（　　）。

A. 应付工资　B. 应付账款　C. 应付票据　D. 预收货款

11. 按卖方提供的信用条件，买方利用商业信用筹资需付出机会成本的情况有（　　）。

A. 卖方不提供现金折扣

B. 买方放弃现金折扣，仍在信用期内付款

C. 卖方提供现金折扣，而买方逾期支付

D. 买方享有和利用现金折扣

E. 由于机会成本是客观存在的，故买方必然要付出机会成本

12. 下列属于短期融资券优点的是（　　）。

A. 筹资成本低　　B. 筹资数额大

C. 可以提高企业信誉和知名度　　D. 筹资风险大

三、判断题

1. 现金管理的存货模式中，最佳现金持有量是指能够使现金管理的机会成本与固定性转换成本之和保持最低的现金持有量。（　）

2. 与长期负债相比，流动负债的特点是流动速度快、弹性高、成本高、风险大。（　）

3. 营运资金的大小可以作为衡量企业经营风险的指标。在一般情况下，企业持有的营运资金越多，企业的违约风险就越小，举债融资的能力就越强。（　）

4. 信用标准过高利于企业市场竞争力的提高。（　）

5. 在成本分析模式和存货模式下确定最佳现金持有量时，都需考虑的成本是短缺成本。（　）

6. 商业信用是指商品交易中的延期付款或延期交货所形成的借贷关系，是企业之间的一种间接信用关系。（　）

7. 从银行的角度看，补偿性余额可以降低贷款风险；从借款企业的角度看，补偿性余额则提高了借款的实际利率。（　）

8. 与其他筹资方式相比较，商业信用筹资是无代价的。（　）

9. 若企业不打算享受现金折扣优惠，则应尽量推迟付款的时间。（　）

四、计算分析题

1. 某企业现金收支状况比较稳定，全年的现金需要量为 300 000 元，每次转换有价证券的固定成本为 600 元，有价证券的年利率为 10%。

要求确定：

（1）最佳现金持有量。

（2）转换成本、机会成本。

（3）最佳现金管理相关总成本。

（4）有价证券交易间隔期。

2. 某企业年需用甲材料 600 000 千克，单价 10 元/千克，每次进货费用为 1200 元，单位存货的年储存成本为 0.1 元。请计算：

（1）该企业的基本经济订货批量。

（2）经济订货批量下购买甲材料平均占用的资金。

（3）经济订货批量下发生的年订货次数。

（4）经济订货批量的存货相关总成本。

（5）若应收账款平均余额需要控制在 400 万元，在其他因素不变的条件下，应收账款平均收账天数应调整为多少天？

3. ABC 公司现金收支状况比较稳定，预计全年（按 360 天计算）需要现金 250 000 元，现金与有价证券的转换成本为每次 500 元，有价证券的年利率为 10%。

要求：

（1）计算最佳现金持有量。

（2）计算最佳现金持有量下的全年现金管理总成本、全年现金转换成本和全年现金持有机会成本。

（3）计算最佳现金持有量下的全年有价证券交易次数和有价证券交易间隔期。

4. 某公司是一个商业企业，由于目前的收账政策过于严厉，不利于扩大销售，且收账费用较高，该公司正在研究修改现行的收账政策。现有甲、乙两个放宽收账政策的备选方案，有关数据如下表所示。

项　目	现行收账政策	甲方案	乙方案
年销售额/（万元/年）	2500	2600	3000
收账费用/（万元/年）	40	20	10
所有账户的平均收账期	45 天	90 天	102 天
所有账户的坏账损失率	2%	2.5%	3%

已知该公司的变动成本率为 80%，应收账款投资要求的最低报酬率为 15%。坏账损失率是指预计年度坏账损失和销售额的百分比。假设不考虑所得税的影响。

要求：

（1）通过计算回答应否改变现行的收账政策？如果要改变，应选择甲方案还是乙方案？

（2）假设甲方案会导致固定成本增加 10 万元，乙方案会导致固定成本增加 50 万元，通过计算回答应否改变现行的收账政策？如果要改变，应选择甲方案还是乙方案？

5. 某公司购买材料，其付款条件为“2/10，*n*/30”。该公司记录表明：一般在收到货物后 15 天支付款项。当经理询问公司为什么不取得现金折扣时，会计回答道，占用这一资本的成本仅为 2%，而银行贷款成本却为 10%，每年按 360 天计算。请问：

（1）该公司会计错在哪里？

（2）丧失折扣的实际成本有多大？

（3）如果公司不能获得银行贷款，而被迫使用商业信用资本，为降低年利息成本，你应向该公司提出何种建议？

第八章　收益分配管理

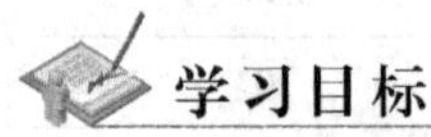

学习目标

1. 了解收益分配的原则
2. 掌握影响收益分配政策的因素
3. 了解股利理论
4. 掌握公司的股利政策及股利形式
5. 了解股利分配的程序
6. 了解股票分割与回购

第一节　收益分配概述

一、收益分配的基本原则

企业通过经营活动赚取收益，要按照国家有关法律、法规以及企业章程的规定，将实现的利润在企业与企业所有者之间、企业内部的有关项目之间、企业所有者之间进行分配。收益分配既是对股东投资回报的一种形式，也是企业内部融资的一种方式。

企业的收益分配有广义和狭义两种，广义的收益分配是指对企业的收入和收益总额进行分配；狭义的收益分配则是指对企业净收益的分配。本书讨论企业净收益的分配。

作为一项重要的财务活动，企业的收益分配应当遵循以下原则。

（一）依法分配原则

企业的收益分配必须依法进行。我国《公司法》《企业财务通则》等法律法规规定，股份有限公司实现的税前利润，应首先依法缴纳企业所得税，税后净利润再进行分配。企业的收益分配涉及国家、企业、股东、债权人、职工等多方面的利益，应当正确处理各方的利益关系。国家相关法规规定了企业收益分配的基本要求、一般程序和重要比例，企业应当认真执行，不得违反。

（二）资本保全原则

企业的收益分配是对投资者投入资本的增值部分所进行的分配，不是投资者资本金的返还。企业在经营过程中，要保证资本的完整，所以企业的收益分配必须以资本保全为前提，不能侵蚀资本，企业必须在有可供分配留存收益的情况下进行收益分配，只有这样才能充分保护投资者的利益。一般情况下，企业如果存在尚未弥补的亏损，应首先弥补亏损，再进行其他分配。

（三）兼顾各方面利益原则

投资者作为资本投入者、企业的所有者，依法享有净收益分配权。企业的债权人，在向企业投入资金的同时也承担一定风险，债权人的利益按照风险承担的顺序及其合同契约的规定，企业必须在利润分配之前偿清所有债权人到期的债务，否则不能进行利润分配。同时，在利润分配之后，企业还应保持一定的偿债能力，以免产生财务危机，危及企业生存。另外，企业的员工是企业净收益的直接创造者，企业收益分配应当考虑到员工的长远利益。因此，企业进行收益分配时，应当统筹兼顾，维护各方的合法权益。

（四）分配与积累并重原则

企业赚取的净收益，一部分对投资者进行分配，另一部分形成企业的积累。积累的留存收益不仅为企业扩大再生产筹措了资金，同时也增强了企业抵抗风险的能力，提高了企业经营的稳定性和安全性，有利于所有者的长远利益。因此，企业在收益分配时，应当正确处理分配与积累之间的关系。

（五）投资与收益对等原则

企业进行收益分配应当体现“谁投资谁受益”、收益大小与投资比例相适应的原则。投资者因其投资行为而享有收益权，投资收益应同其投资比例对等。按照投资者投入资本的比例来进行分配，不允许发生任何一方随意多分多占的现象，这样才能从根本上实现收益分配中的公开、公平、公正，保护投资者的利益，提高投资者的积极性。

二、利润的构成及分配顺序

（一）利润的构成

利润是企业在一定会计期间的经营成果。利润包括收入减去费用后的净额、直接计入当期利润的利得和损失等。其中收入减去费用后的净额反映的是企业非日常活动的业绩。直接计入当期利润的利得和损失反映的是企业非日常活动的业绩。利润的构成用公式表示为

营业利润 = 营业收入 − 营业成本 − 营业税金及附加 − 销售费用 − 管理费用 − 财务费用 − 资产减值损失 + 公允价值变动收益（ − 公允价值变动损失） + 投资收益（ − 投资损失）

利润总额 = 营业利润 + 营业外收支净额

净利润 = 利润总额 − 所得税费用

（二）利润分配的顺序

公司分配利润应按一定顺序进行。按照我国《公司法》的有关规定，公司应当按照如下顺序进行利润分配。

1）弥补以前年度的亏损。公司的法定盈余公积金不足以弥补以前年度亏损的，在提取法定盈余公积金之前，应当先用当年利润弥补亏损，但不得超过税法规定的弥补期限。

2）缴纳所得税。

3）弥补在税前利润弥补亏损之后仍存在的亏损。

4）提取法定盈余公积金。根据公司法的规定，法定盈余公积金的提取比例为当年税后利润（弥补亏损后）的 10%。法定盈余公积金已达注册资本的 50% 时可不再提取。法定盈余公积可用于弥补亏损、扩大公司生产经营或转增资本，但企业用盈余公积金转增资本后，法定盈余公积金的余额不得低于转增前公司注册资本的 25%。

5）提取任意盈余公积金。根据公司法的规定，公司从税后利润中提取法定公积金后，经股东会或者股东大会决议，还可以从税后利润中提取任意公积金。

6）向股东（投资者）分配股利（利润）。根据公司法的规定，公司弥补亏损和提取公积金后所余税后利润，可以向股东（投资者）分配股利（利润）。公司股东会或董事会违反上述利润分配顺序，在抵补亏损和提取法定盈余金之前向股东分配利润的，必须将违反规定发放的利润退还公司。

三、确定收益分配政策应考虑的因素

公司的股利分配是在种种制约因素下进行的，采用何种股利政策虽然是由管理层决定，但是实际上在其决定过程中会受到许多主观和客观因素的制约。在确定企业收益分配政策时，应当考虑相关因素的影响。

（一）法律因素

为了保护债权人和股东的利益，有关法规对公司的收益分配作出规定，公司收益分配必须符合相关法律规范的要求。相关要求主要体现在资本保全约束、资本积累约束、偿债能力约束、超额累积利润约束等几个方面。

1．资本保全约束

任何公司不能用资本（包括股本和资本公积）发放股利，资本保全要求公司股利的发放不能侵蚀资本，即公司不能因支付股利而引起资本减少，主要目的是防止企业任意减少资本结构中的所有者权益的比例，以保护债权人的利益。

2．资本积累约束

为了制约公司支付股利的任意性，按照法律规定，企业必须按照一定的比例和基数提取法定公积金，股利只能从企业的可供分配收益中支付，企业当期的净利润按照提取各种公积金后和过去累积的留存收益形成企业的可供分配收益。在进行收益分配时，一般贯彻“无利不分”的原则，即当年企业出现亏损后，一般不进行利润分配。

3．偿债能力约束

企业在确定收益分配政策时要考虑偿债能力这一基本要素，因为现金股利是企业现金支出，而大量的现金支出必然影响公司的偿债能力。因此，公司在确定股利分配数量时，一定要考虑现金股利分配对公司偿债能力的影响，保证在现金股利分配后公司仍能保持较强的偿债能力，以维护公司的信誉和借贷能力，从而保证公司的正常资金周转。

4．超额累积利润约束

因为资本利得与股利收入的税率不一致，公司通过保留利润提高股票价格，则可使股东避税。有些国家的法律禁止公司过度地积累盈余，如果一个公司的盈余的积累大大超过公司目前及未来投资的需要，则可看做是过度保留，将加征额外的税款。

（二）公司因素

公司自身的经营情况和经营能力会影响和制约其收益分配政策，因此公司出于长期发展和短期经营的考虑，需要考虑以下因素，来确定收益分配政策。

1．盈余的稳定性

公司是否能获得长期稳定的盈余，是其收益分配决策的主要基础。一般来说，一个公司的盈利越稳定，其股利支付水平越高，因为盈利稳定的公司对保持较高的股利支付率更有信心。收益稳定的公司面临的经营风险和财务风险较小，筹资能力较强，这些都是其股利能力的保证。

2．资产的流动性

企业现金股利的支付能力，在很大程度上受其资产变现能力的限制。较多地支付现金股利，会减少公司的现金持有量，使资产的流动性降低，而保持一定的资产流动性是企业正常运转的基础和必备条件。如果一个公司的资产有较强的变现能力，现金来源较充裕，则它的股利支付能力也比较强。

3．投资需求

企业的收益分配政策应当考虑未来投资需求的影响，如果投资机会较多，适合于采用低股利支付水平的分配政策；投资机会较少，有可能倾向于采用较高的股利支付水平。正因为如此，处于成长中的公司多采用低现金股利政策；处于经营收缩的公司多采取高现金股利政策。

4．融资能力

具有较强举债能力的公司因为能够及时地筹措到所需的资金，有可能采取较宽松的股利政策；而举债能力弱的公司则不得不多留存盈余，因而采取较紧的股利政策。

5. 资本成本

留存收益是企业内部筹资的一种重要方式，它同发行新股相比，具有资本成本低的优点。因此，很多企业在确定收益分配政策时，从资本成本考虑，如果公司有筹资需要，也应当采取低现金股利政策。

6. 现金流量

保证企业正常的经营活动对现金的需求量是确定收益分配政策的最重要的限制因素。企业在进行收益分配时，必须充分考虑企业的现金流量，而不仅仅是企业的净收益。由于会计准则的要求和核算的基础不同，企业可能只取得净收益，而未增加企业可供支配的现金流量，所以，在确定收益分配政策时，企业应当充分考虑该方面的影响。

（三）股东因素

股东出于自身的经济利益考虑，在收入、控制权、避税等方面会对企业的收益分配政策产生影响。

1. 稳定的收入和风险

有的股东依赖企业发放股利维持生活，对未来的不确定性非常敏感，认为通过保留盈余引起的股价上涨而获得资本利得是有风险的，他们往往要求公司能够支付稳定的股利，反对公司留存过多的收益，不愿意承担风险。

2. 控制权稀释

收益分配政策也会受到现有股东对控制权要求的影响，企业支付较高的现金股利，就会导致留存收益减少，这又意味着将来发行新股的可能性加大，如果发行新股，就会有新的股东加入公司，而打破目前已经形成的控制格局，这是掌握公司控制权的股东们所不愿看到的局面。股东就会倾向于较低的股利支付水平，以便从内部的留存收益中取得所需资金。

3. 税赋

公司的股利政策会受股东对税赋因素考虑的影响。一般来讲，股利收入的税率要高于资本利得的税率，很多股东会由于对税赋因素的考虑而偏好于低股利支付水平。因此，低股利政策会使他们获得更多纳税上的好处。

（四）其他因素

除了上述讨论的因素外，还有其他一些因素也会制约公司的收益分配政策。

1. 债务合同

一般来说，股利支付水平越高，留存收益越少，公司的破产风险加大，就越有可能损害到债权人的利益。因此，为了保证自己的利益不受损害，债权人通常都会在公司借款合同以及租赁合同中加入关于借款公司股利政策的条款，以限制公司股利的发放。这使公司只能采取低现金股利政策。

2. 通货膨胀

通货膨胀会带来货币购买力水平下降，会导致没有足够的资金重置固定资产。此时，企业往往不得不考虑留用一定的利润，以便弥补由于货币购买力水平下降而造成的固定资产重置的资金缺口。因此，在通货膨胀时期公司股利政策往往偏紧。

第二节　股利的分配程序和支付方式

股利分配是指公司制企业向股东分派股利，是企业利润分配的一部分。股利分配涉及的方面很多，如股利支付程序中各日期的确定、股利支付比率的确定、股利支付形式的确定等，其中最主要的是确定股利的支付比率，即用多少盈余发放股利，多少盈余为公司所留用，这些都会影响到公司的股价。

一、股利分配程序

（一）决策程序

在公司会计年度决算后，是否分配股利不仅取决于公司是否有可供分配的利润，还取决于公司股利政策决策部门的相关决策。具体程序包括：由公司董事会根据公司的盈利水平和股利政策，制订股利分配方案，提交股东大会审议，通过后方可生效。我国股利分配决策权属于股东大会。

（二）分配公告

根据有关规定，公司利润分配方案，公积金转增股本须经股东大会批准，董事会应当在股东大会召开后 2 个月内完成股利派发或股份转增事项。

股利分配公告，一般在股权登记日前 3 个工作日发布。公告内容包括：利润分配方案、股利分配对象、股利发放办法。

（三）分配程序

以深圳证券交易所的规定为例，对于流通股份，其现金股利由上市公司于股权登记日前划入深交所账户，再由深交所于登记日后第 3 个工作日划入各托管证券经营机构账户，托管证券经营机构于登记日后第 5 个工作日划入股东资金账户。红股则于股权登记日后第 3 个工作日直接记入股东的证券账户，并自即日起开始上市交易。

（四）股利支付过程中的重要日期

股份有限公司向股东支付股利，其过程中的主要日期包括：预案公布日、宣告日、股权登记日、除息日、股利支付日。

1. 预案公布日

上市公司分派股利时，首先要由公司董事会制定分红预案，包括本次分红的数量、分红方式，股东大会召开的时间、地点及表决方式等，以上内容由公司董事会向社会公开发布。

2. 股利宣告日

股利宣告日是指董事会制定的分红预案经过股东大会讨论通过后，由董事会将股利支付情况予以公告的日期。

3. 股权登记日

股权登记日是由公司在宣布分红方案时确定的一个具体日期。即有权领取股利的股东资格登记的截止日期。凡是在此指定日期收盘之前取得了公司股票，成为公司在册股东的投资者都可以作为股东享受公司分派的股利。在此日之后取得股票的股东则无权享受已宣布的股利。

4. 除息日

一般股权登记日的下一个交易日，该日交易的股票已被除息处理，不再享受分红派息的权利。在除息日，股票的所有权和领取股息的权利分离，股利权利不再从属于股票，在这一天购入公司股票的投资者不能享有已宣布发放的股利。另外，由于失去了“股息”的权利，除息日的股价会下跌，下跌的幅度约等于分派的股息。

5. 股利支付日

在这一天，公司按公布的分红方案向股权登记日在册的股东实际支付股利。

【例8-1】 某上市公司于2011年4月10日公布2010年度的最后分红方案，其发布的公告如下：“2011年4月9日在北京召开的股东大会，通过了2011年4月2日董事会关于每股分派0.2元的2010年股息分配方案。股权登记日为4月25日，除息日是4月26日，股东可在5月10日至25日之间通过深圳交易所按交易方式领取股息。特此公告。”

二、确定股利支付形式

按照股份有限公司对其股东支付股利的不同方式，股利可以分为不同的种类。其中，常见的有以下四类。

1. 现金股利

现金股利是以现金支付的股利，它是股利支付的最常见和主要的方式。该形式能满足投资者得到现金的投资要求，分配后公司的所有权结构没有变化，但资产负债表上的留存收益和现金要同时减少。公司选择支付现金股利时，除了要有足够的留存收益之外，还要有足够的现金，因此公司在支付现金股利前须筹备充足的现金。

2. 财产股利

财产股利是以现金以外的其他资产支付的股利，主要有两种基本形式：一是以本公司所拥有的其他公司的有价证券或政府公债等证券作为股利发放，如公司债券、公司股票等，作为股利发放给股东；二是实物股利，即以公司的物资、产品或不动产等充当股利。

3. 负债股利

负债股利是以负债方式支付的股利，通常以公司的应付票据支付给股东，在不得已时也以发行公司债券的方式支付股利。财产股利与负债股利实际是现金股利的替代。

4. 股票股利

（1）股票股利的含义

股票股利是公司以增发股票的方式所支付的股利，我国实务中通常也称其为“红股”。相对于现金股利而言，股票股利并不直接增加股东财富，不会导致公司资产的流出或负债的增加，同时也并不因此而增加公司的财产；但它会引起所有者权益各项目的结构发生变化。发放股票股利后，如果盈利总额和市盈率不变，则会由于普通股股数增加而引起每股收益和每股市价的下降；但由于股东所持股份的比例不变，每位股东所持股票的市场价值总额仍保持不变。

（2）发放股票股利对有关项目的影响（表 8.1）

表 8.1　发放股票股利对有关项目的影响

有影响项目	无影响项目
（1）所有者权益的结构变化 （2）股数增加 （3）每股收益下降 （4）每股市价可能下降	（1）面值不变 （2）资产总额、负债总额、所有者权益总额不变 （3）股东持股比例、持股的市场价值总额不变

【例 8-2】　某上市公司在 2011 年发放股利前，其资产负债表上的股东权益项目情况如下（单位：万元）：

股东权益：

普通股（面值 1 元，流通在外 2000 万股）	2000
资本公积	4000
盈余公积	2000
未分配利润	3000
股东权益合计	11 000

假设该公司宣布发放 10% 的股票股利，现有股东每持有 10 股，即可获得赠送的 1 股普通股。该公司发放的股票股利为 200 万股，随着股票股利的发放，未分配利润中有 200 万元的资金要转移到普通股的股本项目上去，因而普通股股本

由原来的2000万元增加到2200万元，而未分配利润的余额由3000万元减少至2800万元，但该公司的股东权益总额未发生改变，仍是11 000万元，股票股利发放之后的资产负债表上股东权益部分如下（单位：万元）：

股东权益（单位：万元）：

普通股（面值1元，流通在外2200万股）	2200
资本公积	4000
盈余公积	2000
未分配利润	2800
股东权益合计	11 000

假设一位股东派发股票股利之前持有公司的普通股2000股，那么，他拥有的股权比例为：

2000股/2000万股＝0.01%

派发股利之后，他拥有的股票数量和股份比例为：

2000股＋200股＝2200股

2200股÷2200万股＝0.01%

通过上例可以说明，由于公司的净资产总额不变，而股票股利派发前后每一位股东的持股比例也不发生变化，那么他们各自持股所代表的净资产也不会改变。

在理论上，派发股票股利之后的每股价格会成比例降低，保持股东的持股价值不变，但实务中并非是必然结果。因为市场和投资者普遍认为，公司发放股票股利往往预示着公司会有较大的发展和成长，这样的信息传递不仅会稳定股票价格甚至可能使股价不降反升。另外，如果股东把股票股利出售，变成现金收入，还会给他带来资本利得的纳税上的好处。

（3）公司发放股票股利的优点

1）既不需要向股东支付现金，又可以在心理上给股东以从公司取得投资回报的感觉；在再投资机会较多的情况下，公司可以为再投资提供成本较低的资金，从而有利于公司的发展；如果公司资金紧张，没有多余的现金派发股利，而又面临市场或股东要求分派股利的压力时，股票股利不失为一种好选择。

2）可以降低公司股票的市场价格，促进公司股票的交易和流通。

3）可以降低股价，从而降低日后公司发行股票的发行价格，有利于吸引投资者。

4）可以传递公司未来发展前景良好的信息，增强投资者的信心。

5）降低每股市价，吸引更多的投资者成为公司的股东，使股权更为分散，可有效地防止公司被恶意控制。

第三节　股利理论和股利分配政策

关于股利与股票市价之间的关系，存在着不同的观点，并形成了不同的股利理论。股利理论主要包括股利无关论、股利相关论、所得税差异理论及代理理论。

一、股利理论

（一）股利无关论

该理论认为，在一定的假设条件限定下，股利政策不会对公司的价值或股票的价格产生任何影响。一个公司的股票价格完全由公司的投资决策的获利能力和风险组合决定，而与公司的利润分配政策无关。该理论是建立在完全市场理论之上的，假定条件包括：①市场具有强式效率；②不存在任何公司或个人所得税；③不存在任何筹资费用（包括发行费用和各种交易费用）；④公司的投资决策与股利决策彼此独立（公司的股利政策不影响投资决策）。

（二）股利相关论

股利相关理论认为，企业的股利政策会影响到股票价格。主要观点包括以下两种。

1. 股利重要论（“在手之鸟”理论）

该理论认为，用留存收益再投资给投资者带来的收益具有较大的不确定性，并且投资的风险随着时间的推移会进一步增大。投资者更喜欢现金股利，而不愿意将收益留存在公司内部去承担未来的投资风险。

2. 信号传递理论

该理论认为，在信息不对称的情况下，公司可以通过股利政策向市场传递有关公司未来盈利能力的信息，从而会影响公司的股价。一般来讲，预期未来盈利能力强的公司往往愿意通过相对较高的股利支付水平，把自己同预期盈利能力差的公司区别开来，以吸引更多的投资者。

（三）所得税差异理论

该理论认为，由于普遍存在的税率的差异及纳税时间的差异，资本利得收入比股利收入更有助于实现收益最大化目标，企业应当采用低股利政策。

（四）代理理论

该理论认为，股利政策有助于减缓管理者与股东之间的代理冲突，也就是说，股利政策是协调股东与管理者之间代理关系的一种约束机制。较多地派发现金股利至少有以下两点好处：①将公司的盈利以股利的形式支付给投资者，则管理者自身可以支配的“闲余现金流量”就相应减少了，这在一定程度上可以抑制公司管理者过度地扩大投资或进行特权消费，从而保护外部投资者的利益；②较多地派发现金股利，减少了内部融资，导致公司进入资本市场寻求外部融资，从而公司可以经常接受资本市场的有效监督，这样便可以通过资本市场的监督减少代理成本。

二、股利政策

股利政策是指在法律允许的范围内，企业是否发放股利、发放多少股利以及何时发放股利的方针及对策。股利政策的关键问题是确定分配和留存的比例。股利政策不仅影响股东财富，而且会影响企业在资本市场上的形象及企业股票价格，更会影响企业的长短期利益。因此，合理的股利政策对企业及股东来讲是非常重要的。在实务中，通常有以下几种股利发放政策可供选择。

（一）剩余股利政策

剩余股利政策是指公司生产经营所获得的净收益首先应满足公司的资金需求，如果还有剩余，则派发股利；如果没有剩余，则不派发股利。剩余股利政策的理论依据是股利无关论。采用剩余股利政策时，应遵循以下四个步骤。

1）根据公司的投资计划确定最佳资本预算。

2）根据公司的目标结构及最佳资本预算预计公司资金需求中所需要的权益资本数额。

3）尽可能用留存收益来满足资金需求中所需增加的股东权益数额。

4）留存收益在满足公司股东权益增加需求后，如果有剩余再用来发放股利。

【例8-3】 某公司上年税后利润600万元，今年年初公司讨论决定股利分配的数额，预计今年需要增加投资资本800万元。公司的目标资本结构是权益资本占60%，债务资本占40%，今年继续保持。按法律规定，至少要提取10%的公积金。公司采用剩余股利政策，筹资的优先顺序是留存利润、借款和增发股份。问：公司应分配多少股利？

解：按照目标资本结构的要求，公司投资方案所需权益资本数额为

$$800 \times 60\% = 480 \text{（万元）}$$

公司当年全部可用于分派的盈利为600万元，除了可以满足上述投资方案所需的权益资本额以外，还有剩余可以用于分派股利。则该年可以发放的股利额为

$$\text{股利分配} = 600 - 480 = 120 \text{（万元）}$$

公司采用剩余股利政策的主要优点是：留存收益优先保证再投资的需要，从而有助于降低再投资的资金成本，保持最佳的资本结构，实现企业价值的长期最大化。其缺点是：如果完全遵守执行剩余股利政策，股利发放额就会每年随投资机会和盈利水平的波动而波动；即使在盈利水平不变的情况下，股利也将与投资

机会多寡呈反方向变动：投资机会越多，股利越少；反之，投资机会越少，股利发放越多。而在投资机会维持不变的情况下，股利发放额将因公司每年盈利的波动而同方向波动。剩余股利政策不利于投资者安排收入与支出；不利于公司树立良好的形象。一般适用于公司初创阶段。

（二）固定或稳定增长的股利政策

固定或稳定增长的股利政策是指公司将每年派发的股利额固定在某一特定水平或是在此基础上维持某一固定比率逐年稳定增长。只有在确信公司未来的盈利增长不会发生逆转时，才会宣布实施固定或稳定增长的股利政策。在固定或稳定增长的股利政策下，首先应确定的是股利分配额，而且该分配额一般不随资金需求的波动而波动。

采用该政策的主要目的是避免出现由于经营不善而削减股利的情况。其主要的优点是：稳定现金股利传递公司经营状况稳定、管理层对未来充满信心的信号，有利于公司树立良好的形象、增强投资者信心，稳定公司股价；有利于吸引那些打算作长期投资的股东，以便他们安排各种经常性的消费和其他支出。

该股利政策主要缺点：股利支付与盈利相脱离；可能会侵蚀公司留存收益，影响公司的后续发展，甚至侵蚀公司现有的资本，最终影响公司正常的生产经营活动。一般适用于经营比较稳定或正处于成长期的公司，但很难被长期采用。

（三）固定股利支付率政策

固定股利支付率政策是公司将每年净收益的某一固定百分比作为股利分派给股东。股利支付率一经确定，一般不得随意变更。在这一政策下，只要确定了税后利润，也就确定了派发的股利额：

股利支付率＝每股股利/每股收益

采用固定股利支付率政策的优点：能使股利与公司盈余紧密地配合，体现了多盈多分、少盈少分、无盈不分的股利分配原则，这样才算真正公平地对待了每一位股东。公司每年按固定的比例从税后利润中支付现金股利，从企业支付能力的角度看，这是一种稳定的股利政策。

实行本政策的主要缺点：当各年的股利变动较大时，极易造成公司不稳定的感觉，传递的信息容易成为公司的不利因素；容易使公司面临较大的财务压力；缺乏财务弹性；合适的固定股利支付率的确定难度大。该政策一般比较适用于那些处于稳定发展且财务状况也较稳定的公司。

（四）低正常股利加额外股利政策

低正常股利加额外股利是指公司事先设定一个较低的正常股利额，每年除了按正常股利额向股东发放现金股利外，还在企业盈利情况较好、资金较为充裕的年度向股东发放高于每年度的低正常股利的额外股利。

低正常股利加额外股利的优点：赋予公司一定的灵活性，使公司在股利发放上留有余地和具有较大的财务弹性；有利于完善公司的资本结构，实现公司的财务目标；有助于稳定股价，增强投资者信心。主要缺点：股利派发缺乏稳定性，容易给投资者以公司收益不稳定的感觉；当公司在较长时期发放额外股利后，额外股利可能会被股东误认为是“正常股利”，一旦取消，容易导致股价下跌。

该政策一般适用于盈利水平随着经济周期而波动较大的公司或行业。

第四节 股票分割与股票回购

一、股票分割

（一）股票分割的含义

股票分割，又称股票拆细，即将一张较大面值的股票拆成几张较小面值的股票。实务中，如果上市公司认为自己公司的股票市场价格太高，不利于其良好的流动性，有必要将其降低，就可能进行股票分割，以推动股价下调。

（二）股票分割后对有关项目的影响

股票分割对公司的资本结构不会产生任何影响，一般只会使发行在外的股票总数增加，资产负债表中股东各项目余额都保持不变，股东权益总额也保持不变，如表 8.2 所示。

表 8.2 股票分割后对有关项目的影响

有影响的项目	无影响的项目
（1）股数增加 （2）面值降低 （3）每股市价降低 （4）每股收益降低	（1）资产总额、负债总额、所有者权益总额不变 （2）所有者权益的结构不变 （3）股东持股比例、股东持股市场价值总额不变

股票股利与股票分割在很多方面具有相似性，不同点和相同点总结见表 8.3。

表 8.3 股票股利与股票分割的比较

内 容	股票股利	股票分割
不同点	（1）面值不变 （2）股东权益结构变 （3）属于股利支付方式	（1）面值变小 （2）股东权益结构不变 （3）不属于股利支付方式
相同点	（1）普通股股数增加（股票分割增加更多） （2）每股收益和每股市价下降（股票分割下降更多） （3）股东持股比例不变，股票市场价值总额不变 （4）资产总额、负债总额、股东权益总额不变	

（三）股票分割的作用

1）股票分割会使公司股票每股市价降低，买卖该股票时所需资金减少，易增加该股票在投资者之间的换手，并且可以使更多的资金实力有限的潜在股东变成持有股东，促进股票的流通和交易。

2）股票分割可以向投资者传递公司发展前景良好的消息，有助于提高投资者对公司的信心。

3）股票分割可以为公司发行新股作准备。公司股票价格太高，会使许多潜在的投资者力不从心而不敢轻易对股票进行投资。在新股发行前，利用股票分割降低股票价格，可以促使新股发行。

4）有助于公司并购政策的实施，增加对被并购方的吸引力。

二、股票回购

（一）股票回购的含义

股票回购，是指上市公司出资将其发行的流通在外的股票以一定价格购买回来予以注销或作为库存股的一种资本运作方式。

（二）股票回购的法律规定

我国《公司法》规定，公司不得收购本公司股份。但有下列情形之一的除外。

1）减少公司注册资本。

2）与持有本公司股份的其他公司合并。

3）将股份奖励给本公司职工。

4）股东因对股东大会作出的公司合并、分立决议持异议，要求公司收购其股份的。

（三）股票回购的动机

1）现金股利的替代。对公司来讲，派发现金股利会对公司产生未来的派现压力，而股票回购不会对公司产生未来的派现压力。对股东来讲，需要现金的股东可以选择出售股票，不需要现金的股东可以选择继续持有股票。

2）提高每股收益。股票回购可以减少实际支付股利的股份数，从而提高每股收益。

3）改变公司的资本结构。公司认为权益资本在资本结构中所占比例较大时，会为了调整资本结构而进行股票回购，从而在一定程度上降低整体资金成本。

4）传递公司的信息以稳定或提高公司的股价。公司认为公司的股价被低估时，可以进行股票回购，以向市场和投资者传递公司真实的投资价值，稳定或提高公司的股价。

5）巩固既定控制权或转移公司控制权。大股东为了保证其所代表股份公司的控制权不被改变，往往采取直接或间接的方式回购股票，从而巩固既有的控制权。如果法定代表人不是大股东的代表，则可以采取股票回购的方式分散或削弱原控股股东的控制权，以实现控制权的转移。

6）满足企业兼并与收购的需要。可以用公司的库藏股来交换被并购公司的股权，减少公司的现金支出。

（四）股票回购对上市公司的影响

1）股票回购需要大量资金支付回购的成本，容易造成资金紧张，资产流动性降低，影响公司的后续发展。

2）公司进行股票回购，无异于股东退股和公司资本的减少，在一定程度上削弱了对债权人利益的保障。

3）股票回购可能使公司的发起人——股东更注重创业利润的兑现，而忽视公司长远的发展，损害公司的根本利益。

4）股票回购容易导致公司操纵股价。

小　结

收益分配是财务管理的主要内容之一，收益分配决策是股东当前利益与企业未来发展之间权衡的结果，将引起企业的资金存量与股东权益规模及结构的变化，也将对企业内部的筹资和投资活动产生影响。

收益分配应该遵守依法分配、资本保全、积累与分配并重、投资与收益对等原则，收益分配决策充分考虑法律的因素、公司因素、股东因素和债权人等因素，制定公司的收益分配政策。

股利分配是一个过程，要经过预案公布日、宣告日、股权登记日、除息日和股利支付日。股利支付的基本形式是现金股利和股票股利，但负债股利和财产股利不是法律所禁止的；公司考虑各种因素，选择剩余股利政策、固定股利政策、固定股利支付率政策和正常股利加额外股利政策，不同股利政策会对公司股价产生一定的影响。

股票分割与股票回购的动机和目的不同，都会对公司的股价产生一定的影响。

思 考 题

1. 影响收益分配政策的因素有哪些？
2. 股利形式有哪些？
3. 简述股票股利与股票分割的主要区别与联系。
4. 简述剩余股利政策的优缺点。

练　习　题

一、单项选择题

1．在确定企业的收益分配政策时，应当考虑相关因素的影响，其中“资本保全约束”属于（　　）。

A．股东因素　　B．公司因素　　C．法律因素　　D．债务契约因素

2．某企业在选择股利政策时，以代理成本和外部融资成本之和最小化为标准。该企业所依据的股利理论是（　　）。

A．“在手之鸟”理论　　B．信号传递理论

C．MM 理论　　D．代理理论

3．企业采用剩余股利政策进行收益分配的主要优点是（　　）。

A．有利于稳定股价　　B．获得财务杠杆利益

C．降低综合资金成本　　D．增强公众投资信心

4．下列公司中，通常适合采用固定股利政策的是（　　）。

A．收益显著增长的公司　　B．收益相对稳定的公司

C．财务风险较高的公司　　D．投资机会较多的公司

5．下列股利分配政策中，能保持股利与收益之间一定的比例关系，并体现多盈多分、少盈少分、无盈不分原则的是（　）。

A．剩余股利政策　　B．固定或稳定增长股利政策

C．固定股利支付率政策　　D．低正常股利加额外股利政策

6．相对于其他股利政策而言，既可以维持股利的稳定性，又有利于优化资本结构的股利政策是（　）。

A．剩余股利政策　　B．固定股利政策

C．固定股利支付率政策　　D．低正常股利加额外股利政策

7．下列各项中，计算结果等于股利支付率的是（　　）。

A．每股收益除以每股股利　　B．每股股利除以每股收益

C．每股股利除以每股市价　　D．每股收益除以每股市价

8．如果上市公司以其应付票据作为股利支付给股东，则这种股利的方式称为（　）。

A．现金股利　　B．股票股利　　C．财产股利　　D．负债股利

9．在下列各项中，能够增加普通股股票发行在外股数，但不改变公司资本结构的行为是（　　）。

A．支付现金股利　　B．增发普通股　　C．股票分割　　D．股票回购

10．以下股利政策中，有利于稳定股票价格，从而树立公司良好形象，但股利的支付与公司盈余相脱节的股利政策是（　）。

A．剩余股利政策　　B．固定或持续增长的股利政策

C．固定股利支付率政策　　D．低正常股利加额外股利政策

二、多项选择题

1．公司在制定利润分配政策时应考虑的因素有（　　）。

A. 通货膨胀因素　B. 股东因素　C. 法律因素　D. 公司因素

2. 股东从保护自身利益的角度出发，在确定股利分配政策时应考虑的因素有（　）。

A. 避税　B. 控制权　C. 稳定收入　D. 规避风险

3. 下列各项中，会导致企业采取低股利政策的事项有（　）。

A. 物价持续上升　B. 金融市场利率走势下降

C. 企业资产的流动性较弱　D. 企业盈余不稳定

4. 下列情形中会使企业减少股利分配的有（　）。

A. 市场竞争加剧，企业收益的稳定性减弱

B. 市场销售不畅，企业库存量持续增加

C. 经济增长速度减慢，企业缺乏良好的投资机会

D. 为保证企业的发展，需要扩大筹资规模

三、判断题

1. 在除息日之前，股利权利从属于股票；从除息日开始，新购入股票的投资者不能分享本次已宣告发放的股利。（　）

2. 股票分割不仅有利于促进股票流通和交易，而且还有助于公司并购政策的实施。（　）

3. 与发放现金股利相比，股票回购可以提高每股收益，使股价上升或将股价维持在一个合理的水平上。（　）

4. 所谓剩余股利政策，就是在公司有着良好的投资机会时，公司的盈余首先应满足投资方案的需要。在满足投资方案需要后，如果还有剩余，再进行股利分配。（　）

四、计算分析题

1. 某公司成立于2003年1月1日，2003年度实现的净利润为1000万元，分配现金股利550万元，提取盈余公积450万元（所提盈余公积均已指定用途）。2004年实现的净利润为900万元（不考虑计提法定盈余公积的因素）。2005年计划增加投资，所需资金为700万元。假定公司目标资本结构为自有资金占60%，借入资金占40%。

要求：

（1）在保持目标资本结构的前提下，计算2005年投资方案所需的自有资金额和需要从外部借入的资金额。

（2）在保持目标资本结构的前提下，如果公司执行剩余股利政策，计算2004年度应分配的现金股利。

（3）在不考虑目标资本结构的前提下，如果公司执行固定股利政策，计算2004年度应分配的现金股利、可用于2005年投资的留存收益和需要额外筹集的资金额。

（4）在不考虑目标资本结构的前提下，如果公司执行固定股利支付率政策，计算该公司的股利支付率和2004年度应分配的现金股利。

（5）假定公司2005年面临着从外部筹资的困难，只能从内部筹资，不考虑目标资本结构，计算在此情况下2004年度应分配的现金股利。

2. 某公司年终利润分配前的股东权益项目资料：股本－普通股（每股面值2元，200万股）400万元，资本公积160万元，未分配利润1440万元，所有者权益合计2000万元，公司股票的现行市价为22元/股。

要求：

（1）计划按每 10 股送 1 股的方案发放股票股利，并按发放股票股利后的股数派发每股现金股利 0.5 元，股票股利的金额按面值计算。计算完成这一分配方案后的股东权益各项目数额。

（2）如若按 1 股换 2 股的比例进行股票分割，计算股东权益各项目数额及普通股股数。

3. 某公司 2010 年支付股利 255 万元，过去的 10 年间该公司盈利按固定的 10% 速度持续增长，2010 年税后利润为 870 万元。2011 年预计盈利 1381 万元，投资总额为 1000 万元，预计 2011 年以后仍会恢复 10% 的增长率。公司如采用不同的股利政策，请分别计算 2011 年的股利。

（1）股利按盈利的长期增长率稳定增长。

（2）维持 2010 年的股利支付率。

（3）采用剩余股利政策（投资 1000 万元中 30% 以负债融资）。

（4）2011 年的投资 30% 用外部股权融资，30% 用负债，40% 用保留盈余，未投资盈余用于发放股利。

第九章　财务管理信息化

学习目标

1. 了解财务管理信息化的发展历程
2. 掌握财务管理信息化的定义及内容
3. 区分财务管理信息化与会计信息化的关系
4. 熟悉财务管理信息系统的模型结构及功能

第一节　财务管理信息化概述

一、当前信息化环境对财务管理的冲击

（一）信息化对财务管理的影响

20世纪末，信息技术的快速发展，使人类步入了信息经济时代。信息技术的发展和普及给传统产业提供了新的发展机遇，但同时也给企业的生存环境和经营管理模式等带来了前所未有的冲击。作为企业管理核心内容的财务管理工作也面临着严峻的考验。信息化可以使采购、生产、销售等各生产环节无缝连接起来，实现资源的集中配置和数据的集中共享，避免产生“信息孤岛”，全面监控企业的财务状况。财务管理作为企业管理的核心，随着企业的生存环境和管理模式的变化而出现了新的内容和特征。研究财务管理的信息化问题，无论是对企业财务管理工作还是提高企业的竞争力，都具有积极的现实意义。因此，积极推进企业财务管理信息化建设，不仅是探索如何提高当前企业财务管理水平的有效途径，也是加强企业管理、深化企业改革、建立现代企业制度过程中的一项重要工作。

信息化对财务管理的影响具体体现在以下三个方面。

1. 对财务管理理论的影响

财务管理的目标有代表性的四种观点是：利润最大化、每股盈余最大化、股东财富最大化、企业价值最大化。在信息化环境下，电子商务平台的建立与完善连接了企业的各方利益，这种情况下，任何追求各自利益最大化的财务管理目标都会影响到企业的长期增长，只有把企业价值最大化作为财务管理的目标，才是实现共赢的最有效途径，也是信息化技术下的必然选择。

财务管理的对象是资金以及资金的流转。信息化环境下，网上银行、电子货币、网络虚拟资产等的出现，加快了资金流转的速度，也带来了更大的风险。

2. 对财务管理方法的影响

由于信息技术为财务管理提供了支持和辅助决策的工具，能够满足复杂的数学计算和统计分析，并且提供了有效的数据库管理，使得原本未得到广泛使用的定量分析在财务管理方法使用上能够轻松实现。这种方法的进步有利于从整体目标出发，自顶向下，层层分解，进行事前和事中控制，解决事件中的临时性、偶然性问题。同时，信息化的发展把运筹学、多元统计学、计量经济学、人工智能等先进的方法引入到了财务管理的过程中，丰富了财务管理方法体系。

3. 对财务管理技术的影响

信息化时代，计算机硬件性能的提高，计算机软件开发技术、系统集成技术、多媒体技术、数据库管理技术、计算机网络技术等手段都极大地提高了财务管理的工作效率，改变了依靠手工劳动来计算、分析、统计、决策的传统财务管理流程，为财务管理决策提供了更为有效可靠的依据和保证，同时也便于在决策的执行过程中进行实时控制。

(二) 财务管理信息化的发展历程

我国企业财务管理信息化经历了三个发展阶段。

1）第一阶段是单机财务软件。该阶段的财务软件基本上是运行在DOS操作平台的单项型财务软件，在功能上仅仅是完成一个独立的财务处理工作。它是通过编写单机程序来实现会计记账、核算、制作会计报表和财务分析的计算机程序化管理，从而提高了财务工作效率。

2）第二阶段是基于LAN（局域网）的核算型财务软件，也就是在企业内部建立局域网，运用统一的网络财务软件。该阶段财务管理信息化的应用范围从单机模式扩展到具有一定数据共享能力的小型局域网的应用，但仍然是局限于事后的核算，与企业的管理严重脱钩。不过，它实现了企业的财务管理信息系统、生产信息系统、销售信息系统等各个系统的集成。

3）第三阶段是企业综合应用一体化的财务软件。该财务软件通过企业建立的局域网来实现企业物流、资金流、信息流的统一，形成了财务系统与销售、供应、生产等系统的信息集成和数据共享，并通过广域网和数据仓库、联机分析处理、数据挖掘等新型智能技术的使用，使集团公司内部之间以及相关价值链主体之间能及时传递、整理、分析、反馈财务和管理信息，为企业决策者和相关利益方提供决策支持服务。

具体地说，这个阶段的财务管理信息化过程又分为：①采用C/S（客户机/服务器）计算模式、涉及企业的管理内容，包含财务分析、财务预测、财务控制等的管理型财务软件。②基于 Internet 的 B/S（浏览器/服务器）计算模式，采用 Web 技术、多媒体技术和 Internet 的管理软件，符合企业经营方式向电子商务发展的战略，是国际财务管理软件技术发展主流趋势的集成型财务软件。③支持数据库的应用、实现 OLAP 智能数据挖掘分析、提供更细致的财务报表，支持结构分析、比较分析和趋势分析等主要财务指标分析功能的智能分析型财务管理软件。这种集成性高、智能分析型的财务软件是财务管理软件的重要发展方向。

二、财务管理信息化的内容及目标

（一）财务管理信息化的定义

信息化本身是在计算机技术的进步和使用下，以信息资源开发利用为核心，借助于计算机硬件、软件、网络、通信、信息管理和集成等技术的一种新型生产力。社会信息化的进程是从某个组织或某个企业开始的，企业信息化的实现往往是以财务信息化为起点和依托，财务的信息化分为财务核算的信息化和财务管理的信息化。

财务管理信息化不仅是计算机等信息技术的采用，更是企业流程重组、人力资源潜能充分得以调动的一个过程。可以将财务管理信息化定义为：财务管理信息化是指企业财务人员利用现代信息技术手段，对企业流程重组，调动财务人力资源的信息潜能，挖掘企业各种财务信息资源，更好地组织企业财务活动，处理财务关系，从而实现企业财务目标的过程。

（二）财务管理信息化的内容

财务管理信息化应该包括事务处理信息系统、管理信息系统、决策支持系统、经理信息系统及协调控制信息系统五个部分。这些系统的成功建立及相互之间的集成管理是财务管理信息化运行成功的体现，它们之间的关系密不可分。

1. 事务处理信息系统

该系统也称为日常业务信息系统，以账务处理、报表管理和日常会计事务处理为主。通常按功能可以分为会计核算信息子系统和会计管理信息子系统。该系统是为满足企业财务部门会计核算工作需要而建立的系统，主要解决财务人员的手工记账和报表问题，利用计算机技术和软件的运用将会计人员从繁重的日常工作中解放出来。该系统为管理者提供了决策需要的信息来源。

2. 管理信息系统

该系统是站在企业管理者的角度，利用事务处理信息系统的结果数据，以现代化计算机技术和信息处理技术为手段，以财务管理提供的模型为基本方法，以会计信息系统和其他业务系统提供的数据为主要依据，对企业财务管理的程序化问题进行自动或半自动的实时处理，从而实现对有关业务活动的控制功能。该系统能够提供简单的决策信息供管理者使用和借鉴。

3. 决策支持系统

决策支持系统能够直接为管理者提供决策信息或决策方案，是一种非常灵活的交互式信息系统，它可以用来解决事前难以准确预测或者是随机变化的问题。决策支持系统通过其良好的交互性，使财务人员能够进行一系列假设分析，再运用不同的模型，列举可能方法，协助分析问题，估计随机事件的各种可能结果，预测未来状况，为企业决策者制定正确科学的经营决策提供帮助，同时对企业财务风险起到事先防范的作用。

4. 经理信息系统

随着数据仓库、联机分析处理及数据挖掘等新型商业智能工具的诞生，该系统能运用系统的集成技术，帮助财务经理充分利用企业数据仓库，对其进行数据挖掘，发现数据的特征，预测企业内外环境的变化趋势，使企业的财务主管能够灵活方便地从更多观察视角了解问题和机遇。该系统是一种将事务处理系统、管理信息系统、决策支持系统相结合的高度交互式信息系统。

5. 协调控制信息系统

该系统主要是起到一个连接、协调和控制的作用，它处于财务管理信息化的顶层位置，主要负责使企业的财务部门与其他部门、本企业与其他关联企业之间的财务信息自动流动，用以支持企业财务管理的计划、组织、控制、分析、预测和决策等各个环节，以支持企业的生产与经营。正如“管理需要信息，信息本身也需要管理”一样，该系统是一个负责信息运转的系统。

（三）财务管理信息化的目标

财务管理信息化的目标与企业管理信息化的目标是一致的，都是为了实现最终的企业目标，也就是财务管理的目标，即实现企业价值的最大化。具体来说，财务管理信息化的目标有以下几点。

1. 有效控制企业的财务风险

财务管理信息化的实施，提升了企业的事前控制水平，加以严格的事中控制和事后分析，企业的应变能力和决策能力都有所提高，相应地企业的财务风险也得到了有效的防范和控制，有利于企业价值的增长。

2. 提高企业的财务决策水平

信息的及时获取和多元化分析，使得企业可以集思广益，在符合整体发展战略的前提下，企业的财务决策也会更加有水准，同时也可以进行更好的风险防范。

3. 加强企业的财务控制能力

信息化的应用，需要对企业的业务流程进行重组，重组之后的业务链都是财务管理信息化系统可以控制的业务范围，并且在业务重组过程中，也减少了控制层级，有利于强化控制过程。

三、财务管理信息化与会计信息化的联系与区别

1. 财务管理信息化与会计信息化的联系

财务管理的信息化和会计的信息化是实现企业财务信息化不可缺少的部分，为实现企业管理的战略目标，二者共同完成企业财务信息化的任务，它们之间是密不可分的。会计信息化是企业经济业务的核算与反映，它为财务管理的信息化提供了必要的信息资源，而财务管理信息化是利用了先进的信息技术和现代化的管理手段，以会计信息系统为基础，以全面实现财务的信息化为目标，在互联网环境下实行财务核算、分析、管理、控制、决策和监督等的一种现代化财务管理模式。随着经济全球化及信息技术的发展，这种模式成为企业强化财务管理水平、提升企业竞争力的重要手段。

2. 财务管理信息化与会计信息化的区别

1）反映的内容不同。财务管理信息化属管理范畴，通过利用会计信息进行分析、预测、决策、管理，掌握企业资金的合理运用、科学配置资金来源、安排和控制资金的使用和耗费、提高资金利用效果、考核和分配企业的经营成果，以达到企业的财务管理目标。会计信息化则着重核算和监督功能，采用专门方法，对单位经济活动进行完整、连续、系统的核算和监督，对交易或事项确认、计量、记录、报告，反映企业财务状况、经营成果和现金流量等信息资料，为财务管理提供了依据。

2）运行的过程不同。财务管理信息化实施的环节主要包括财务预测、财务决策、财务预算、财务控制和财务分析。会计信息化实施的环节则从单据的录入开始，到审核、记账、结账，最后形成报表。

3）执行的依据不同。会计信息化的依据是国家的统一会计制度，具体会计政策、会计估计的选用是由企业根据国家统一会计政策，结合企业实际情况选定的。而财务管理信息化的依据则是在国家政策、法律允许范围内，由企业制定内部财务管理办法，享有独立的理财自主权及自主决策权。

4）服务的对象不同。财务管理信息化的服务对象是企业内部的管理者，尤其是那些企业高层管理者，可满足他们的决策需要。会计信息化的服务对象是企业各利益相关方，包括企业内部的管理者和各部门工作人员，也包括企业的外部信息需求者，如债权人、潜在股东及国家税收机关等。

第二节　财务管理信息系统的构建与实施

财务管理的内容是对企业的资金活动全程的控制、协调、监督、反馈、决策，包括财务预测、筹资与投资决策、耗资（成本费用）、收入分配、风险控制

及企业并购等环节。基于Excel环境构建企业财务管理系统能够实现财务管理的各项活动。美国微软公司推出的Excel软件，是一个功能强大、技术先进、使用方便的表格式数据综合管理与分析系统，是财会管理人员公认的强有力的数据管理与分析软件工具。Excel软件凭借其自身丰富的计算工具、精密分析工具及灵活多变的表达方式，使企业财务管理更加容易，而且财务管理人员能够根据企业多变的经济环境，建立合适的财务管理模型，以满足决策的需要。

基于Excel的财务管理信息系统的构建与实施过程如下。

一、财务管理信息系统构建的可行性

Excel拥有直观的图形界面、强大的数据处理和绘图功能、丰富的函数及分析工具和VBA宏语言，为企业财务管理人员开发适合本单位的财务管理信息系统提供了良好的设计平台。实际工作中有部分企业财务人员利用Excel进行简单的账务处理、报表编制、制作一些简单实用的财务模型，但是能运用Excel和VBA构建一个完整的财务管理信息系统却很少。基于Excel和VBA编程模式的财务管理信息系统，较之大型的商业化财务管理软件而言，技术起点相对较低，适合企业财务管理人员进行自行开发设计、拓展、维护和使用。且基于Excel的财务管理信息系统是一个半开放的系统，便于根据外部经济环境的变化和企业的需求进行二次开发，降低后期系统维护费用，财务管理人员可以建立各种管理分析模型，高效、准确地进行财务管理分析工作。因此，不管从客户角度还是从开发者的角度来说，不管是从经济成本还是技术层面上来说，构建基于Excel和VBA的财务管理信息系统都是可行的。

二、财务管理信息系统构建的需求分析

对当前企业而言，国外大公司的一些管理软件在考虑企业集中管理方面具有很大优势，但造价昂贵，也不适合我国企业的特点。而国内财务管理软件发展相对滞后，目前市场上的财务管理软件大多作为会计软件的附属物，没有充分发挥财务管理的其他职能，从而无法适应现代企业财务管理的要求。另外，企业形态的多样性和复杂性，决定了信息系统的多样性和复杂性，使得程式化的商品化软件很难得到普遍适用。

对于资金实力较弱的企业来说，没能力也没必要购买成套的财务管理软件，但却不能因噎废食从而忽视企业的财务管理。因此构建成本低廉、灵活实用的基于Excel的财务管理信息系统很有必要。

三、财务管理信息系统的设计目标

构建的财务管理信息系统的设计思想是：充分考虑企业的实际需求，在有限

的资源环境下实现企业经济效益最大化，选择成本较低、风险较小的筹融资方法和筹资渠道，进行科学合理的投资决策，强化营运资金管理，加强固定资产、职工薪酬、销售利润等方面的管理，解决经营管理中出现的大多数问题，为企业进行科学的财务管理提供保障。因此，考虑到企业财务管理的实际需求，基于Excel的财务管理信息系统应该实现以下设计目标。

1）强化财务管理职能，使企业决策更为科学。所设计的系统应该能够满足客户的大部分需求，解决企业经营管理中出现的大多数问题。

2）方便实用，高效准确。系统中所设计的财务模型应该方便实用，便于理解，计算结果准确，为管理者进行决策提供更为科学的依据。

3）有友好的操作界面。所设计的系统应该有与商品化财务管理软件相类似的友好操作界面，用户通过菜单工具栏、控件操作即可得到比较满意的结果。

4）有较健全的数据安全保护机制。所设计的系统应该有比较健全的数据安全保护机制，不同的用户登录系统后有不同的职责权限。

四、财务管理信息系统的结构

为满足企业各项财务管理活动的大部分需求，财务管理信息系统的结构如图9.1所示，整个系统由八个子系统构成，包括筹资决策分析、投资决策分析、营运资金管理、固定资产管理、职工薪酬管理、销售利润管理、财务预测分析、财务综合评价等各子系统。

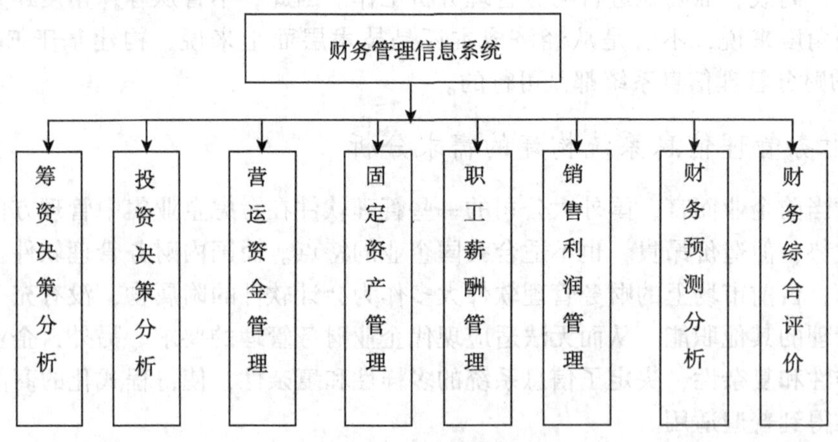

图9.1 系统结构框架图

1）筹资决策分析。考虑企业筹资难的现状及其需求，建立相关财务模型，为企业选择科学合理的筹融资规模、方式提供决策支持。

2）投资决策分析。考虑企业筹资能力较低、资金实力有限、资源相对匮乏的现状，建立相关财务模型，权衡风险和收益，为企业自主作出投资决策提供科学依据。

3）营运资金管理。加强营运资金管理，盘活资金，提高存货管理水平，完善应收账款管理。

4）固定资产管理。便于企业对企业拥有或控制的固定资产进行有序管理，提高企业固定资产的使用效率，方便企业管理者了解固定资产的来源、使用状况、账面余额、累计折旧、折旧费用分配状况及其流向。

5）职工薪酬管理。便于企业管理人员了解本企业每月职工工资总额及其构成、薪酬调整状况、工资费用分配等状况，方便管理人员查询职工工资及制作工资条等。

6）销售利润管理。便于企业进行销售预测、成本预测、分析企业每月的销售业绩，合理规划企业的销售规模，更好地对销售利润进行管理。

7）财务预测分析。方便企业预测销售规模、外部资金需求量规模，便于编制预计财务报表等。

8）财务综合评价。方便企业对资产负债表、利润表、现金流量表等进行横向、纵向对比，便于对财务考核指标进行管理与维护，定期对企业财务状况、经营成果进行全面的指标分析和综合评价。

五、财务管理信息系统的实施

（一）筹资决策分析子系统

在市场经济条件下，企业筹集资金有长期贷款、股票筹资、债券筹资、租赁筹资等多种方式。对国内很多中小企业而言，融资很难，不是由于市场缺乏资金，而是没有办法找到外部融资的有效途径。从银行信贷市场的融资情况看，银行信贷资金主要流向国有、股份制、合资的大企业和上市公司，中小企业在向银行申请信贷过程中存在种种障碍。从资本市场的融资情况看，受股票市场上市规模和债券发行额度等因素限制，大量处于高速发展阶段、急需资金支持的中小企业，没有条件从中获得资金。据调查，我国中小企业融资的大部分来自银行贷款，而租赁筹资对中小企业而言也不失为一种有效的筹资方式。所以在筹资决策分析系统中，我们主要考虑银行贷款和租赁筹资等方式。

在本子系统中，主要包括借款分析模型、租赁分析模型、租金摊销计划表及借款租赁对比分析等模型。

1．借款分析模型

在借款分析模型中，财务管理人员可以根据不同的借款金额、借款利率、期限、还本付息方式、年付息次数、付息时间，即可计算出每期应支付的本金、利息以及偿付总额，从而作出适当的决策。

2．租赁分析模型

在租赁分析模型中，财务管理人员可以通过选择承租的设备，根据不同的承租条件计算出每期应付租金，与企业所能承担的租金进行对比，从而作出相应决策。

3. 租金摊销计划表

在租金摊销计划模型中，财务管理人员通过输入设备价款、租费率、租期、年支付次数和租金支付时间即可自动计算出每期应支付的租金、每期应还本金、应计租费，与企业的承受能力进行对比，从而作出相应决策。

4. 借款租赁对比分析

在本模型中，财务管理人员可以通过输入设备基本参数、租赁设备有关参数、借款购买设备基本参数及企业的必要报酬率和企业所得税率，即可计算出增量净现值、租赁设备成本、借款购买成本，并将借款购买成本和租赁设备成本与两个方案的盈亏平衡租金相比较，从而作出科学的决策。

（二）投资决策分析子系统

企业要维持较强的竞争力，扩大现有的生产经营规模或扩大经营范围，就要根据市场竞争的需要，自主作出投资决策。而对于筹资能力较低、资金实力有限、资源相对匮乏的企业来说，能否把筹集到的资金投放到收益高、风险小的项目上，对企业的生存和发展十分重要。因此在投资前，财务管理人员需要借助财务模型作好可行性分析，合理预测投资方案的风险和收益，确定投资方案。对企业而言，股票投资风险太大，不予考虑。可选择风险较小的债券投资，如购买国库券等。企业筹集到的大部分资金应该投入到本企业内部以扩大其生产能力。

在本系统中主要包括债券投资决策、固定资产投资决策、固定资产更新决策和投资风险分析等财务模型。

1. 债券投资分析

当管理者在窗体中输入债券有关参数，如债券面值、票面利率、发行日、到期日、交易日、交易价格、交易手续费率、折现率及年付息次数等即可计算出该债券的投资价值、到期收益率，得出有无投资价值的结论。

2. 固定资产投资决策

管理者在财务模型中输入投资项目基本参数，进行格式化后再输入各年销售收入、投资数额、各年付现成本后即可计算得出投资项目净现值、内部收益率及动态投资回收期。

3. 固定资产更新决策

管理者在财务模型中输入新、旧设备的有关参数，如设备原值、已使用年限、预计使用年限、年销售收入、年付现成本、目前变现价值、最终残值、折旧方法、资金成本率及企业所得税率等，输入参数后两种设备的等值年金，再比较等值年金大小作出是否更新设备的结论。

4．投资风险分析

管理者在该财务模型的基本数据区中输入各个方案的各期现金流量及发生概率、无风险报酬率和风险报酬率即可计算出各个方案的各期现金流量期望值、标准离差、期望现值、综合标准差、风险程度、风险调整贴现率和净现值，从而选择适合的投资方案。

（三）营运资金管理子系统

营运资金管理主要包括现金、应收账款和存货的管理。营运资金流动性较强，在客观上存在现金流入量和现金流出量不同步和不确定的现实情况下，企业持有一定量的营运资金十分重要。但是流动资金越多，风险越小，收益越低。作为企业，更应控制流动资金的持有数量，在风险和收益之间进行权衡，以最低的成本满足生产经营周转的需要。

在本系统中，主要通过最佳现金持有量决策、信用条件决策、信用标准决策、信用政策决策和最佳订货批量决策等财务模型的建立，便于企业更加科学地进行管理。

1．最佳现金持有量决策

最佳现金持有量分析模型可以及时、准确地根据企业现金需求总量、每次交易成本、有价证券成本、现金余额等各要素值的变化，得到最佳现金持有量，做到以最低的成本满足现金周转的需要。

2．应收账款管理模型

应收账款管理模型包括信用条件决策、信用标准决策和信用政策决策等模型。各决策模型下，输入新的方案有关数据，与目前方案比较，计算出不同方案变化带来的增量利润，增量利润最大者即为最佳方案。

3．最佳经济订货批量决策

实际工作中，考虑存货陆续供应和有数量折扣的情况下，财务管理人员在基本数据区域中输入各种材料的全年需要量、每次订货成本、单位储存成本、每日送货量、每日耗用量、数量折扣和单价，即可计算出各种材料的最佳订货批量、总成本及经济订货量占用资金等。

（四）固定资产管理子系统

对企业而言，企业所拥有或控制的固定资产管理的好坏在很大程度上影响到企业生产效率的发挥，关系到企业的生存和发展。因此，企业对固定资产的管理也不容忽视。

在本系统中，主要通过建立固定资产清单、固定资产卡片、统计报表、折旧费用分配、固定资产流向及项目设置等模型对企业的固定资产进行管理。

1．固定资产清单

在固定资产清单表中，用户可以了解企业每一项固定资产的编号、名称、规格型号、使用部门、增加方式、使用状况、折旧方法、原值、至上月止累计折旧额、本月计提折旧额、本月末账面净值等详细信息。

2. 固定资产卡片

在固定资产卡片表中，用户输入要查询的固定资产编号就可以了解企业该项固定资产的名称、所属类别、规格型号、增加方式、存放地点、使用状况、使用年限、原值、折旧方法、已计提折旧额、尚可计提折旧额等信息。

3. 统计报表

在统计报表中，用户可以了解企业每一项固定资产的编号、名称、规格型号、使用部门、增加方式、可使用年限、折旧方法、原值、至上月止累计折旧额、本月计提折旧额、本月末账面净值等信息。

4. 折旧费用分配

在折旧费用分配中，以统计报表中的数据为依据，绘制“数据透视表”，用户可以了解到企业各部门所属固定资产当月折旧计提额，将“数据透视表字段列表”中的字段拖至“数据透视表”中即可得到用户需要了解的其他信息。

5. 固定资产流向

在固定资产流向表中，用户可以了解到企业减少的固定资产的名称、原值、可使用年限、累计折旧、减少日期、减少价格、减少原因等信息。

6. 项目设置

在项目设置表中，用户可以了解企业固定资产的类别编号、类别名称、使用部门、增加方式、使用状况、折旧方法、减少原因、折旧费用类别等设置信息。

（五）职工薪酬管理子系统

有很多企业，尤其是中小企业，职工薪酬体系不合理、欠科学，职工薪酬管理相对混乱。因此，对企业的职工薪酬进行规范的管理尤为迫切。

在本系统中，主要通过建立员工基本情况、相关计算比率表、职工福利表、社会保险费用表、考勤及奖金表、工资调整表、工资总额汇总表、工资费用分配表、工资结算清单，制作工资条、员工工资查询等表单对企业的职工薪酬进行管理。

1）员工基本情况。在员工基本情况表中，用户可以了解企业职工的编号、姓名、部门、职务、职称、参加工作时间等相关信息，可在其中增删企业职工的相关信息。

2）相关计算比率表。在相关计算比率表中，用户可以了解企业社会保险及住房公积金的扣缴比率、奖金计算标准、工资费用扣除比率、个人所得税累进税率及速算扣除数等。

3）职工福利表。在职工福利表中，用户可以了解企业各部门职工的住房补贴、伙食补贴、交通补贴、医疗补助等相关信息。

4）社会保险费用表。在社会保险费用表中，用户可以了解企业各部门职工的应扣缴的养老保险、医疗保险和失业保险等相关信息。

5）考勤及奖金表。在考勤及奖金表中，用户可以了解企业各部门职工的考勤记录及实际奖金等信息。

6）工资调整表。在工资调整表中，用户可以了解企业各部门职工的工资调整等信息。

7）工资结算清单。在工资结算清单中，用户可以了解企业各部门职工的当月工资的构成，应发数和实发数等信息。

8）工资总额汇总表。在工资总额汇总表中，以“工资结算清单”中的数据为依据，绘制“数据透视表”，用户可以了解到企业各部门当月工资汇总数，将“数据透视表字段列表”中的字段拖至“数据透视表”中即可得到用户需要了解的其他信息。

9）工资费用分配表。在工资费用分配表中，用户可以了解企业各部门当月工资的总额以及职工福利费、工会经费、教育经费、养老保险、医疗保险、失业保险及住房公积金等工资费用的分配情况。

10）制作工资条。当用户单击职工薪酬管理上的“制作工资条”命令时，即可自动显示出企业当月需打印的工资条，单击“制作工资条”表中的“清除工资条”命令按钮即可自动清除当月工资条。

11）员工工资查询。在员工工资查询中，输入要查询的员工编号，即可显示出该员工当月的出勤状况、应发薪金、应扣薪金、应发合计及实发合计等详细信息。

（六）销售利润管理子系统

面对激烈的市场竞争，销售利润管理在企业经济活动中的地位越来越重要。对企业来说更应，加强对销售与利润的预测和管理，及时、准确地掌握企业销售业绩和决策成果，提高企业在市场中的竞争能力。

在本系统中，主要建立销售预测模型、成本预测模型、销售业绩分析模型和本量利分析模型等财务模型，提高销售利润的管理水平。

1．销售预测模型

当管理者选择销售预测模型时，可以进行回归直线模型和因果分析模型的分析应用。

2．成本预测模型

当管理者选择成本预测模型时，可以进行回归直线成本预测模型的分析应用。

3．销售业绩分析模型

当管理者选择销售业绩分析模型时，可以依据外部导入的销售明细数据绘制的数据透视表，将“数据透视表字段列表”中的字段拖入到相应区域，得到不同的显示结果以便进行销售业绩的分析。

4. 本量利分析模型

当管理者选择本量利分析模型时，联合调整产品单价、单位变动成本、销售量、固定成本的增减变动百分比，即可得到多因素联合变动时的预计利润、预计保本点和预计安全边际额等数据。

（七）财务预测分析子系统

财务预测是企业财务管理活动中的重要组成部分。企业在经营管理活动中，一方面要分析评价过去的财务活动，另一方面又要预测将来的发展趋势。而企业制定的财务计划在很大程度上依赖于财务预测的准确程度。对于企业而言，更应做好财务预测与计划，以指导企业的经营管理。

本系统主要包括回归预测模型、资金需求量预测模型、预计财务报表和方案总结模型。

1. 回归预测模型

当管理者选择回归预测模型时，模型将给出利用线性回归、指数回归和乘幂回归预测的实例，并综合其他因素给出销售收入预测值。

2. 资金需求量预测模型

当管理者选择资金需求量预测模型时，可以利用该模型进行资金需求量的预测。

3. 预计财务报表

当管理者选择预计财务报表模型时，管理者根据公司具体情况，输入相关财务数据，则模型自动编制预计资产负债表和预计利润表等。管理者可以根据该公司预计资产负债表、预计利润表以及企业假设条件和制定的财务政策，评价、调整企业的预计资产负债表和预计利润表。

4. 方案总结模型

当管理者选择方案总结模型时，系统将给出不同假设条件和财务政策下多种结果所组成的方案总结。

（八）财务综合评价子系统

单纯的财务比率分析只能为管理者提供相对片面的会计信息。管理者要了解企业的整体财务状况，就应该从不同侧面去考察和分析。作为企业的管理者，更应该从不同侧面、不同角度去分析生产经营过程中的利弊得失。

在本系统中，以外部导入的企业财务报表数据为基础，可以建立财务比较分析、结构百分比分析、图表分析、财务比率分析、财务比率综合评分及杜邦分析等模型，便于财务管理人员对资产负债表、利润表及现金流量表等进行横纵向对比，对企业财务状况、经营成果进行全面的指标分析和综合评价。

1. 财务比较分析

选择财务比较分析模型时，系统可以对资产负债表、利润表、现金流量表进行横向对比分析。

2. 结构百分比分析

选择结构百分比分析模型时，系统可以进行对资产负债表、利润表进行纵向对比分析。

3. 图表分析

选择图表分析模型时，系统可以进行对资产负债表与利润表相关项目的图表分析。

4. 财务比率分析

选择图表分析模型时，系统可以对关于企业的盈利能力、偿债能力及发展能力等各方面财务比率数据进行对比进行对比，便于管理者了解企业的财务状况。

5. 财务比率综合评分

选择财务比率综合评分模型时，可得到企业各方面能力的评分以及财务状况的综合评分。

6. 杜邦分析

选择杜邦分析模型时，可得到杜邦分析图，便于利用几种主要财务比率之间的关系综合地分析企业的财务状况。

小　　结

信息技术的发展和普及对财务管理产生了很大的影响，具体体现在：对财务管理理论的影响、对财务管理方法的影响和对财务管理技术的影响。

我国企业财务管理信息化经历了三个发展阶段。第一阶段是单机财务软件。该阶段的财务软件在功能上仅仅是完成一个独立的财务处理工作。第二阶段是基于LAN（局域网）的核算型财务软件，该阶段财务管理信息化的应用范围从单机模式扩展到具有一定数据共享能力的小型局域网的应用，但仍然是局限于事后的核算，与企业的管理严重脱钩。第三阶段是企业综合应用一体化的财务软件。形成了财务系统与销售、供应、生产等系统的信息集成和数据共享，为企业决策者和相关利益方提供决策支持服务。

财务管理信息化是指企业财务人员利用现代信息技术手段，对企业流程重组，调动财务人力资源的信息潜能，挖掘企业各种财务信息资源，更好地组织企业财务活动，处理财务关系，从而实现企业财务目标的过程。一般财务管理信息化应该包括事务处理信息系统、管理信息系统、决策支持系统、经理信息系统以及协调控制信息系统五个部分。

财务管理的信息化和会计的信息化是实现企业财务信息化不可缺少的部分，为实现企业管理的战略目标，二者共同完成企业财务信息化的任务，密不可分。但二者也有严格的区别：反映的内容不同、运行的过程不同、执行的依据不同、服务的对象不同。

财务管理信息系统的结构由八个子系统构成，包括筹资决策分析、投资决策分析、营运资金管理、固定资产管理、职工薪酬管理、销售利润管理、财务预测分析和财务综合评价子系统。

思 考 题

1. 什么是财务管理信息化？其主要内容有哪些？
2. 财务管理信息化与会计信息化的联系与区别是什么？
3. 财务管理信息系统的模型构建一般应包括哪些结构？

附录　常用系数表

附录1　复利终值系数表（F/P，*i*，*n*）

期数	1%	2%	3%	4%	5%	6%	7%	8%	9%	10%	11%	12%	13%	14%	15%
1	1.0100	1.0200	1.0300	1.0400	1.0500	1.0600	1.0700	1.0800	1.0900	1.1000	1.1100	1.1200	1.1300	1.1400	1.1500
2	1.0201	1.0404	1.0609	1.0816	1.1025	1.1236	1.1449	1.1664	1.1881	1.2100	1.2321	1.2544	1.2769	1.2996	1.3225
3	1.0303	1.0612	1.0927	1.1249	1.1576	1.1910	1.2250	1.2597	1.2950	1.3310	1.3676	1.4049	1.4429	1.4815	1.5209
4	1.0406	1.0824	1.1255	1.1699	1.2155	1.2625	1.3108	1.3605	1.4116	1.4641	1.5181	1.5735	1.6305	1.6890	1.7490
5	1.0510	1.1041	1.1593	1.2167	1.2763	1.3382	1.4026	1.4693	1.5386	1.6105	1.6851	1.7623	1.8424	1.9254	2.0114
6	1.0615	1.1262	1.1941	1.2653	1.3401	1.4185	1.5007	1.5869	1.6771	1.7716	1.8704	1.9738	2.0820	2.1950	2.3131
7	1.0721	1.1487	1.2299	1.3159	1.4071	1.5036	1.6058	1.7138	1.8280	1.9487	2.0762	2.2107	2.3526	2.5023	2.6600
8	1.0829	1.1717	1.2668	1.3686	1.4775	1.5938	1.7182	1.8509	1.9926	2.1436	2.3045	2.4760	2.6584	2.8526	3.0590
9	1.0937	1.1951	1.3048	1.4233	1.5513	1.6895	1.8385	1.9990	2.1719	2.3579	2.5580	2.7731	3.0040	3.2519	3.5179
10	1.1046	1.2190	1.3439	1.4802	1.6289	1.7908	1.9672	2.1589	2.3674	2.5937	2.8394	3.1058	3.3946	3.7072	4.0456
11	1.1157	1.2434	1.3842	1.5395	1.7103	1.8983	2.1049	2.3316	2.5804	2.8531	3.1518	3.4786	3.8359	4.2262	4.6524
12	1.1268	1.2682	1.4258	1.6010	1.7959	2.0122	2.2522	2.5182	2.8127	3.1384	3.4985	3.8960	4.3345	4.8179	5.3503
13	1.1381	1.2936	1.4685	1.6651	1.8856	2.1329	2.4098	2.7196	3.0658	3.4523	3.8833	4.3635	4.8980	5.4924	6.1528
14	1.1495	1.3195	1.5126	1.7317	1.9799	2.2609	2.5785	2.9372	3.3417	3.7975	4.3104	4.8871	5.5348	6.2613	7.0757
15	1.1610	1.3459	1.5580	1.8009	2.0789	2.3966	2.7590	3.1722	3.6425	4.1772	4.7846	5.4736	6.2543	7.1379	8.1371
16	1.1726	1.3728	1.6047	1.8730	2.1829	2.5404	2.9522	3.4259	3.9703	4.5950	5.3109	6.1304	7.0673	8.1372	9.3576
17	1.1843	1.4002	1.6528	1.9479	2.2920	2.6928	3.1588	3.7000	4.3276	5.0545	5.8951	6.8660	7.9861	9.2765	10.7613
18	1.1961	1.4282	1.7024	2.0258	2.4066	2.8543	3.3799	3.9960	4.7171	5.5599	6.5436	7.6900	9.0243	10.5752	12.3755
19	1.2081	1.4568	1.7535	2.1068	2.5270	3.0256	3.6165	4.3157	5.1417	6.1159	7.2633	8.6128	10.1974	12.0557	14.2318
20	1.2202	1.4859	1.8061	2.1911	2.6533	3.2071	3.8697	4.6610	5.6044	6.7275	8.0623	9.6463	11.5231	13.7435	16.3665
21	1.2324	1.5157	1.8603	2.2788	2.7860	3.3996	4.1406	5.0338	6.1088	7.4002	8.9492	10.8038	13.0211	15.6676	18.8215
22	1.2447	1.5460	1.9161	2.3699	2.9253	3.6035	4.4304	5.4365	6.6586	8.1403	9.9336	12.1003	14.7138	17.8610	21.6447
23	1.2572	1.5769	1.9736	2.4647	3.0715	3.8197	4.7405	5.8715	7.2579	8.9543	11.0263	13.5523	16.6266	20.3616	24.8915
24	1.2697	1.6084	2.0328	2.5633	3.2251	4.0489	5.0724	6.3412	7.9111	9.8497	12.2392	15.1786	18.7881	23.2122	28.6252

续表

期数	1%	2%	3%	4%	5%	6%	7%	8%	9%	10%	11%	12%	13%	14%	15%
25	1.2824	1.6406	2.0938	2.6658	3.3864	4.2919	5.4274	6.8485	8.6231	10.8347	13.5855	17.0001	21.2305	26.4619	32.9190
26	1.2953	1.6734	2.1566	2.7725	3.5557	4.5494	5.8074	7.3964	9.3992	11.9182	15.0799	19.0401	23.9905	30.1666	37.8568
27	1.3082	1.7069	2.2213	2.8834	3.7335	4.8223	6.2139	7.9881	10.2451	13.1100	16.7387	21.3249	27.1093	34.3899	43.5353
28	1.3213	1.7410	2.2879	2.9987	3.9201	5.1117	6.6488	8.6271	11.1671	14.4210	18.5799	23.8839	30.6335	39.2045	50.0656
29	1.3345	1.7758	2.3566	3.1187	4.1161	5.4184	7.1143	9.3173	12.1722	15.8631	20.6237	26.7499	34.6158	44.6931	57.5755
30	1.3478	1.8114	2.4273	3.2434	4.3219	5.7435	7.6123	10.0627	13.2677	17.4494	22.8923	29.9599	39.1159	50.9502	66.2118

附录 2 复利现值系数表（P/F，*i*，*n*）

期数	1%	2%	3%	4%	5%	6%	7%	8%	9%	10%	11%	12%	13%	14%	15%
1	0.9901	0.9804	0.9709	0.9615	0.9524	0.9434	0.9346	0.9259	0.9174	0.9091	0.9009	0.8929	0.8850	0.8772	0.8696
2	0.9803	0.9612	0.9426	0.9246	0.9070	0.8900	0.8734	0.8573	0.8417	0.8264	0.8116	0.7972	0.7831	0.7695	0.7561
3	0.9706	0.9423	0.9151	0.8890	0.8638	0.8396	0.8163	0.7938	0.7722	0.7513	0.7312	0.7118	0.6931	0.6750	0.6575
4	0.9610	0.9238	0.8885	0.8548	0.8227	0.7921	0.7629	0.7350	0.7084	0.6830	0.6587	0.6355	0.6133	0.5921	0.5718
5	0.9515	0.9057	0.8626	0.8219	0.7835	0.7473	0.7130	0.6806	0.6499	0.6209	0.5935	0.5674	0.5428	0.5194	0.4972
6	0.9420	0.8880	0.8375	0.7903	0.7462	0.7050	0.6663	0.6302	0.5963	0.5645	0.5346	0.5066	0.4803	0.4556	0.4323
7	0.9327	0.8706	0.8131	0.7599	0.7107	0.6651	0.6227	0.5835	0.5470	0.5132	0.4817	0.4523	0.4251	0.3996	0.3759
8	0.9235	0.8535	0.7894	0.7307	0.6768	0.6274	0.5820	0.5403	0.5019	0.4665	0.4339	0.4039	0.3762	0.3506	0.3269
9	0.9143	0.8368	0.7664	0.7026	0.6446	0.5919	0.5439	0.5002	0.4604	0.4241	0.3909	0.3606	0.3329	0.3075	0.2843
10	0.9053	0.8203	0.7441	0.6756	0.6139	0.5584	0.5083	0.4632	0.4224	0.3855	0.3522	0.3220	0.2946	0.2697	0.2472
11	0.8963	0.8043	0.7224	0.6496	0.5847	0.5268	0.4751	0.4289	0.3875	0.3505	0.3173	0.2875	0.2607	0.2366	0.2149
12	0.8874	0.7885	0.7014	0.6246	0.5568	0.4970	0.4440	0.3971	0.3555	0.3186	0.2858	0.2567	0.2307	0.2076	0.1869
13	0.8787	0.7730	0.6810	0.6006	0.5303	0.4688	0.4150	0.3677	0.3262	0.2897	0.2575	0.2292	0.2042	0.1821	0.1625
14	0.8700	0.7579	0.6611	0.5775	0.5051	0.4423	0.3878	0.3405	0.2992	0.2633	0.2320	0.2046	0.1807	0.1597	0.1413
15	0.8613	0.7430	0.6419	0.5553	0.4810	0.4173	0.3624	0.3152	0.2745	0.2394	0.2090	0.1827	0.1599	0.1401	0.1229
16	0.8528	0.7284	0.6232	0.5339	0.4581	0.3936	0.3387	0.2919	0.2519	0.2176	0.1883	0.1631	0.1415	0.1229	0.1069
17	0.8444	0.7142	0.6050	0.5134	0.4363	0.3714	0.3166	0.2703	0.2311	0.1978	0.1696	0.1456	0.1252	0.1078	0.0929
18	0.8360	0.7002	0.5874	0.4936	0.4155	0.3503	0.2959	0.2502	0.2120	0.1799	0.1528	0.1300	0.1108	0.0946	0.0808
19	0.8277	0.6864	0.5703	0.4746	0.3957	0.3305	0.2765	0.2317	0.1945	0.1635	0.1377	0.1161	0.0981	0.0829	0.0703
20	0.8195	0.6730	0.5537	0.4564	0.3769	0.3118	0.2584	0.2145	0.1784	0.1486	0.1240	0.1037	0.0868	0.0728	0.0611
21	0.8114	0.6598	0.5375	0.4388	0.3589	0.2942	0.2415	0.1987	0.1637	0.1351	0.1117	0.0926	0.0768	0.0638	0.0531
22	0.8034	0.6468	0.5219	0.4220	0.3418	0.2775	0.2257	0.1839	0.1502	0.1228	0.1007	0.0826	0.0680	0.0560	0.0462

续表

期数	1%	2%	3%	4%	5%	6%	7%	8%	9%	10%	11%	12%	13%	14%	15%
23	0. 7954	0. 6342	0. 5067	0. 4057	0. 3256	0. 2618	0. 2109	0. 1703	0. 1378	0. 1117	0. 0907	0. 0738	0. 0601	0. 0491	0. 0402
24	0. 7876	0. 6217	0. 4919	0. 3901	0. 3101	0. 2470	0. 1971	0. 1577	0. 1264	0. 1015	0. 0817	0. 0659	0. 0532	0. 0431	0. 0349
25	0. 7798	0. 6095	0. 4776	0. 3751	0. 2953	0. 2330	0. 1842	0. 1460	0. 1160	0. 0923	0. 0736	0. 0588	0. 0471	0. 0378	0. 0304
26	0. 7720	0. 5976	0. 4637	0. 3607	0. 2812	0. 2198	0. 1722	0. 1352	0. 1064	0. 0839	0. 0663	0. 0525	0. 0417	0. 0331	0. 0264
27	0. 7644	0. 5859	0. 4502	0. 3468	0. 2678	0. 2074	0. 1609	0. 1252	0. 0976	0. 0763	0. 0597	0. 0469	0. 0369	0. 0291	0. 0230
28	0. 7568	0. 5744	0. 4371	0. 3335	0. 2551	0. 1956	0. 1504	0. 1159	0. 0895	0. 0693	0. 0538	0. 0419	0. 0326	0. 0255	0. 0200
29	0. 7493	0. 5631	0. 4243	0. 3207	0. 2429	0. 1846	0. 1406	0. 1073	0. 0822	0. 0630	0. 0485	0. 0374	0. 0289	0. 0224	0. 0174
30	0. 7419	0. 5521	0. 4120	0. 3083	0. 2314	0. 1741	0. 1314	0. 0994	0. 0754	0. 0573	0. 0437	0. 0334	0. 0256	0. 0196	0. 0151

附录3 年金终值系数表（F/A，*i*，*n*）

期数	1%	2%	3%	4%	5%	6%	7%	8%	9%	10%	11%	12%	13%	14%	15%
1	1. 0000	1. 0000	1. 0000	1. 0000	1. 0000	1. 0000	1. 0000	1. 0000	1. 0000	1. 0000	1. 0000	1. 0000	1. 0000	1. 0000	1. 0000
2	2. 0100	2. 0200	2. 0300	2. 0400	2. 0500	2. 0600	2. 0700	2. 0800	2. 0900	2. 1000	2. 1100	2. 1200	2. 1300	2. 1400	2. 1500
3	3. 0301	3. 0604	3. 0909	3. 1216	3. 1525	3. 1836	3. 2149	3. 2464	3. 2781	3. 3100	3. 3421	3. 3744	3. 4069	3. 4396	3. 4725
4	4. 0604	4. 1216	4. 1836	4. 2465	4. 3101	4. 3746	4. 4399	4. 5061	4. 5731	4. 6410	4. 7097	4. 7793	4. 8498	4. 9211	4. 9934
5	5. 1010	5. 2040	5. 3091	5. 4163	5. 5256	5. 6371	5. 7507	5. 8666	5. 9847	6. 1051	6. 2278	6. 3528	6. 4803	6. 6101	6. 7424
6	6. 1520	6. 3081	6. 4684	6. 6330	6. 8019	6. 9753	7. 1533	7. 3359	7. 5233	7. 7156	7. 9129	8. 1152	8. 3227	8. 5355	8. 7537
7	7. 2135	7. 4343	7. 6625	7. 8983	8. 1420	8. 3938	8. 6540	8. 9228	9. 2004	9. 4872	9. 7833	10. 0890	10. 4047	10. 7305	11. 0668
8	8. 2857	8. 5830	8. 8923	9. 2142	9. 5491	9. 8975	10. 2598	10. 6366	11. 0285	11. 4359	11. 8594	12. 2997	12. 7573	13. 2328	13. 7268
9	9. 3685	9. 7546	10. 1591	10. 5828	11. 0266	11. 4913	11. 9780	12. 4876	13. 0210	13. 5795	14. 1640	14. 7757	15. 4157	16. 0853	16. 7858
10	10. 4622	10. 9497	11. 4639	12. 0061	12. 5779	13. 1808	13. 8164	14. 4866	15. 1929	15. 9374	16. 7220	17. 5487	18. 4197	19. 3373	20. 3037
11	11. 5668	12. 1687	12. 8078	13. 4864	14. 2068	14. 9716	15. 7836	16. 6455	17. 5603	18. 5312	19. 5614	20. 6546	21. 8143	23. 0445	24. 3493
12	12. 6825	13. 4121	14. 1920	15. 0258	15. 9171	16. 8699	17. 8885	18. 9771	20. 1407	21. 3843	22. 7132	24. 1331	25. 6502	27. 2707	29. 0017
13	13. 8093	14. 6803	15. 6178	16. 6268	17. 7130	18. 8821	20. 1406	21. 4953	22. 9534	24. 5227	26. 2116	28. 0291	29. 9847	32. 0887	34. 3519
14	14. 9474	15. 9739	17. 0863	18. 2919	19. 5986	21. 0151	22. 5505	24. 2149	26. 0192	27. 9750	30. 0949	32. 3926	34. 8827	37. 5811	40. 5047
15	16. 0969	17. 2934	18. 5989	20. 0236	21. 5786	23. 2760	25. 1290	27. 1521	29. 3609	31. 7725	34. 4054	37. 2797	40. 4175	43. 8424	47. 5804
16	17. 2579	18. 6393	20. 1569	21. 8245	23. 6575	25. 6725	27. 8881	30. 3243	33. 0034	35. 9497	39. 1899	42. 7533	46. 6717	50. 9804	55. 7175
17	18. 4304	20. 0121	21. 7616	23. 6975	25. 8404	28. 2129	30. 8402	33. 7502	36. 9737	40. 5447	44. 5008	48. 8837	53. 7391	59. 1176	65. 0751
18	19. 6147	21. 4123	23. 4144	25. 6454	28. 1324	30. 9057	33. 9990	37. 4502	41. 3013	45. 5992	50. 3959	55. 7497	61. 7251	68. 3941	75. 8364
19	20. 8109	22. 8406	25. 1169	27. 6712	30. 5390	33. 7600	37. 3790	41. 4463	46. 0185	51. 1591	56. 9395	63. 4397	70. 7494	78. 9692	88. 2118
20	22. 0190	24. 2974	26. 8704	29. 7781	33. 0660	36. 7856	40. 9955	45. 7620	51. 1601	57. 2750	64. 2028	72. 0524	80. 9468	91. 0249	102. 4436

续表

期数	1%	2%	3%	4%	5%	6%	7%	8%	9%	10%	11%	12%	13%	14%	15%
21	23.2392	25.7833	28.6765	31.9692	35.7193	39.9927	44.8652	50.4229	56.7645	64.0025	72.2651	81.6987	92.4699	104.7684	118.8101
22	24.4716	27.2990	30.5368	34.2480	38.5052	43.3923	49.0057	55.4568	62.8733	71.4027	81.2143	92.5026	105.4910	120.4360	137.6316
23	25.7163	28.8450	32.4529	36.6179	41.4305	46.9958	53.4361	60.8933	69.5319	79.5430	91.1479	104.6029	120.2048	138.2970	159.2764
24	26.9735	30.4219	34.4265	39.0826	44.5020	50.8156	58.1767	66.7648	76.7898	88.4973	102.1742	118.1552	136.8315	158.6586	184.1678
25	28.2432	32.0303	36.4593	41.6459	47.7271	54.8645	63.2490	73.1059	84.7009	98.3471	114.4133	133.3339	155.6196	181.8708	212.7930
26	29.5256	33.6709	38.5530	44.3117	51.1135	59.1564	68.6765	79.9544	93.3240	109.1818	127.9988	150.3339	176.8501	208.3327	245.7120
27	30.8209	35.3443	40.7096	47.0842	54.6691	63.7058	74.4838	87.3508	102.7231	121.0999	143.0786	169.3740	200.8406	238.4993	283.5688
28	32.1291	37.0512	42.9309	49.9676	58.4026	68.5281	80.6977	95.3388	112.9682	134.2099	159.8173	190.6989	227.9499	272.8892	327.1041
29	33.4504	38.7922	45.2189	52.9663	62.3227	73.6398	87.3465	103.9659	124.1354	148.6309	178.3972	214.5828	258.5834	312.0937	377.1697
30	34.7849	40.5681	47.5754	56.0849	66.4388	79.0582	94.4608	113.2832	136.3075	164.4940	199.0209	241.3327	293.1992	356.7868	434.7451

附录4　年金现值系数表（P/A, *i*, *n*）

期数	1%	2%	3%	4%	5%	6%	7%	8%	9%	10%	11%	12%	13%	14%	15%
1	0.9901	0.9804	0.9709	0.9615	0.9524	0.9434	0.9346	0.9259	0.9174	0.9091	0.9009	0.8929	0.8850	0.8772	0.8696
2	1.9704	1.9416	1.9135	1.8861	1.8594	1.8334	1.8080	1.7833	1.7591	1.7355	1.7125	1.6901	1.6681	1.6467	1.6257
3	2.9410	2.8839	2.8286	2.7751	2.7232	2.6730	2.6243	2.5771	2.5313	2.4869	2.4437	2.4018	2.3612	2.3216	2.2832
4	3.9020	3.8077	3.7171	3.6299	3.5460	3.4651	3.3872	3.3121	3.2397	3.1699	3.1024	3.0373	2.9745	2.9137	2.8550
5	4.8534	4.7135	4.5797	4.4518	4.3295	4.2124	4.1002	3.9927	3.8897	3.7908	3.6959	3.6048	3.5172	3.4331	3.3522
6	5.7955	5.6014	5.4172	5.2421	5.0757	4.9173	4.7665	4.6229	4.4859	4.3553	4.2305	4.1114	3.9975	3.8887	3.7845
7	6.7282	6.4720	6.2303	6.0021	5.7864	5.5824	5.3893	5.2064	5.0330	4.8684	4.7122	4.5638	4.4226	4.2883	4.1604
8	7.6517	7.3255	7.0197	6.7327	6.4632	6.2098	5.9713	5.7466	5.5348	5.3349	5.1461	4.9676	4.7988	4.6389	4.4873
9	8.5660	8.1622	7.7861	7.4353	7.1078	6.8017	6.5152	6.2469	5.9952	5.7590	5.5370	5.3282	5.1317	4.9464	4.7716
10	9.4713	8.9826	8.5302	8.1109	7.7217	7.3601	7.0236	6.7101	6.4177	6.1446	5.8892	5.6502	5.4262	5.2161	5.0188
11	10.3676	9.7868	9.2526	8.7605	8.3064	7.8869	7.4987	7.1390	6.8052	6.4951	6.2065	5.9377	5.6869	5.4527	5.2337
12	11.2551	10.5753	9.9540	9.3851	8.8633	8.3838	7.9427	7.5361	7.1607	6.8137	6.4924	6.1944	5.9176	5.6603	5.4206
13	12.1337	11.3484	10.6350	9.9856	9.3936	8.8527	8.3577	7.9038	7.4869	7.1034	6.7499	6.4235	6.1218	5.8424	5.5831
14	13.0037	12.1062	11.2961	10.5631	9.8986	9.2950	8.7455	8.2442	7.7862	7.3667	6.9819	6.6282	6.3025	6.0021	5.7245
15	13.8651	12.8493	11.9379	11.1184	10.3797	9.7122	9.1079	8.5595	8.0607	7.6061	7.1909	6.8109	6.4624	6.1422	5.8474
16	14.7179	13.5777	12.5611	11.6523	10.8378	10.1059	9.4466	8.8514	8.3126	7.8237	7.3792	6.9740	6.6039	6.2651	5.9542
17	15.5623	14.2919	13.1661	12.1657	11.2741	10.4773	9.7632	9.1216	8.5436	8.0216	7.5488	7.1196	6.7291	6.3729	6.0472
18	16.3983	14.9920	13.7535	12.6593	11.6896	10.8276	10.0591	9.3719	8.7556	8.2014	7.7016	7.2497	6.8399	6.4674	6.1280

续表

期数	1%	2%	3%	4%	5%	6%	7%	8%	9%	10%	11%	12%	13%	14%	15%
19	17. 2260	15. 6785	14. 3238	13. 1339	12. 0853	11. 1581	10. 3356	9. 6036	8. 9501	8. 3649	7. 8393	7. 3658	6. 9380	6. 5504	6. 1982
20	18. 0456	16. 3514	14. 8775	13. 5903	12. 4622	11. 4699	10. 5940	9. 8181	9. 1285	8. 5136	7. 9633	7. 4694	7. 0248	6. 6231	6. 2593
21	18. 8570	17. 0112	15. 4150	14. 0292	12. 8212	11. 7641	10. 8355	10. 0168	9. 2922	8. 6487	8. 0751	7. 5620	7. 1016	6. 6870	6. 3125
22	19. 6604	17. 6580	15. 9369	14. 4511	13. 1630	12. 0416	11. 0612	10. 2007	9. 4424	8. 7715	8. 1757	7. 6446	7. 1695	6. 7429	6. 3587
23	20. 4558	18. 2922	16. 4436	14. 8568	13. 4886	12. 3034	11. 2722	10. 3711	9. 5802	8. 8832	8. 2664	7. 7184	7. 2297	6. 7921	6. 3988
24	21. 2434	18. 9139	16. 9355	15. 2470	13. 7986	12. 5504	11. 4693	10. 5288	9. 7066	8. 9847	8. 3481	7. 7843	7. 2829	6. 8351	6. 4338
25	22. 0232	19. 5235	17. 4131	15. 6221	14. 0939	12. 7834	11. 6536	10. 6748	9. 8226	9. 0770	8. 4217	7. 8431	7. 3300	6. 8729	6. 4641
26	22. 7952	20. 1210	17. 8768	15. 9828	14. 3752	13. 0032	11. 8258	10. 8100	9. 9290	9. 1609	8. 4881	7. 8957	7. 3717	6. 9061	6. 4906
27	23. 5596	20. 7069	18. 3270	16. 3296	14. 6430	13. 2105	11. 9867	10. 9352	10. 0266	9. 2372	8. 5478	7. 9426	7. 4086	6. 9352	6. 5135
28	24. 3164	21. 2813	18. 7641	16. 6631	14. 8981	13. 4062	12. 1371	11. 0511	10. 1161	9. 3066	8. 6016	7. 9844	7. 4412	6. 9607	6. 5335
29	25. 0658	21. 8444	19. 1885	16. 9837	15. 1411	13. 5907	12. 2777	11. 1584	10. 1983	9. 3696	8. 6501	8. 0218	7. 4701	6. 9830	6. 5509
30	25. 8077	22. 3965	19. 6004	17. 2920	15. 3725	13. 7648	12. 4090	11. 2578	10. 2737	9. 4269	8. 6938	8. 0552	7. 4957	7. 0027	6. 5660

主要参考文献

财政部企业司编．2007．企业财务通则解读．北京：中国财政经济出版社．

财政部会计司编．2007．企业会计准则讲解．北京：中国人民大学出版社．

财政部会计资格评价中心．2009．财务管理．北京：中国财政经济出版社．

财政部会计资格评价中心．2010．财务管理．北京：中国财政经济出版社．

财政部会计资格评价中心．2011．财务管理．北京：中国财政经济出版社．

荆新，王化成．2010．财务管理学．北京：中国人民大学出版社．

刘伟华．2002．财务战略．上海：中信出版社．

刘志远．2006．财务管理与政策．大连：东北财经大学出版社．

刘玉平．2009．财务管理学．北京：中国人民大学出版社．

宋献中，吴思明．2010．中级财务管理．大连：东北财经大学出版社．

王明虎．2010．财务管理原理．北京：机械工业出版社．

王华，石本仁．2010．中级财务会计．北京：中国人民大学出版社．

熊楚熊，刘传兴．2005．公司理财学原理．北京：清华大学出版社．

熊楚熊，刘传兴．2005．公司中级理财学．北京：清华大学出版社．

姚益龙．2010．现代公司理财．北京：机械工业出版社．

中国注册会计师协会．2009．财务成本管理．北京：中国财政经济出版社．

中国注册会计师协会．2009．财务成本管理．北京：中国财政经济出版社．

张先治，陈友邦．2010．财务分析．大连：东北财经大学出版社．